John M. Haynes · Reiner Bastine · Gabriele Link · Axel Mecke

Scheidung ohne Verlierer

W0188652

John M. Haynes · Reiner Bastine
Gabriele Link · Axel Mecke

Scheidung ohne Verlierer

Ein neues Verfahren,
sich einvernehmlich zu trennen.
Mediation in der Praxis

Kösel

ISBN 3-466-30343-5
© 1993 by Kösel-Verlag GmbH & Co., München
Printed in Germany. Alle Rechte vorbehalten
Druck und Bindung: Kösel, Kempten
Umschlag: Kaselow Design, München
Umschlagmotiv: Chapman. The Image Bank

1 2 3 4 5 6 · 98 97 96 95 94 93

*Gedruckt auf umweltfreundlich hergestelltem Werdruckpapier
(säurefrei und chlorfrei gebleicht)*

Inhalt

Vorwort zur deutschen Ausgabe

Es ist eine schon fast zu oft wiederholte Feststellung, daß die Institution »Ehe« in diesem Jahrhundert einem dramatischen Wandel unterliege. Dieser Wandel wird unter anderem dadurch deutlich (und häufig auch daran gemessen), daß immer mehr Menschen eine oder mehrere Scheidungen im Laufe ihres Lebens erleben. Während noch in den siebziger Jahren »nur« etwa jede fünfte Ehe geschieden wurde, kommt in den achtziger und neunziger Jahren auf drei neu eingegangene Ehen eine geschiedene. Für immer mehr Kinder ist es zu einer – wenngleich oft belastenden – Normalität geworden, Mutter und Vater abwechselnd zu sehen und zu besuchen. Die Reform des Ehe- und Scheidungsrechts im Jahre 1977 brachte zwar einige Veränderungen mit sich, durch die das traditionelle gerichtliche Scheidungsverfahren für die Betroffenen etwas weniger belastend wurde, als das beim früheren Recht der Fall war – man denke etwa an den Übergang vom »Schuldprinzip« zum »Zerrüttungsprinzip«. Dennoch sind viele von Scheidung betroffene Menschen berechtigterweise mit dem üblichen gerichtlichen Verfahren sehr unzufrieden: Das kontradiktorische Prinzip, nach dem jeder Ehepartner mit Hilfe eines Anwalts ein Maximum an Zugeständnissen zu erstreiten sucht, vergrößert viel zu oft die Gegensätze, statt zu vermitteln; die (Rechts-)Entscheidung durch eine richterliche Autorität hinterläßt oft bei beiden Parteien das Gefühl, eigentlich verloren zu haben.
Offensichtlich haben sich diese Unzufriedenheit und das Bewußtsein über die Unzulänglichkeiten des Scheidungsverfahrens in den letzten zehn Jahren sowohl bei Betroffenen wie bei professionell mit Scheidung befaßten Berufsgruppen drastisch verstärkt. Als Gegenbewegung entstanden eine Vielzahl von Initiativen, Arbeitsgruppen und Foren, die sich auf die Suche nach anderen Wegen der familiären Konfliktregelung machten. Das Spektrum dieser

Versuche reicht von Selbsthilfeinitiativen über Forschungsgruppen an wissenschaftlichen Einrichtungen und Universitäten bis zu neuen Formen der Zusammenarbeit unterschiedlicher Professionen wie RichterInnen, AnwältInnen, PsychologInnen, den MitarbeiterInnen der Jugendämter und FamilientherapeutInnen.

Große Erwartungen erweckt eine Form der Problemlösung und Konfliktregelung, die in den USA schon einige Jahre erprobt und dort in einigen Bundesländern gesetzlich verankert ist: die Mediation. Ziel dieses Verfahrens ist es, scheidungswilligen Paaren dabei zu helfen, die familiären Problembereiche und Konfliktthemen – wie Umgangs- und Sorgerecht oder Unterhalt – außergerichtlich in eigener Verantwortlichkeit zu verhandeln und zu lösen. Ein wesentlicher Schritt zur Verbreitung dieses Verfahrens in Deutschland bestand darin, erfahrene Praktiker und Ausbilder wie John Haynes, Gary Freedman, Jack Himmelstein, Florence Kaslow oder Ingrid Kepler-May zu Fort- und Weiterbildungsseminaren einzuladen. Das begann 1989 in Heidelberg und München und ist mittlerweile – nicht zuletzt seit Einrichtung einer »Bundesarbeitsgemeinschaft Mediation« im Jahre 1992 – zur selbstverständlichen Ausbildungsmöglichkeit für mit Scheidungen befaßte Berufszweige geworden. Auch in der rechtlichen Diskussion wird diese Entwicklung zunehmend gewürdigt; so war Mediation wichtiger Inhalt der Familiengerichtstage in Arnoldsheim (1988) und Brühl (1989 und 1991). Interdisziplinäre Tagungen wie die 1992 in Bad Boll trugen bisher Wesentliches zur Weiterentwicklung, aber auch zur institutionellen Verankerung dieses Verfahrens auf lokaler Ebene bei – so etwa bei Initiativen und Einrichtungen wie dem »Zusammenwirken im Familienkonflikt« in Berlin, dem »Deutschen Familienrechtsforum« in Stuttgart, »Trialog« in Münster, im »Familiennotruf München«, dem »Arbeitskreis Partnerschaftskrise, Trennung und Scheidung« in Frankfurt am Main oder in der »Praxis- und Forschungsstelle für Psychotherapie und Beratung« an der Universität Heidelberg. Ein Teil dieser Projekte kann dabei schon auf eine längere Geschichte zurückblicken.

Dieselbe Entwicklung läßt sich an der Zunahme an Publikationen zum Thema »Mediation« erkennen. Neben einigen deutschsprachigen Büchern (z.b. Krabbe 1991; Witte, Sibbert & Kesten 1992) gab es erfreulicherweise auch Sonderhefte von Zeitschriften der Familienforschung zu diesem Thema (»Zeitschrift für Familienforschung«, 1991, Band 3;»Familiendynamik«, 1992, Band 4). Zwischen komprimierten Darstellungen institutioneller Konzepte (z.B. Witte u.a. 1992), Literaturzusammenfassungen (Bundeskonferenz für Erziehungsberatung, 1992) und ausführlichen Fallschilderungen (vgl. Haynes & Haynes 1989) bleibt jedoch eine merkliche Lücke: bisher fehlen konkrete Anleitungen zur praktischen Umsetzung des Mediationskonzeptes in die alltägliche mediatorische Arbeit. Diese Lücke möchten wir mit dem vorliegenden Buch schließen. Dabei verfolgen wir vier Anliegen:

– Erstens stellen wir ein Modell des erfolgreichen Mediationsprozesses vor, in dem der Ablauf der Mediation konkret dargestellt wird.

– Zweitens orientiert sich das Buch an den einzelnen Bereichen, die in der Mediation geregelt werden müssen – den Verhandlungen über den zu zahlenden Unterhalt, über das Sorgerecht für und den weiteren Umgang mit den Kindern, schließlich über die Vermögensaufteilung.

– Drittens besprechen wir, wie eine Mediationspraxis aufgebaut und geführt werden kann.

– Viertens finden die Leser eine Reihe von Materialien im Anhang, die für scheidungswillige Paare und Mediatoren zur Vorbereitung und Durchführung der Mediation erforderlich sind.

Dieses Buch entstand auf Initiative von John M. Haynes. Es basiert auf einem von ihm verfaßten Buchmanuskript, das von den übrigen Autoren stark überarbeitet, ergänzt und den bundesdeutschen Verhältnissen angepaßt wurde. John Haynes ist eines der Gründungsmitglieder der einflußreichen »Academy of Family Mediators«; er ist einer der profiliertesten Mediatoren in den USA, der neben einer umfangreichen Mediationspraxis über reichhaltige internationale Erfahrungen in Ausbildung und Training verfügt. Seine beiden in den USA erschienenen Bücher (Haynes 1981; Haynes & Haynes 1989) sind Standardwerke zur Praxis der Scheidungsmediation. Die von ihm regelmäßig angebotenen Trainings in den deutschsprachigen Ländern und in anderen Ländern Europas haben ihn auch hier mittlerweile bekannt gemacht.

Reiner Bastine, Gabriele Link und Axel Mecke sind an der »Praxis- und Forschungsstelle für Beratung und Psychotherapie« (PFPB) am Psychologischen Institut der Universität Heidelberg tätig. Diese Einrichtung befaßt sich seit 1988 in Praxis, Forschung und Lehre mit der Mediation familiärer Probleme und Konflikte.

Die Autoren danken ihren Klienten und den Teilnehmern ihrer Workshops für unschätzbare Anregungen zur Weiterentwicklung des Mediationskonzeptes; Herrn Dipl.-Psych. Bernd Lörch für die Mitarbeit an Konzept und Gestaltung dieses Buches; Frau Rechts- anwältin Silke Klein für Anregungen und Korrekturen; Herrn Heinz Georg Diez für die Übersetzung des Manuskripts von John Haynes und Frau Dagmar Olzog vom Kösel-Verlag für ihre hervorragende Betreuung bei der Vorbereitung des Buches.

Der vorliegende Band empfiehlt sich ebenso als Hilfe für Praktiker wie als Begleittext zur Ausbildung in Mediation. Dabei richtet sich dieses Buch nicht nur an die mit den Folgen einer Scheidung beschäftigten Berufsgruppen – Psychologen, Sozialarbeiter und -pädagogen, Familien- und Paartherapeuten, Rechtsanwälte, Fa- milienrichter, Kinder- und Jugendlichentherapeuten usw. Ange- sprochen sind auch die Menschen, die selber mit einer eigenen Scheidung oder mit anderen konfliktträchtigen familiären Situa- tionen konfrontiert sind.

Northport, N.Y. und Heidelberg, im November 1992

1 Einführung in die Scheidungsmediation

Zur Geschichte der Mediation

Mediation[1] als Konfliktlösungsmodell zwischen strittigen Parteien hat eine lange, interkulturelle Tradition. Sie wurde unter anderem bei den alten Hebräern, in Afrika, Japan und China zur Lösung vielfältiger Konflikte herangezogen (vgl. u.a. Carnevale & Pruitt 1992). In den USA wird Mediation seit vielen Jahren in den unterschiedlichsten Gebieten eingesetzt: bei Nachbarschaftskonflikten (Duffy u.a. 1991), bei Umweltkonflikten (Susskind & Cruikshank 1987), bei Arbeitskonflikten (Sheppard 1984) und nicht zuletzt bei familiären Streitigkeiten und Konflikten aufgrund einer Trennung oder Scheidung (Folberg & Milne 1988; Sapossnek 1983; Haynes & Haynes 1989). In dem vorliegenden Buch wird das Vorgehen bei Familienmediation und insbesondere bei Trennungs- und Scheidungsmediation beschrieben; bei letzterer entstehen die Konflikte durch die nach der Trennung notwendige Verteilung des Vermögens bzw. der Schulden der Ehepartner, die nötige Regelung der Unterhaltszahlungen und des neu zu regelnden Umgangs mit den Kindern.

Das Angebot von Trennungs- und Scheidungsmediation als Alternative zum traditionellen kontradiktorischen Verfahren ist in Deutschland noch relativ jung. Obwohl das Verfahren bereits 1982 auf einer Tagung in Bad Boll vorgestellt wurde, ist es damals noch nicht auf ein breiteres Interesse gestoßen. Das änderte sich erst sechs Jahre später, als Trennungs- und Scheidungsmediation 1988 auf dem »kleinen Familiengerichtstag« in Arnoldshain erneut einer breiteren Fachöffentlichkeit zugänglich gemacht wurde (vgl. Arnoldshainer Protokolle 1/89). Danach bildeten sich in unterschiedlichen Städten interdisziplinäre Arbeitskreise, die sich u.a. mit dem

Thema Mediation auseinandersetzten und diese für interessierte Paare in Trennung und Scheidung anboten (z.B. in Berlin, Bonn, Frankfurt, Heidelberg, München und Münster). Seit dieser Zeit ist sowohl in der Fachöffentlichkeit als auch bei den Betroffenen das Interesse an Scheidungsmediation sehr gestiegen. Im Februar 1992 wurde dann, wiederum in Bad Boll, eine Tagung ausschließlich dem Thema »Mediation in Familiensachen« gewidmet, in deren Zuge die »Bundesarbeitsgemeinschaft für Familienmediation« gegründet wurde (Adressen dieser Bundesarbeitsgemeinschaft und der regionalen Arbeitsgruppen sind im Anhang zu finden).

Was ist Mediation?

Mediation ist ein Verfahren, bei dem eine neutrale dritte Person die Beteiligten darin unterstützt, die zwischen ihnen bestehenden Konflikte durch Verhandlungen einvernehmlich zu lösen.

Die Konfliktpartner treffen sich im Beisein des Mediators, um die strittigen Punkte zu identifizieren, über diese zu verhandeln und eigenverantwortlich Lösungen zu entwickeln. Da in der Mediation die betroffenen Partner selbst eine Lösung entwickeln müssen, stärkt Mediation die Autonomie der Parteien.

Mediation ist ein zielgerichteter, problemlösender Prozeß, in dem die Konfliktpartner eine Vereinbarung aushandeln sollen, die die Probleme in einer für alle annehmbaren Weise löst. Damit ist auch die Hoffnung verknüpft, daß eine solche Vereinbarung sich in der Zukunft bewähren und dazu beitragen wird, künftige Konflikte zu vermeiden oder zumindest zu verringern. Darüber hinaus ist die Vereinbarung so strukturiert, daß eine Beziehung zwischen den Konfliktpartnern erhalten bleiben kann. Deshalb ist Mediation besonders für Familienkonflikte oder für Familien in Trennung oder Scheidung geeignet.

Die Rolle des Mediators

Der Mediator hat die Aufgabe, den Einigungsprozeß zwischen den Konfliktpartnern zu fördern. Er ist der »Manager« oder der »Regisseur« der Verhandlungen, ist aber nicht für die thematisierten Inhalte und das Ergebnis der Verhandlungen verantwortlich. Nicht er, sondern die Konfliktpartner treffen die Entscheidungen. Der Mediator achtet auf die Einhaltung der Fairneß und versucht, die Kommunikations- und Kooperationsfähigkeit der ehemaligen Partner wiederherzustellen.

Die Aufgaben des Mediators unterscheiden sich damit von denen verwandter Professionen:

- *Der Mediator hat nicht die Aufgabe eines Paartherapeuten:*
  weil er nicht die Beziehung zwischen den Partnern klärt, sondern sie darin unterstützt, für ihre konkreten Probleme Lösungen zu entwickeln.
- *Der Mediator hat nicht die Aufgabe eines Rechtsanwaltes:*
  weil er keine juristischen Ratschläge gibt und auch keine Partei vor Gericht vertritt.
- *Der Mediator hat nicht die Aufgabe eines Richters:*
  weil nicht er, sondern die Partner die Entscheidungen treffen.
- *Der Mediator hat nicht die Aufgabe eines Schlichters:*
  weil er keinen Einigungsvorschlag entwickelt, der dann von den Partnern angenommen oder abgelehnt werden kann, sondern die Konfliktpartner entwickeln selbst eine Vereinbarung.

Der Mediationsprozeß

Im folgenden wird der Mediationsprozeß im allgemeinen dargestellt und an einem Beispiel aus der Praxis der Scheidungsmediation erläutert.

Aus der Sicht der Konfliktpartner läßt sich dieser Prozeß in zwei Abschnitte einteilen: Am Anfang steht die Entscheidung zur Mediation (1), auf die dann der eigentliche Prozeß der Mediation folgt (2).

1. Entscheidung zur Mediation

1.1 Anerkennung der Konflikte

Voraussetzung für die Verhandlung ist, daß beide Partner anerkennen, daß sie Probleme miteinander haben, darin übereinstimmen, daß diese Streitpunkte gelöst werden müssen und beide bereit sind, sich auf einen Prozeß einzulassen, der zu einer Beilegung der Streitigkeiten führen soll (Gulliver 1979).

Wenn eine Partei bestreitet, daß sie sich in einer Konfliktsituation befindet, werden Versuche, zu einer Vereinbarung zu gelangen, scheitern. In diesem Fall bliebe der anderen Partei nur die Möglichkeit, aus der Meinungsverschiedenheit einen Rechtsstreit zu machen. Durch Rechtsbeistand und Gerichtsverfahren würde die andere Person zu einer Beteiligung an der Lösung des Konflikts gezwungen, da das juristische System die andere Person als Beklagten definiert, der auf einen juristischen Prozeß nach den Maßstäben des Rechtssystems reagieren muß.

14

1.2 Wahl des Lösungsweges

Wenn beide Partner die Konfliktsituation anerkannt haben, können sie unter verschiedenen Möglichkeiten wählen, die Streitigkeiten zu lösen:
– sie können versuchen, die Konflikte allein oder in Anwesenheit von anderen (Freunden, Verwandten usw.) zu lösen;
– sie können sich beide einen Vertreter oder Anwalt nehmen, die jeweils stellvertretend für sie versuchen, die Probleme zu lösen;
– sie können die Streitigkeiten von einem Richter entscheiden lassen;
– sie können gemeinsam einen Schlichter beauftragen, einen Lösungsvorschlag auszuarbeiten;
– sie können sich entschließen, im Beisein eines Mediators selbst aktiv miteinander zu verhandeln.
Die Gründe, sich für Mediation als Weg der Konfliktregelung zu entscheiden, sind vielfältig:

- *Mediation ist nicht gegnerisch.* Den Konfliktpartnern wird vom Rechtssystem die Rolle von gegnerischen Parteien zugewiesen. Nicht alle, die Interessensgegensätze haben, verstehen sich aber als Gegner. Manche wollen ihre Probleme eher einvernehmlich lösen, weil sie begreifen, wie wichtig es ist, eine fortdauernde Beziehung aufrechtzuerhalten. Mediation ist dann der angemessene Weg.

- *Mediation ist eigenverantwortlich.* In der Mediation können die Konfliktpartner selbst die Entscheidung treffen und geben damit die Verantwortung für die Lösung ihrer Probleme und die Gestaltung ihrer Zukunft nicht an andere ab.

- *In der Mediation gibt es keine Gewinner oder Verlierer.* In der Mediation werden Vereinbarungen ausgehandelt, die die Interessen aller Beteiligten berücksichtigen, so daß keiner auf Kosten des anderen gewinnt.

- *Mediation ist billiger.* Die Kosten, den Konflikt durch Mediation zu lösen, sind sehr viel niedriger als bei einem Rechtsstreit (vgl. empirische Ergebnisse in den USA, u.a. Kelly & Gigy 1989).

- *Mediation ist schneller.* Da alle Gespräche von den Beteiligten direkt geführt werden, nimmt es in der Mediation weniger Zeit in Anspruch, den Konflikt zu lösen, als bei einem Rechtsstreit.

1.3 Die Wahl des Mediators

Die Wahl eines bestimmten Mediators hängt ab von dem öffentlichen Wissen über Mediation und dem persönlichen Ruf des einzelnen Mediators. In Deutschland gibt es bisher relativ wenig Angebote, so daß eine Auswahl zwischen verschiedenen Mediatoren in einer Region kaum möglich ist. Dies wird sich aber sicherlich in den nächsten Jahren ändern.

2. Der eigentliche Mediationsprozeß

Im folgenden wird ein Modell des Mediationsprozesses dargestellt, das sich in unserer Praxis bewährt hat. Andere Phaseneinteilungen finden Sie z.B. bei Vanderkooi & Pearson (1983) oder in Folberg & Milne (1988).

2.1 Die Eröffnungsphase

In dieser Phase werden den Klienten die notwendigen Informationen über den Mediationsprozeß und die Rahmenbedingungen vermittelt. Gemeinsam mit den Konfliktpartnern wird entschieden, ob Mediation für beide zum jetzigen Zeitpunkt das geeignete Verfahren ist. Da in dieser Phase die Grundsteine für eine erfolgreiche Mediation gelegt werden, wird die Eröffnungsphase ausführlich in Kapitel 2 beschrieben.

2.2 Die Verhandlungsphase

Die Verhandlungen in der Mediation erfolgen in der Regel in bestimmten Schritten, die nacheinander durchlaufen werden. Dadurch ergibt sich ein bestimmtes Ablaufschema, das dem Mediator und den Klienten zur Orientierung dient. Es sollten möglichst keine Schritte ausgelassen werden, aber es kann z.B. bei einem Stillstand der Verhandlungen notwendig sein, nochmals auf die Anfangsschritte zurückzukommen.

Dieses Ablaufschema wird nacheinander für die einzelnen Gegenstände, über die die Klienten verhandeln wollen, angewendet.

a) Verhandlungsgegenstand festlegen

In dieser Phase wird entschieden, über welchen inhaltlichen Gegenstand zunächst verhandelt werden soll: bei einer vollständigen Mediation aller Scheidungsfolgesachen wird sich dies auf den Unterhalt, die Vermögensaufteilung und die elterliche Sorge beziehen. John Haynes gibt in seiner Mediationspraxis eine bestimmte Reihenfolge vor. Er beginnt mit den Fragen des Haushaltsplanes und der Regelung der Unterhaltszahlungen, geht dann zu den Vermögenswerten und Verbindlichkeiten über und bespricht zuletzt die Fragen der elterlichen Sorge. Diese Reihenfolge hat sich in zahlreichen Mediationen bewährt, da nach seiner Erfahrung Fragen der elterlichen Sorge leichter geregelt werden können, wenn die finanziellen Konflikte gelöst sind.

Die Heidelberger Gruppe gibt keine Reihenfolge vor, sondern läßt die Konfliktpartner eine Rangreihe der Verhandlungsgegenstände aushandeln, um die Verantwortlichkeit über den Inhalt beim Paar zu belassen. Dabei erstellt zunächst jeder Partner eine individuelle Themenrangliste, die auf einer Flip-chart festgehalten wird. Die Mediatoren klären dann mit beiden Konfliktpartnern ab, in welchen Streitpunkten bereits eine Übereinstimmung besteht, und welche in der Mediation noch zu verhandeln sind. Die noch zu verhandelnden Punkte werden dann in eine neue gemeinsame Problemliste aufgenommen. Anhand dieser Liste verhandelt der Mediator mit beiden Konfliktpartnern darüber, in welcher Reihenfolge die Punkte in der Mediation besprochen werden sollen. Dabei kann der Mediator darauf hinweisen, daß es günstiger ist, mit weniger strittigen Punkten zu beginnen. Bereits die Diskussion der Präferenzen zeigt meistens deutlich, wie die einzelnen Streitpunkte für die jeweiligen Partner miteinander verknüpft sind.

b) Positionen darstellen und Fakten sammeln

Nachdem der jeweilige Verhandlungsgegenstand festgelegt ist, beginnt der Mediator, Informationen über die Art des Problems und über die Position der Beteiligten zu sammeln. Dabei können die den Darstellungen beider Konfliktpartner zugrunde liegenden Fakten ähnlich oder sogar gleich sein, die Interpretationen können sich dagegen häufig sehr unterscheiden.

Die Position der Beteiligten besteht aus einer meist *einseitigen Problemdefinition* und einem *Lösungsvorschlag*. Die Problemdefinition ist in der Regel so strukturiert, daß das Problem nur gelöst werden kann, wenn die andere Person etwas tut oder sich ändert.

In der Familie B. riefen die Kinder die Mutter ständig an, wenn sie das Wochenende bei dem Vater verbrachten. Beide Eltern wollten dies aus unterschiedlichen Gründen nicht mehr.

Die Position des Vaters war, daß die Mutter sich nicht genügend abgrenzen könne und zu weich sei, um den Kindern zu verbieten, ständig bei ihr anzurufen (Problemdefinition); sein Lösungsvorschlag: die Mutter solle sich stärker durchsetzen, dann würde sich das Problem lösen.

Die Position der Mutter: der Vater kümmere sich zu wenig um die Kinder, wenn sie bei ihm zu Besuch seien, deshalb sei es den Kindern langweilig und sie würden ständig bei ihr anrufen (Problemdefinition); ihr Lösungsvorschlag: der Vater solle mehr mit den Kindern unternehmen, dann würden die Kinder nicht mehr so oft bei ihr anrufen.

Neben den Positionen kann die Darstellung der Konfliktpartner auch eine (verdeckte) Aussage darüber enthalten, wie »gut« sie selbst sind, und wie »schlecht« der andere ist. Damit soll die eigene Position begründet und untermauert werden und der Mediator für die eigene Position gewonnen werden.

Zusätzlich zu den Informationen über die Position sammelt der Mediator in dieser Phase mit Hilfe offen formulierter Fragen alle ihm relevant erscheinenden Informationen. Er besteht darauf, daß sämtliche Informationen allen Beteiligten zugänglich gemacht werden. Die Daten werden offengelegt, ausgetauscht und überprüft. Der Mediator kann dazu auch Arbeitsbögen benutzen, wie sie in Kapitel 3 und 4 aufgeführt sind.

In dieser Phase der Darstellung der jeweiligen Positionen und der Sammlung der Daten werden unterschiedliche Ziele verfolgt:

- Zum Teil haben sich die Klienten nicht sehr viele Gedanken darüber gemacht, was der andere will, oder sie haben mittlerweile veraltete Vorstellungen davon. Die gegenseitige Darstellung der Positionen kann zu einer realistischeren Einschätzung sowohl der eigenen als auch der Position des anderen verhelfen.

- In der Scheidungsmediation kommt dem Offenlegen von Informationen eine besondere Bedeutung zu. Alle Beteiligten brauchen z.B. eine vollständige und genaue Kenntnis sämtlicher Einkommen und Vermögenswerte, um die angemessene Höhe des Unterhalts und eine gerechte Aufteilung des Familienvermögens bestimmen zu können. Versuche eines Ehepartners, Informationen zurückzuhalten, verhindert der Mediator, indem er auf einer vollständigen Offenlegung besteht. Welche Strategien der Mediator dabei anwenden kann, wird eingehender in den Kapiteln zur Haushaltsplanung (3) und Vermögensaufteilung (4) besprochen.

- Durch die Überprüfung der Fakten können überzogene Forderungen nicht aufrechterhalten werden, was zu einer Aufweichung der Positionen führen kann.

- Der Austausch von Informationen kann auch zum Ausgleich ungleicher Machtverhältnisse beitragen, da Wissen Machtvorteile sichert. Wenn es im Verlauf der Gespräche gelingt, alle wichtigen Informationen offenzulegen,
  – wird die Position des weniger informierten Beteiligten gestärkt (Machtausgleich),
  – verfügen alle Beteiligten bei der Definition der Probleme über die selben Angaben und
  – ist jeder Beteiligte in der Lage, die für ihn günstigen und nützlichen Lösungswege in die Verhandlung einzubringen.

- In der Vorgeschichte der meisten Scheidungsauseinandersetzungen haben die Streitenden gegenseitig Drohungen darüber ausgesprochen, was sie in den Verhandlungen tun werden und was nicht. Diese Drohungen werden noch verstärkt durch die Ängste, die die Familienmitglieder bezüglich ihrer eigenen Zukunft haben und durch die beschränkte Anzahl von Wahlmöglichkeiten, die ihnen verfügbar scheinen. Drohungen wirken um so mehr, je weniger konkrete Informationen greifbar sind. Deshalb trägt die Datensammlung dazu bei, Drohungen auf ein Minimum zu reduzieren. Weitere Möglichkeiten, mit dieser Problematik umzugehen, werden in dem »Arbeitsbuch für Fortgeschrittene« dargestellt (Haynes u.a., in Vorbereitung).

c) Die hinter den Positionen liegenden Interessen elaborieren
Da die Partner in der Scheidungsmediation oft bestimmte unvereinbare Positionen in den Auseinandersetzungen beziehen, stellt sich das Problem als ein Konflikt zwischen zwei Positionen dar. Über diese Positionen kann schlecht verhandelt werden, da sie als einander ausschließende Kategorien vertreten werden, bei denen es am Ende immer einen Sieger und einen Verlierer geben wird (z.B. bei der Position: »Ich möchte die Kinder haben…«).
Positionen werden meistens bezogen, um die eigenen Bedürfnisse und Interessen durchzusetzen. Über diese Interessen kann eher verhandelt werden. Zum einen können hinter den gegensätzlichen Positionen sowohl gemeinsame als auch sich widersprechende Interessen liegen, zum anderen erweitert die Konzentration auf Interessen den Verhandlungsspielraum und eröffnet einen größeren Raum von unterschiedlichen Lösungsmöglichkeiten (Fisher & Ury 1984).
In der Mediation ist also ganz entscheidend, daß alle Beteiligten versuchen, die hinter den Positionen stehenden Interessen, Bedürfnisse und Ängste zu verstehen und diese als berechtigt anzuerkennen. Es ist allerdings nicht immer einfach, die hinter den Positionen liegenden Interessen zu verstehen: Positionen sind meistens konkret und deutlich, die dahinterliegenden Interessen oft unkonkret, unklar, und zum Teil in sich widersprüchlich. Dieser Verstehensprozeß erfordert von allen Beteiligten viel Geduld.

d) Das Problem wechselseitig definieren

In jedem Konflikt ist es von entscheidender Bedeutung, wie das Problem definiert wird. Anfänglich ist jeder Beteiligte daran interessiert, daß das Problem einseitig in einer Art und Weise definiert wird, die seine Verantwortung für das Problem möglichst gering erscheinen läßt und dem anderen die Aufgabe der Veränderung auflädt. Wenn der Mediator zulassen würde, daß sich das Gespräch auf die Lösung eines so einseitig definierten Problems konzentriert, dann würde der Konfliktpartner, der das Problem definiert hat, bevorteilt werden (vgl. das Beispiel im Abschnitt »Daten sammeln«).

Deshalb ist es die Aufgabe des Mediators, den Beteiligten zu helfen, ihre jeweilige einseitige Definition des Problems aufzugeben und *auf der Basis ihrer Interessen eine wechselseitige, aufeinanderbezogene und gemeinsame Definition des Problems zu entwickeln.* Wechselseitig bedeutet dabei, daß in dieser Problemdefinition die Interessen beider Partner berücksichtigt werden.

Um Zweifel an der ursprünglich einseitigen Definition zu schaffen, kann der Mediator bestimmte Frageformen oder die Techniken des »Normalisierens« und »Wechselseitigkeit-Herstellens« verwenden, die am Ende dieses Kapitels erläutert werden.

e) Lösungsmöglichkeiten entwickeln und bewerten

Wenn sich die Beteiligten auf eine wechselseitige Problemdefinition geeinigt haben, können Lösungsmöglichkeiten (Optionen) entwickelt werden. Durch diese Lösungsmöglichkeiten soll der Raum entfaltet werden, innerhalb dessen dann verhandelt wird. Erste Aufgabe ist es daher, eine möglichst große Anzahl völlig unterschiedlicher Ideen zu entwickeln, unter denen man dann später gemeinsam auswählen kann.

Hilfreich in dieser Phase sind Projektionen in die Zukunft, etwa die Frage: »Wie soll Ihr Leben in zwei Jahren aussehen« oder »Was wäre, wenn…«

Auch ein »Brainstorming« kann helfen, möglichst viele Lösungsmöglichkeiten zu finden. Dabei wird das Ausdenken möglicher Lösungen (1) ganz klar vom Vorgang der Bewertung dieser Lösungen (2) getrennt, da jegliche Phantasie durch die kritische Beurteilung verhindert wird.

(1) Die erste Stufe des Brainstorming hat zum Ziel, jede nur denkbare Idee ohne Bewertung aufzuschreiben. Beim Brainstorming helfen einige einfache Regeln dem Paar, möglichst viele Ideen zu entwickeln:

- jede nur vorstellbare Idee kann vorgebracht werden und wird, wie ungewöhnlich sie auch sein mag, notiert;
- niemand darf eine Idee kritisieren oder erklären, warum die Idee nicht funktionieren würde;
- keine Seite kann eine Idee ablehnen.

Wenn durch das Brainstorming nicht genügend Lösungsmöglichkeiten gefunden werden, kann der Mediator aufgrund seiner Erfahrungen mit anderen Fällen Optionen vorschlagen. Darüber hinaus ist es manchmal sinnvoll, mehrere Streitpunkte miteinander zu kombinieren, um dadurch neue Optionen zu finden.

(2) In einem zweiten Schritt werden diese Optionen bewertet und an der Realität überprüft. Es werden die Konsequenzen der einzelnen Ideen besprochen, und die Kosten und Vorteile, die ihre Umsetzung mit sich bringen würde, diskutiert. Dies kann auch außerhalb der Mediation mit Hilfe fachkundiger Dritter, wie einem Steuerberater oder Anwalt geschehen. Anschließend werden sie anhand folgender Kategorien geordnet:

- gut denkbar
- denkbar
- schwer denkbar
- undenkbar.

Die letzten beiden Gruppen scheiden aus und die Beteiligten konzentrieren sich im weiteren Verhandlungsverlauf auf die verbleibenden Lösungsmöglichkeiten.

f) Verhandeln

Jeder Konfliktpartner wählt eine oder mehrere Optionen aus, die seinen jeweiligen Interessen und Bedürfnissen am ehesten entsprechen. Wenn alle bisherigen Schritte durchlaufen wurden, werden sich diese Optionen von der anfänglichen Position und den Lösungsvorstellungen wahrscheinlich sehr unterscheiden: zum einen beziehen sie sich auf die Interessen und Bedürfnisse beider Konfliktpartner, zum anderen basieren sie auf einem wechselseitig definierten Problem.

Beim konkreten Verhandeln hilft es zum Beispiel, Angebote zunächst als Möglichkeit zu formulieren und diese mit bestimmten Bedingungen zu verknüpfen: »Herr Schneider, wären Sie bereit, X zu zahlen, wenn Ihre Frau…«.

Wie der Mediator die Konfliktpartner darüber hinaus im konkreten Verhandeln unterstützen kann, wird in Kapitel 6 dargestellt.

g) Ergebnisse festhalten

Wenn eine Übereinkunft ausgehandelt wurde, wird diese schriftlich festgehalten. Dies kann entweder auf einer Flip-chart passieren, oder der Mediator verfaßt nach der Mediationssitzung eine kurze schriftliche Zusammenfassung des ausgehandelten Ergebnisses, das er den Parteien zukommen läßt.

Diese Ergebnisse können auch einen vorläufigen Charakter haben; manchmal ist es sinnvoll, daß bestimmte Regelungen, wie z.B. die Kontakte des Vaters mit den Kindern, erst für einige Zeit in der Praxis ausprobiert werden, bevor sie endgültig festgelegt werden.

Im folgenden wird diese Verhandlungsphase anhand eines Beispiels aus der Heidelberger Mediationspraxis verdeutlicht. Selbstverständlich sind, wie in allen Beispielen, Namen und biographische Daten so verändert worden, daß die Familien nicht mehr identifizierbar sind:

Herr und Frau Schneider waren acht Jahre verheiratet und haben zwei Kinder im Alter von acht und fünf Jahren. Herr Schneider ist von Beruf Pharmavertreter und war häufig, auch abends und an Wochenenden, auf Dienstreisen, weshalb sich seine Frau oft allein gelassen gefühlt habe. Vor sechs Monaten ist Herr Schneider auf Drängen seiner Frau aus der gemeinsamen ehelichen Wohnung ausgezogen, weil sie sich nach Angaben der Frau zu sehr auseinandergelebt hätten.

a) Verhandlungsgegenstand festlegen
Die Themenrangliste der Eltern sieht folgendermaßen aus:

Frau Schneider:	*Herr Schneider:*
– Ehegattenunterhalt	– Umgang mit den Kindern
– Kontakt der Kinder zum Vater	– Ehegattenunterhalt
– Verteilung des antiken Services	– Verteilung des ehelichen Vermögens

Die Besprechung dieser Problemliste ergibt, daß der Punkt »antikes Service« nicht in der Mediation besprochen werden muß. Herr Schneider überläßt es seiner ehemaligen Frau, da es ein Geschenk ihrer Großmutter an das Paar war.
Als ersten Verhandlungsgegenstand einigen sie sich auf die Kontakte des Vaters zu den Kindern.

b) Positionen darstellen und Fakten sammeln
Position von Herrn Schneider:
Er berichtet, daß er die Kinder seit seinem Auszug vor einem halben Jahr erst zwei Mal nur für jeweils vier Stunden gesehen habe. Er leide sehr unter dem fehlenden Kontakt zu seinen Kindern. Erst durch die Trennung habe er gemerkt, wie wichtig sie ihm seien. Er möchte die Kinder regelmäßig jedes Wochenende sehen.
Seine Kinder würden ihn auch gerne sehen, nur die Mutter boykottiere die Besuche. Er sei wütend auf sie, komme sich wie ein Bittsteller vor und fühle sich ziemlich hilflos. Er erhoffe sich, daß die Mediatoren[2] die Mutter davon überzeugen, wie wichtig es für die Kinder ist, regelmäßigen Kontakt zu ihrem Vater zu haben.

Position von Frau Schneider:
Sie setzt dem entgegen, daß die Kinder den Vater gar nicht mehr sehen wollten. Sie könne auch überhaupt nicht verstehen, daß er sich jetzt auf einmal so für seine Kinder interessiere, während er sich früher nie viel um seine Familie gekümmert habe, sondern immer nur beruflich unterwegs gewesen sei.
Dann könne er sie auch jetzt in Ruhe lassen. Sie und die Kinder hätten sich mit der neuen Situation ganz gut arrangiert. Besuche beim Vater würden wieder zuviel durcheinander bringen. Die Kinder seien nach den Besuchen beim Vater ganz durcheinander gewesen. Sie hätte dann eine ganze Woche auf die Kinder einreden müssen, bis sie sich wieder beruhigt hätten.

Ihrer Meinung nach sei es besser, wenn der Vater einfach aus ihrem Leben und dem Leben der Kinder verschwinden würde und keine Besuche mehr stattfänden.

Der Mediator sammelt weitere relevante Fakten, z.B. über:
– die Wohnverhältnisse von Herrn und Frau Schneider;
– die Entfernungen zwischen den Wohnungen der Eltern;
– die berufliche Situation und Eingebundenheit beider Eltern;
– die Beziehungen der Kinder zum Vater und zur Mutter;
– die Kindergarten- bzw. Schulsituation der Kinder und ihre Stunden-
   pläne.

c) Die hinter den Positionen liegenden Interessen elaborieren
Interessen, Gefühle und Bedürfnisse von Herrn Schneider: Er
– möchte den direkten Kontakt zu seinen Kindern nicht verlieren;
– möchte seine Rolle als Vater nicht verlieren;
– fürchte sich vor dem Alleinsein am Wochenende ...

Interessen, Gefühle und Bedürfnisse von Frau Schneider: Sie
– möchte nicht zu viel Unruhe in ihrem Leben, da sie gerade begonnen
   habe, ihre abgebrochene Berufsausbildung wieder aufzunehmen;
– fühle sich überlastet durch diese Doppelrolle;
– ärgere sich, wenn der Vater eine schöne Wochenendbeziehung mit den
   Kindern hätte, während sie die Belastungen mit der Schule und dem
   täglichen Kleinkram alleine bewältigen müsse.

d) Das Problem wechselseitig definieren
Bei der Diskussion um eine wechselseitige Definition wird klar, daß Frau Schneider das Interesse des Vaters an den Kindern nicht für echt hält. Sie wirft ihm vor, daß er diese Interessen nur vorgäbe, weil er jeden Monat Kindesunterhalt bezahlen müsse und er für sein Geld auch etwas zurück-haben wolle. Darauf droht Herr Schneider damit, daß er überhaupt nichts mehr zahlen werde, wenn er die Kinder nicht sehen könne, wodurch der Konflikt zu eskalieren droht.
Die Mediatoren versuchen zu verstehen, was es der Mutter so schwer macht, das Interesse des Vaters anzuerkennen. Im Laufe dieses Verste-hensprozesses wird klar, daß während der Ehe gerade das von Frau Schneider wahrgenommene geringe Interesse von Herrn Schneider an seinen Kindern ein immer wiederkehrender Streitpunkt und einer der

Gründe gewesen war, warum Frau Schneider sich trennen wollte. Für Frau Schneider ist der Gedanke sehr schmerzlich, daß Herr Schneider erst jetzt, wo es für ihre Ehe zu spät ist, wirkliches Interesse an seinen Kindern zeigt. Erst als dieser Schmerz von den Mediatoren und auch von Herrn Schneider anerkannt wurde, konnte Frau Schneider ihren Widerstand langsam aufgeben und das Interesse des Vaters an seinen Kindern akzeptieren.

Die neue wechselseitige Problemdefinition, auf die sich die beiden Konfliktpartner schließlich einigen und in der die Interessen und Bedürfnisse beider Partner berücksichtigt werden, wird als Frage folgendermaßen formuliert:

Wie kann der Vater seine Rolle als Vater ausfüllen und die Mutter in ihren Aufgaben entlasten?

e) Lösungsmöglichkeiten entwickeln und bewerten

In den Gesprächen werden zunächst verschiedene Lösungsmöglichkeiten entwickelt:

- um die Mutter zu entlasten, sind die Kinder häufiger beim Vater, z.B. an verlängerten Wochenenden oder an einem Abend während der Woche;
- der Vater übernimmt einen Teil der Schulverpflichtungen, z.B. Elternabende und Gespräche mit den Lehrern. Er beteiligt sich an wichtigen Entscheidungen bezüglich der Schule;
- der Vater übernimmt das Kleiderkaufen für die Kinder;
- der Vater übernimmt die Organisation der Geburtstage für die Kinder;
- der Vater wechselt von einer Ganztags- zu einer Halbtagstätigkeit und übernimmt solange nachmittags die Betreuung der Kinder, bis seine Frau ihre Berufsausbildung abgeschlossen hat.

f) Verhandeln

Die Mutter wählt folgende Option: die Kinder sollen beim Vater an den drei Abenden in der Woche, an denen sie ihre Berufsausbildung nachholt, übernachten und am anschließenden Morgen von ihm in die Schule bzw. Kindergarten gebracht werden. Die Wochenenden möchte sie dann gerne mit den Kindern verbringen.

Der Vater wählt folgende Option: er wolle die Kinder regelmäßig jedes zweite Wochenende sehen und einen Abend pro Woche.

Nach einigen zähen Verhandlungen, die von gegenseitigen Vorwürfen des Ausnutzens usw. begleitet sind, einigen sich beide darauf, daß der Vater die Kinder zwei Abende pro Woche und jedes zweite Wochenende bei sich hat.

g) Ergebnisse festhalten

Die verschiedenen Optionen der Eltern und das abschließende Verhandlungsergebnis wird auf einem Flip-chart festgehalten.

Die genannten Verhandlungsschritte werden für jeden von den Parteien festgelegten Verhandlungsgegenstand durchgegangen.

2.3 Die Abschlußphase

Wenn für alle Streitpunkte Lösungen gefunden sind, werden diese in einer Mediationsvereinbarung festgehalten. Dieses wird vom Mediator allgemeinsprachlich abgefaßt und enthält:

– die wechselseitige Definition der einzelnen Probleme,
– die Lösungen, auf die man sich geeinigt hat,
– die Gründe für die Auswahl der Lösungen und
– das Ziel der Vereinbarung.

Wird diese Mediationsvereinbarung vor Gericht verwendet, muß sie von den Anwälten der Beteiligten oder von einem Notar in eine juristische Sprache übertragen werden.

In der Abschlußphase kann den Partnern auch eine Hilfestellung für künftig auftretende Konflikte gegeben werden. Gemeinsam mit dem Paar wird besprochen, was sie bei erneuten Konflikten tun können: sie können z.B. eine entsprechende Umgebung arrangieren, die es ihnen erleichtert, sich konstruktiv zu verhalten (z.B. Treffen in einem Lokal oder gemeinsam mit Freunden…).

In der Heidelberger Mediationspraxis hat es sich bewährt, mit den Konfliktpartnern eine »Sicherungserklärung« abzuschließen: Wenn bei der Realisierung der Vereinbarung Probleme auftreten und ein Partner einen weiteren Mediationstermin wünscht, erklärt sich der andere in jedem Fall zur Teilnahme bereit.

Grundregeln

Während des Mediationsprozesses sollten vom Mediator bestimmte Grundregeln eingehalten werden:

Der Mediator ist verantwortlich für den Prozeß, nicht für den Inhalt der Mediation
Der Mediator kontrolliert also *wie* verhandelt wird; *worüber* verhandelt wird und wie das Ergebnis aussieht, entscheiden die Konfliktpartner.
Im einzelnen bestimmt der Mediator:
— wie der Prozeß verläuft; er legt also fest, welcher Prozeßschritt durchgeführt wird, wann dieser Prozeßschritt beendet ist und was darauf folgt;
— wie die Parteien miteinander reden, indem er z.B. bestimmte Interaktionsregeln festlegt oder sich die Erlaubnis holt, bei einem den Mediationsprozeß störenden Verhalten zu intervenieren;
— wer wann und für wie lange redet.

Der Mediator sollte sich allparteilich verhalten
Dies bedeutet im einzelnen:
— er achtet darauf, daß beide Konfliktpartner in den Sitzungen etwa gleich viel Raum für ihre Darstellungen haben;
— er akzeptiert auf Dauer keine einseitige Definition des Problems von nur einer Person, sondern unterstützt das Paar darin, eine wechselseitige Definition zu entwickeln;
— er versucht, die Interessen beider Konfliktpartner zu verstehen und als berechtigt anzuerkennen.
Die Allparteilichkeit ist nicht einfach zu realisieren. Besonders zu Beginn der Mediation sehen die Konfliktpartner den Mediator als einen Richter, den es zu überzeugen gilt und versuchen, ihn zur Parteinahme zu bewegen. Der Mediator muß seinerseits dem Paar vermitteln, daß er kein Richter ist und nicht für die eine oder andere Seite gewonnen werden kann. Es kann natürlich auch vorkommen, daß Mediatoren ihre Allparteilichkeit verlieren, weil sie z.B. aufgrund von Übertragung Antipathien gegen einen Klienten empfin-

den; oder ein Mediator hält die Interessen einer Partei für absolut unberechtigt, weil vielleicht andere, wie z.B. die Kinder, darunter leiden. Hierzu ein Fallbeispiel der Heidelberger Gruppe:

In diesem Fall verweigerte die Mutter dem Vater die Kontakte zu den Kindern seit über einem Jahr. In den Gesprächen wurde sehr deutlich, daß sowohl der Vater als auch die Kinder unter diesem Zustand litten. Besonders der Mediatorin fiel es schwer, die Allparteilichkeit zu bewahren und die Mutter nicht für ihr Verhalten zu verurteilen. In dieser Situation war es außerordentlich hilfreich, daß die Mediation als Co-Mediation durchgeführt wurde. Während die Mediatorin ihre Allparteilichkeit vorübergehend verloren hatte, bemühte sich der Co-Mediator verstärkt darum, die Position der Mutter zu verstehen. Es wurde klar, daß sich die Mutter völlig überfordert und vom Vater im Stich gelassen fühlte. Dieser hatte die Familie verlassen, war weit weggezogen und zahlte weder für die Mutter noch für die Kinder Unterhalt, da er nur stundenweise arbeitete, die Mutter dagegen ganztags. Die Mutter fühlte sich mit der »Sorge« für die Kinder ganz allein gelassen und es ärgerte sie sehr, wenn der Vater dann alle paar Wochen kam, um mit den Kindern eine schöne Zeit zu verbringen. Dieses Verständnis für die Situation der Mutter half der Mediatorin, ihre Allparteilichkeit wiederzugewinnen.

Wenn ein Mediator sich dauerhaft nicht mehr allparteilich verhalten kann, gerät der Mediationsprozeß ins Stocken, weil die Interessen eines Partners nicht mehr vollständig wahrgenommen und akzeptiert werden. Dieser fühlt sich dann meist benachteiligt, ungerecht behandelt und kann gekränkt reagieren. Deshalb sollten Mediatoren ihre Allparteilichkeit im Verlauf des Prozesses ständig überprüfen, indem sie sich z.B. fragen, ob ihnen eine Partei sehr viel sympathischer ist als die andere, oder ob sie eine Position für viel berechtigter halten. Wenn Mediatoren eine dieser Fragen mit ja beantworten können, sollten sie versuchen, die abgelehnte Partei oder Position besser zu verstehen, indem sie sich gerade mit den Interessen, Bedürfnissen und Ängsten dieser Person beschäftigen und diese herausarbeiten.

Basis-Strategien

In diesem Teil wird die Anwendung von Grundtechniken der Gesprächsführung – »Zusammenfassen«, »Fragen stellen« und »Überprüfen von Hypothesen« – in der Mediation diskutiert. Darüber hinaus werden drei für die Mediation grundlegende Techniken anhand von Fallbeispielen erläutert: das »Normalisieren«, »Wechselseitigkeit herstellen« und »auf die Zukunft fokussieren«.

Zusammenfassen

Der Mediator ist im Verlauf der Mediation mit unterschiedlichen Informationen konfrontiert und muß sich ständig entscheiden, welche Informationen er zusammenfassen soll.

Als Entscheidungskriterium hilft ihm eine grobe Einteilung in *nützliche und nicht-nützliche Information.* Die Nützlichkeit einer Information hängt von den Zielen des Verfahrens ab, deshalb sind in der Mediation andere Informationen relevant als in einer rechtlichen Beratung oder Therapie. In der rechtlichen Beratung wird der Rechtsanwalt die *juristischen* Aspekte zusammenfassen. Er läßt Informationen beiseite, die nicht rechtlicher Natur sind. In ähnlicher Weise faßt der Therapeut therapeutisch relevante Aspekte aus den Äußerungen der Klienten zusammen.

In der Mediation wird die Nützlichkeit der Informationen daran gemessen, inwieweit sie den Verhandlungs- und Problemlöseprozeß voranbringen oder stören.

Als *nicht nützlich* gelten grundsätzlich:

- »small talk«, z.B. über das Wetter;
- *rechtliche oder therapeutische Fragen* der Klienten;
  Der Mediator versucht zunächst, diese Fragen in seinen Zusammenfassungen zu ignorieren. Wenn die Klienten jedoch auf einer rechtlichen oder therapeutischen Auskunft bestehen, respektiert dies der Mediator und verweist sie gegebenenfalls an einen Anwalt oder einen Therapeuten;

- *offensive, aggressive Verhaltensweisen* der Klienten; diese sind darauf ausgerichtet, den anderen zu verletzen und umfassen gegenseitige Angriffe der Klienten, destruktive Auseinandersetzungen und Streit um die Ehe. Sie verhindern ein Vorankommen im Mediationsprozeß und können zu einer Eskalation der Konflikte führen. Der Mediator kann versuchen, diese offensiven Verhaltensweisen durch Ignorieren zu »löschen«. Weitere Strategien zum Umgang mit und zur Begrenzung dieses Verhaltens werden in dem »Arbeitsbuch für Fortgeschrittene« (Haynes u.a., in Vorbereitung) zu finden sein.

Nützlich für das Vorankommen in einer Mediation sind:
- *Informationen und Fakten über den Konflikt*; je nachdem, über welches inhaltliche Thema verhandelt wird, sind unterschiedliche Informationen wichtig;
- die von den Klienten formulierten *Ziele*;
- *Hinweise auf Verhandlungsverhalten und -strategien* der Klienten;
- *emotionale Erklärungen, die sich auf den eigenen inneren Zustand beziehen*; diese sind dann nützlich, wenn es darum geht, die hinter den Positionen liegenden Interessen und Bedürfnisse zu verstehen, oder wenn die Auseinandersetzung in eine Sackgasse geraten ist.

In einem Fall hatte beispielsweise ein Ehepaar eine Auseinandersetzung um eine eheliche Streitfrage und der Mediator konnte sie nicht wieder zu den Fragen der Mediation zurückbringen. Mitten in einer offensiven Erklärung zu seiner Frau sagte der Ehemann: »Ich bin tief verletzt, und sie weiß gar nicht, wie sehr das schmerzt.« Der Mediator, der die ganze offensive Auseinandersetzung ignoriert hatte, anerkannte den Schmerz und sagte: »Ich glaube, daß Sie beide sehr verletzt sind, und ich spüre, daß Sie beide nicht verstehen, wie sehr es den anderen schmerzt. In gewisser Weise ist das in Ordnung, weil das ein Teil des Prozesses der Scheidung ist.«
Nach dieser Bemerkung entspannte sich das Ehepaar, gab die ganze offensive Auseinandersetzung auf und konnte dem Mediator bei der Besprechung der Mediationspunkte folgen.

Durch das Zusammenfassen kann der Mediator unterschiedliche Ziele verfolgen:

- Er kann Informationen beiseite lassen, die für den Fortgang der Sitzung *nicht* nützlich sind und sich auf die Informationspunkte konzentrieren, die nützlich sind.
- Darüber hinaus zeigen Zusammenfassungen jedem Partner, daß er vom Mediator gehört und verstanden wurde und sie geben den Konfliktpartnern die Möglichkeit, Mißverstandenes zu klären.
- Zusammenfassungen helfen jedem Partner zu verstehen, was der andere gesagt hat. Besonders zu Beginn der Mediation hören sich die Konfliktpartner gegenseitig kaum zu, sondern formulieren in Gedanken Gegenargumente. Wenn aber der Mediator das Gesagte wiederholt und dabei alle verletzenden Äußerungen beiseite läßt, hören beide eher zu.
- Durch Zusammenfassungen kann der Mediator alle Versuche, ihn in die Rolle eines Anwalts oder eines Therapeuten zu bringen, unterbinden; dies hilft ihm, seine Rolle als Mediator beizubehalten.
- Klienten sind sich oft nicht sicher, was sie vom Mediator erwarten sollen und wie sie sich als Mediationsklienten zu verhalten haben. Durch die Zusammenfassung wird die Aufmerksamkeit auf relevante Informationen gelenkt. Dies hilft ihnen, die für Mediationsklienten adäquate Rolle zu finden.

Fragen stellen

Der Mediator kann mit Hilfe von Fragen unterschiedliche Ziele erreichen (vergleiche auch Kapitel 6):

- Er kann Fragen stellen, um die für den Mediationsprozeß notwendigen Informationen zu sammeln. Dabei werden je nach Phase und gerade besprochenem Verhandlungsgegenstand unterschiedliche Informationen relevant sein. Klärende Fragen können ihm helfen, die Situationen und Probleme der Konfliktpartner besser zu verstehen.
- Durch den Einsatz bestimmter Frageformen kann der Mediator die Kontrolle über den Prozeß behalten und destruktive Ausein-

andersetzungen minimieren. Zum einen lassen sich geschlossene, fokussierte und offene Fragen unterscheiden. Bei *geschlossenen Fragen* kann nur eine ganz bestimmte Antwort gegeben werden: z.B. »Besucht Ihr Sohn bereits den Kindergarten?« *Fokussierte Fragen* engen den Fokus der Antwortmöglichkeiten ein. Ein Beispiel: »Welche Arrangements haben Sie bezüglich der Kinder getroffen?« *Offene Frageformen* erlauben dagegen eine ganze Reihe unterschiedlicher Antworten, z.b. »Wie geht es Ihnen dabei, wenn Sie diesen Vorschlag hören?« Geschlossene und fokussierte Fragen helfen dem Mediator, die Kontrolle zu behalten, weil sie den Klienten wenig Spielraum lassen, einen Streit zu beginnen.

Ein anderes Unterscheidungskriterium ist, ob *Fragen an eine bestimmte Person gerichtet sind oder nicht*. Ungerichtete Fragen können von beiden Konfliktpartnern beantwortet werden und geben neben dem Inhalt zusätzliche Informationen z.B. über die Beziehungsdynamik oder – bei Fragen bezüglich der Kinder – über die Elternrollen. Ungerichtete Fragen, wie z.B. »Wann haben die Kinder Geburtstag?« oder »Womit spielt jedes Kind am liebsten?«, enthalten neben der konkreten Information wichtige Hinweise auf die Beziehung der Eltern zu den Kindern.

Besonders zu Beginn der Mediation, wenn noch nichts über die Paardynamik bekannt ist, und generell bei hochstrittigen Paaren ist es ungünstig, offene und gleichzeitig ungerichtete Fragen zu stellen. Diese geben dem Mediator wenig Möglichkeiten zur Kontrolle, so daß altbekannte, eheliche Streitigkeiten schnell ausbrechen können (vgl. Haynes & Haynes 1989).

– Mit Hilfe von Fragen können Zweifel an der ursprünglichen, einseitigen Definition jedes Partners geschaffen werden.

– Fragen können auch eingesetzt werden, um die Hypothesen des Mediators zu testen. Die Überprüfung von Hypothesen wird im nächsten Abschnitt ausführlich besprochen.

Überprüfen und Variieren der Hypothesen

Hypothesen bilden die Arbeitsgrundlage für die Interventionen des Mediators. Anhand der Hypothesen wählt er z.B. die Richtung seiner Fragen aus und entscheidet sich innerhalb dieser Fragerichtung für eine ganz bestimmte Frage.

Hypothesen können gebildet werden aufgrund persönlicher Erfahrungen, aufgrund einer bestimmten beruflichen Ausbildung oder aufgrund eines bestimmten Mediationsverständnisses.

Im Mediationsprozeß ist es entscheidend, daß die Mediatoren sich des jeweiligen Ursprungs ihrer Hypothesen bewußt bleiben, sie voneinander unterscheiden können und sich auf die für den Mediationsprozeß relevanten Hypothesen konzentrieren können. Relevant in der Mediation sind Hypothesen über:

– das Problem, das durch Verhandlungen gelöst werden soll,
– die Ziele der Klienten,
– ihr Verhandlungsverhalten.

Eine therapeutische Hypothese ist nur dann relevant, wenn die »Störung« des Klienten seine Fähigkeit, eine Vereinbarung auszuhandeln, einschränkt: ist das der Fall, muß der Klient an einen Therapeuten überwiesen werden. Eine rechtliche Hypothese ist nur dann relevant, wenn der Klient ein rechtliches Problem hat, das es erforderlich macht, ihn an einen Rechtsbeistand zu verweisen. Bezieht sich die Hypothese über das Verhalten des Klienten auf einen Zustand, der eine Vereinbarung zwar beeinflußt, aber nicht unmöglich macht, kann der Mediator diese für die Mediation nicht relevante Hypothese vernachlässigen.

Die Überprüfung der Hypothesen

Nachdem der Mediator eine Hypothese entwickelt hat, zielen seine Fragen und Zusammenfassungen darauf ab, die Richtigkeit der Hypothese zu prüfen. Die Antwort der Klienten hilft dem Mediator zu entscheiden, ob seine Hypothese generell richtig ist, ob er mit ihr arbeiten kann, oder ob er sie – basierend auf neuen Informationen – variieren muß. Dazu zwei Beispiele:

Der Mediator kann z.B. die Hypothese überprüfen, daß ein Klient versucht, aus taktischen Gründen die Anzahl seiner Ziele zu erhöhen, um dadurch zusätzlichen Spielraum für Zugeständnisse zu gewinnen. Wenn dieser Klient seine Ziele (»eins«, »zwei« und »drei«) vorbringt, dann kann der Mediator, um seine Hypothese zu überprüfen, mit folgender Zusammenfassung antworten: »Sie glauben also, daß ›eins‹ und ›zwei‹ Ihnen wichtig sind.« Akzeptiert der Klient diese Darstellung, so kann dies als eine Bestätigung der Hypothese gelten, daß Nummer »drei« aus taktischen Gründen angeführt wurde. Widerspricht der Klient der Zusammenfassung des Mediators und weist ihn auf Punkt »drei« hin, so entschuldigt sich der Mediator und fügt Nummer »drei« der erneuten Zusammenfassung hinzu.

Eine andere Hypothese könnte z.B. die Bedeutsamkeit der von einem Klienten genannten Ziele betreffen: Wenn ein Klient seine Ziele in einer bestimmten Reihenfolge nennt, kann der Mediator die verhältnismäßige Bedeutung dieser Ziele »eins«, »zwei« und »drei« prüfen, indem er diese bei seiner Zusammenfassung in eine andere Reihenfolge bringt, z.B.: »Sie haben also das Gefühl, daß ›zwei‹, ›eins‹ und ›drei‹ für Sie wichtig sind.« Wenn der Klient nichts gegen die veränderte Reihenfolge einzuwenden hat, gebraucht der Mediator im weiteren Verlauf diese veränderte Rangliste der Ziele.

Deuten die Klienten an, daß die Hypothese falsch ist, dann sollte der Mediator nicht an seiner Hypothese festhalten, sondern beginnen, Informationen zu sammeln, um eine alternative Hypothese zu entwickeln. Es ist nicht immer einfach, eine Hypothese aufzugeben, Selvini-Palazzoli u.a. (1980) warnen allerdings vor der Gefahr, mit der Hypothese »verheiratet« zu bleiben. Dazu John Haynes:

»Ich merke genau, wenn ich an einer Hypothese festhalte. Ich sitze dann meistens auf der Stuhlkante, lehne mich vor und sage zu den Klienten: «Nein, Sie verstehen nicht. Ich meinte eigentlich, daß…». Ich versuche sie von der Richtigkeit meiner Hypothese zu überzeugen, anstatt zuzuhören und mich nach den Klienten zu richten, was den Wert und die Relevanz meiner Hypothese betrifft.«

Hypothesen sollten also aufgrund eines bestimmten Mediationsverständnisses gebildet werden und nicht aufgrund persönlicher Erfahrungen oder einer beruflichen Grundausbildung. Sie sollten dem Mediator bewußt sein, überprüft und variiert oder aufgegeben werden, wenn durch das Verhalten des Klienten deutlich wird, daß sie nicht adäquat sind.

Neben diesen eher allgemeineren Strategien der Gesprächsführung gibt es einige speziell für die Mediation sehr hilfreiche Techniken, die sich in der praktischen Arbeit bewährt haben: »Normalisieren« und »Wechselseitigkeit herstellen«, um so Zweifel an der ursprünglichen Darstellung zu schaffen; »auf die Zukunft fokussieren«, um die Interessen zu eruieren und eine wechselseitige Problemdefinition zu entwickeln und zu festigen.

Normalisieren

Konfliktpartner, die in die Mediation kommen, sind überzeugt, daß ihre Probleme so außergewöhnlich und schwer lösbar sind, daß sie sie allein nicht lösen können, sondern der Hilfe eines Außenstehenden bedürfen. Diese Außergewöhnlichkeit des Problems rechtfertigt in den Augen der Partner auch ungewöhnliche, häufig vom anderen nicht erfüllbare Forderungen.

Der Mediator nimmt den jeweiligen Problemdefinitionen das Außergewöhnliche, indem er die Situation normalisiert[3]. Denn wenn die Situation normal ist (so die Implikation), dann ist sie auch im Rahmen des Normalen zu lösen.

Durch das Normalisieren können unterschiedliche Ziele erreicht werden:

– zum einen kann den Partnern wieder Hoffnung vermittelt werden, daß ihre Probleme, weil sie nicht so ungewöhnlich sind, doch lösbar sind;

– zu starke einseitige Forderungen, die mit der Außergewöhnlichkeit begründet waren, können nicht mehr aufrechterhalten werden;

– die Attribution und Schuldzuschreibung kann sich verändern: Schuld an der Situation *hat* nicht der eine oder andere Partner, sondern die Probleme *entstehen* aus der Situation selbst (da es anderen genauso geht).

Ein Fallbeispiel von John Haynes:

Die Ehefrau Debra hat ihre Anfangserklärung so beendet: »Ich habe ihm die Kinder einige Male zu Besuch geschickt, aber die Kinder freuen sich nicht, ihren Vater zu sehen, sie haben gesagt, daß sie ihn nicht sehen wollen. Sie sind sehr unglücklich über die Trennung. Wenn sie wieder zu Hause sind, dann sind sie sehr durcheinander und sie weinen. Ich brauche Stunden, um sie wieder zu beruhigen und ich weiß einfach nicht, wie sie damit fertig werden.«

Wenn der Mediator diese Problemdefinition als einzige gelten läßt, dann kann die Lösung entweder sein, die jetzige Regelung beizubehalten, bei der die Mutter die Bedingungen für die Besuche der Kinder bei ihrem Vater festlegen kann, oder aber er zieht wieder in die eheliche Wohnung zurück. Keine dieser Lösungen wäre für den Ehemann annehmbar.

Michael (Ehemann) hat seine eigene Definition des Problems. »Ich habe die Kinder während des letzten Monats fünfmal gesehen. Sie freuen sich, mich zu sehen, wir haben viel Spaß miteinander, wir haben viel zusammen unternommen, sie genießen es, bei mir zu sein … Jetzt sind sie ängstlich, wenn sie zu Besuch kommen, das weiß ich, aber ich glaube nicht, daß Debra ihnen in irgendeiner Weise hilft. Es fällt mir sehr schwer zu sehen, wie aufgelöst Debra ist, wenn ich wiederkomme. Wenn ich die Kinder wieder nach Hause bringe, fängt sie an zu weinen.«

Läßt man Michaels Definition des Problems gelten, dann würden die Kinder die meiste Zeit bei ihm verbringen, und die Mutter würde die Trennung akzeptieren und nicht weinen, wenn der Vater die Kinder zurückbringt. Diese Lösung des Problems, so wie Michael es beschreibt, ist für Debra gleichermaßen unannehmbar.

Jeder Elternteil behauptete, daß die Kinder geweint hätten, als sie zum anderen Elternteil gebracht wurden, und beide geben die Schuld dafür dem anderen. Zu den Darstellungen von Michael und Debra bemerkt der Mediator: »Es ist übrigens nicht ungewöhnlich, daß die Kinder so angespannt sind und viel weinen, wenn sie hin- und hergehen. Offensichtlich versuchen sie noch herauszufinden, wie sie sich ihnen beiden gegenüber verhalten sollen, da sie nun nicht mehr zusammen leben, sondern getrennt sind. Es ist also sehr gut möglich, daß die Kinder viel Spaß haben, wenn sie bei ihnen sind, Michael, aber auch ihnen gegenüber, Debra, echte Sorgen und Bedenken äußern. Das ist keine ungewöhnliche Situation.«

Mit dieser Bemerkung läßt der Mediator die Beschreibung des Verhaltens der Kinder von jedem Elternteil gelten und gibt dem

Verhalten eine neue Bedeutung, indem er es als normal und erwartungsgemäß darstellt. Der Mediator nimmt so beiden Elternteilen das Gefühl, ihre Sicht der Dinge sei ungewöhnlich. Diese sorgfältig ausgewogene Bemerkung geht auf die Sorgen beider Elternteile ein, ohne für eine Seite Partei zu ergreifen. Normalisieren kann auch als eine Art des »Reframing« verstanden werden (Bandler & Grinder 1982), als eine Strategie, die das ursprüngliche Problem in einem anderen Kontext erscheinen läßt, so daß mehr und andere Lösungsmöglichkeiten zur Verfügung stehen. Je mehr der Mediator das Problem der Klienten normalisieren kann, desto eher erscheint ihnen eine Lösung möglich und desto größer ist die Chance, daß der Mediator sie zu einer wechselseitigen Definition des Problems bewegen kann.

Wechselseitigkeit herstellen

Die Konfliktpartner stellen das Problem meist so dar, daß dem anderen die Schuld gegeben und persönliche Verantwortung für das Problem bestritten wird. Nur selten gesteht jemand ein, daß auch er ein Teil des Problems ist. Um zu einer wechselseitigen Problemdefinition zu gelangen, muß der Mediator den Beteiligten helfen, sich von ihren persönlichen Beschreibungen des Problems zu lösen, indem er Zweifel an der einseitigen Darstellung schafft und versucht, die Streitpunkte als eine wechselseitige Frage neu darzustellen.

In einem Sorgerechtsfall beschwert sich der Vater: »Aber die Kinder brauchen ihren Vater.« Die Mutter antwortet schnell: »Aber sie brauchen ihre Mutter um so mehr.« Der Mediator wirft ein: »Ich nehme an, sie brauchen Sie beide.« Diese Erklärung widerspricht nichts von dem, was die beiden gesagt haben. Es wird nur festgestellt, daß sie ein wechselseitiges Problem haben.

Wenn die beiden Konfliktpartner eine bestimmte Position einnehmen, dann denken sie selten daran, welche Ansicht der andere haben könnte. Strategien wie das »Normalisieren« und das »Herstellen von Wechselseitigkeit«, die es ihnen leichter machen, die Situation unter verschiedenen Gesichtspunkten zu betrachten, helfen deshalb auch, Zweifel an der Gewißheit der ursprünglichen Positionen zu schaffen. Das macht den Weg frei, alternative, wechselseitige Problemdefinitionen zu entwickeln, die ihrer beider Interessen entgegenkommen.

Sind erst einmal Zweifel geweckt und die Beteiligten bereit, Alternativen ins Auge zu fassen, dann hilft der Mediator, diese Veränderungen zu festigen, indem er in den Gesprächen den Fokus auf die Zukunft legt.

Auf die Zukunft fokussieren

Vor allem zu Beginn der Mediation ist das Bedürfnis der Konfliktpartner groß, über die Vergangenheit zu reden. Der Ursprung der Probleme liegt in der Vergangenheit, und die Tatsache, daß sie sich in Mediation begeben haben, deutet an: die Vergangenheit ist erfolglos und ohne Hoffnung. Zu bestimmen, wer in der Vergangenheit recht hatte und wer nicht, ist Aufgabe eines Richters und nicht des Mediators. Jede Diskussion über die Vergangenheit bringt den Mediator unweigerlich in die Rolle eines Richters.

In der Zukunft liegt die Lösung und auch Hoffnung. Solange sich die Klienten über das beklagen, was letzte Woche passiert ist, können sie nicht darüber sprechen, was in der nächsten Woche ihrer Meinung nach anders laufen sollte. In der Mediation geht es nicht darum, die Vorwürfe der Vergangenheit zu diskutieren oder zu beurteilen, sondern darum, wie die Konfliktpartner die Zukunft neu gestalten wollen.

Um noch einmal auf ein Scheidungs-Fallbeispiel zurückzukommen, bei dem der Ehemann zum Mediator sagt: »Können Sie ihr nicht sagen, daß das, was ich tue, normal ist, dauernd passiert? Können Sie ihr nicht erklären, was ich hinter mir habe?« Der Mediator antwortet: »Ich bin mehr daran interessiert, in welche Richtung Sie in Zukunft mit dem Problem gehen wollen, und nicht so sehr, was Sie hinter sich haben.« (Haynes & Haynes 1989).

39

Meistens beschweren sich die Klienten darüber, wie der andere sich in der Vergangenheit verhalten hat und betonen, daß sie nicht wollen, daß er dieses Verhalten fortsetzt. Es scheint den Klienten leichter zu fallen, das zu artikulieren, was ihnen nicht gefällt oder was sie nicht wollen, als das, was sie wollen. Um dieses Muster zu verändern, fragt der Mediator nicht nach den Dingen, die sie in der Vergangenheit gestört haben, sondern nach den Wünschen, die die Klienten für die Zukunft haben.

Über die Zukunft zu sprechen, hat einen weiteren Vorteil: über die Zukunft können sich Klienten nicht beklagen. Sobald sie in der Vergangenheitsform reden, ist das Gespräch voller gegenseitiger Beschuldigungen, Beschwerden und Hoffnungslosigkeit. Wenn sie über die Zukunft sprechen, dann gibt es keine Beschwerden oder Beschuldigungen.

Ein gutes Beispiel für die Fokussierung auf die Zukunft ist der Fall eines Ehepaares, daß sich darüber stritt, ob der Ehemann seine zuckerkranke Tochter medizinisch versorgen könnte (Haynes & Haynes 1989).

Tom (Ehemann): »Ich kann diese Dinge machen. Ich kann diese Dinge machen.«

Pat (Ehefrau): »Das kannst du nicht. Du hast das nie gemacht. Du weißt nicht, was du machen mußt.«

Tom: »Na gut, das kann ich lernen. Ich bin dazu nicht zu dumm.«

Mediator: »Pat, würden Sie wollen, daß Tom diese Dinge in der Zukunft tun kann?«

Die Antwort von Pat muß »ja« sein; sie will, daß Tom für die Tochter sorgen kann. Die Frage bewegt sie von der Vergangenheit und Toms Unfähigkeit, die Tochter zu versorgen, weg und hin zur Zukunft und den Vorteilen, die es für alle Beteiligten hat, wenn der Vater für seine zuckerkranke Tochter sorgen kann.

Durch die Strategien »Normalisieren«, »Wechselseitigkeit herstellen« und »auf die Zukunft fokussieren« verwirft der Mediator nichts von dem, was die Klienten gesagt haben. Er faßt vielmehr die Kernpunkte der Klienten zusammen, die für eine Problemlösung in der Mediation nützlich sind.

Besonderheiten der Scheidungsmediation

Ehepaare, die in die Scheidungsmediation kommen, haben erfolglos alle Möglichkeiten ausprobiert, ihre ehelichen Probleme zu lösen. Trotzdem verlangt die Gesellschaft, daß sie die Fragen des Unterhalts, der Vermögensaufteilung und der zukünftigen elterlichen Sorge klären, um ihre Beziehung beenden zu können. In der Konsequenz müssen sie sich auf einigen wichtigen Gebieten verständigen, die ihr weiteres Leben und, bis diese erwachsen sind, auch das Leben ihrer Kinder bestimmen werden.

Zusätzlich dazu, daß sie wichtige Entscheidungen über ihre Zukunft vor dem Hintergrund ihrer unentschiedenen Vergangenheit fällen sollen, müssen sie mit verschiedenen Ebenen von Schuld, Frustration, Enttäuschung, Betrogen-worden-Sein, Wut und Schmerz umgehen. Sie müssen akzeptieren, daß sie trotz ihrer Scheidung als Ehepartner auch weiterhin gemeinsam Eltern sein werden.

Scheidungsmediation erfordert also die Klärung von komplexen emotionalen Problemen ebenso wie von nüchternen Sachfragen. Jede Person muß fähig sein, die vergangenen Gefühle und Beziehungen ruhen lassen zu können, um die Höhe des Unterhalts, die gerechte Teilung des Vermögens und ein Leben als getrennte, aber kooperative Eltern zu regeln.

Der Mediator hilft den Klienten zu verstehen, was er als Mediator tun kann und hilft ihnen, sich als Mediationsklienten zu verhalten. Die meisten Klienten erwarten, daß in der Mediation ein Urteil gefällt wird. Einige wollen auch, daß der Mediator sich als Rechtsanwalt oder Therapeut verhält und stellen rechtliche oder therapeutische Fragen. Will ein Klient einen »Therapeuten-Mediator«, dann bringt er viele emotionale Fragen zur Sprache und versucht den Mediator dazu zu bringen, sich als Therapeut und nicht als Mediator zu verhalten. Will ein Klient einen »Anwalt-Mediator«, dann stellt er viele rechtliche Fragen in der Hoffnung, juristische Ratschläge zu bekommen. Der Mediator hingegen präsentiert sich selbst ausschließlich als Mediator und gibt nur für die Problemlösung Ratschläge.

Es hat sich der Mythos entwickelt, daß sich ein Mediator mit den Emotionen, die aufgrund der Konflikte entstanden sind, beschäftigen müsse, um die Konflikte zu lösen.[4] Das trifft nur dann zu, wenn der Mediator zuläßt, daß emotionale Probleme die Mediationssitzung dominieren. Dadurch werden sie verstärkt und erhalten Vorrang vor praktischen Verhandlungspunkten. Die Klienten haben dann die Rolle von Therapieklienten und sind unfähig, ihre praktischen Konflikte durch Verhandlungen zu beenden. Die erste Reaktion des Mediators auf die Emotionen ist, daß er den Schmerz anerkennt, und dann mit seiner Arbeit fortfährt. Wenn das nicht ausreicht, entscheidet er, ob die Emotionen den Klienten daran hindern werden, auf der Basis seiner eigenen legitimen Interessen zu verhandeln. Wenn er glaubt, daß der Klient nicht adäquat verhandeln kann, dann überweist er ihn an einen Therapeuten.

Die Grundlage jeder Mediation ist es, mit den allgemeinen Strategien des Normalisierens, des Herstellens von Wechselseitigkeit und des Fokussierens auf die Zukunft mittels Zusammenfassungen und Fragen Zweifel an der ursprünglichen Position entstehen zu lassen.

In den folgenden Kapiteln werden wir sehen, wie diese allgemeinen Strategien um andere Mediationsstrategien erweitert werden, die typisch für den Kontext der Scheidungsmediation sind. Die Kapitel zwei bis fünf behandeln die einzelnen inhaltlichen Phasen der Scheidungsmediation; die Eröffnungsphase, die Haushaltsplanung und Festlegung des Unterhalts, die Vermögensaufteilung und die zukünftige Gestaltung der elterlichen Sorge.

2 Die Eröffnungsphase in der Scheidungsmediation

In diesem Kapitel werden ausführlich die telefonische Anmeldung und die erste Mediationssitzung besprochen. Anschließend werden das Aushandeln von Übergangsregelungen, die Probleme beim Vorliegen von Mißhandlungen und von Drogenmißbrauch und Möglichkeiten des Einzelgesprächs diskutiert.

Die telefonische Anmeldung

Der telefonischen Anmeldung geht, wie im ersten Kapitel beschrieben, bereits ein längerer Entscheidungsprozeß der Konfliktpartner voraus: beide müssen eingesehen haben, daß sie miteinander Probleme haben, die sie nicht alleine lösen können oder wollen und beide müssen sich dafür entschieden haben, für diese Probleme in der Mediation nach einer Lösung zu suchen.

Welche Informationen brauchen die Klienten?

Der Informationsstand der Klienten bei diesem Telefongespräch kann sehr unterschiedlich sein: für diejenigen, die gute Kenntnisse darüber haben, was sie von einer Mediation erwarten können, reicht in der Regel die Absprache eines Termins. Weitaus häufiger wissen die Klienten allerdings wenig darüber, was in einer Mediation gemacht wird. Diese Klienten sollten, neben der Vereinbarung eines Termins, folgende Informationen erhalten:

- was das Ziel einer Mediation ist;
- worüber in der Mediation gesprochen wird;
- welche Aufgabe die Mediatorin[5] hat;
- was eine Mediation kostet.

Welche Informationen brauchen die Mediatoren?

Bei der telefonischen Anmeldung werden zunächst allgemeine Daten der Klienten aufgenommen, wie:
- Namen und Anschriften der Klienten,
- Telefonnummern und
- Anzahl und Alter der Kinder.

Diese können auf einem vorbereiteten Anmeldeformular (siehe Seite 63) notiert werden, das dann der Klientenakte beigelegt wird.

Wer übernimmt die Telefongespräche?

Es hängt von der Organisation der Mediationspraxis ab, wer die Gespräche entgegennimmt. Es ist sicherlich von Vorteil, wenn nicht die Mediatorin selbst, sondern eine Sekretärin oder eine Kollegin die Telefongespräche führt. Zum einen hat dann der Anrufer keinen besonderen Vorteil gegenüber dem Partner und auch keine besonderen Informationen, die dem Partner nicht zugänglich sind. Zum anderen kann auch bei der Mediatorin nicht schon durch den Anruf eine Voreingenommenheit gegen den einen oder den anderen Partner entstehen.

Wenn eine Sekretärin die Anrufe entgegennimmt:

Die Sekretärin sollte von der Mediatorin darin unterwiesen werden, was bei den Anrufen wichtig ist. Dazu gehört:
- bestimmte Informationen von den Klienten zu erfragen. Dabei hilft das oben erwähnte Anmeldeformular;

- einen Termin für das Erstgespräch mit dem Klienten zu vereinbaren;
- bestimmte Informationen an den Anrufer weiterzugeben; dabei kann die Sekretärin sinngemäß folgendes sagen:

»Die Mediatorin wird zunächst mit Ihnen und Ihrem ehemaligen Partner abklären, welche strittigen Punkte Sie beide in der Mediation besprechen wollen. Dann wird die Mediatorin Sie unterstützen, gemeinsam Lösungen für diese Konflikte zu erarbeiten. Wenn Sie z.b. über Fragen des Unterhalts verhandeln wollen, wird die Mediatorin Ihnen helfen, die Haushaltspläne zu erarbeiten, die Ihnen zeigen, was es kostet, getrennt zu leben. Diese Informationen werden dann zusammen mit den Einkommensangaben die Grundlage dafür bilden, die Unterhaltszahlungen zu vereinbaren. Wenn Sie die Vermögensaufteilung besprechen wollen, wird die Mediatorin Sie bitten, eine Vermögensaufstellung zu erarbeiten und Sie bei den Verhandlungen unterstützen, wie Sie Ihr Vermögen gerecht aufteilen. Bei der Besprechung der zukünftigen elterlichen Sorge wird sie mit Ihnen alle relevanten Punkte durchsprechen. Bei diesen Verhandlungen treffen Sie und Ihr Partner die Entscheidungen, die Mediatorin wird vor allem darauf achten, daß es keine Verlierer gibt.
Das Ergebnis Ihrer Besprechungen wird in einem gemeinsam ausgearbeiteten Mediationsprotokoll festgehalten, das alle Vereinbarungen enthält, die Sie in der Mediation erzielt haben. Dieses Protokoll können Sie Ihren jeweiligen Anwälten vorlegen, die es durchsehen und in die Form eines rechtswirksamen Dokuments bringen. Die Mediation kann bis zu 12 Sitzungen dauern, je nachdem, wie viele strittigen Punkte Sie besprechen wollen, wie schwierig Ihre Beziehungsdynamik und Ihre finanzielle Situation ist.
Die Mediatorin wird sich mit Ihnen zunächst für eine kostenlose Beratung treffen, bei der Sie und Ihr Ehepartner sie kennenlernen und ihr alle Fragen stellen können, die Sie bewegen. Am Ende dieser Sitzung werden Sie dann gemeinsam entscheiden, ob Mediation zum jetzigen Zeitpunkt das richtige Verfahren für Sie und Ihren ehemaligen Partner ist. Haben Sie bereits mit Ihrem Ehemann (oder Ihrer Ehefrau) über Mediation gesprochen?«

Diese Einführung der Sekretärin gibt dem Anrufer einen ersten Überblick über Mediation. Dieser beinhaltet:
- die Grundinformationen über die drei inhaltlichen Bereiche der Mediation: Unterhalt, Vermögensaufteilung und elterliche Sorge;

- die Erklärung des Verfahrens;
- die Schilderung der Rolle der Mediatorin;
- die Idee, daß es zwei Gewinner geben soll (win-win Idee). Die Sekretärin hat in verständlicher Weise erklärt, daß eine Vereinbarung ohne Verlierer erreicht werden soll. Den meisten Leuten fällt es schwer zu glauben, daß sie bei einer Scheidung gewinnen können, aber die meisten akzeptieren die Idee, daß es keine Verlierer geben soll.

Darüber hinaus wurde in dieser Einführung jedes Gespräch über spezielle Streitpunkte und Klagen vermieden.

Einen Termin vereinbaren

Die Sekretärin beendet die telefonische Einführung mit einer Frage. So behält sie die Kontrolle über das Gespräch. Wenn der Anrufer die Frage dahingehend beantwortet, daß er bereits mit seiner Ehefrau gesprochen hat, kann ein Termin vereinbart werden. Wenn die Ehepartner sich noch nicht darauf geeinigt haben, eine Mediation durchzuführen, kann die Sekretärin den Anrufer bitten, sich nochmals zu melden, wenn er mit seiner ehemaligen Partnerin eine Entscheidung getroffen hat.

Inhaltliches vermeiden

Die Sekretärin wird angewiesen, in dem Telefongespräch keine speziellen Streitpunkte zu besprechen. Wenn ein Klient z.B. fragt: *»Kann ich im Haus wohnen bleiben?«*, *»Wieviel Unterhalt steht mir zu?«* oder *»Kann ich meine Rente behalten?«*, dann erwidert die Sekretärin: *»Die Mediatorin wird diese Punkte mit Ihnen beiden besprechen, wenn Sie sich mit ihr treffen.«*

Versucht der Klient, die Sekretärin unter Druck zu setzen, dann kann es die Sekretärin vermeiden, Details zu besprechen, indem sie erwidert: *»Die Mediatorin zieht es vor, über diese Punkte mit Ihnen beiden zur gleichen Zeit zu sprechen. So bekommen Sie beide die gleichen Informationen und keiner von Ihnen ist gegenüber dem anderen im Vorteil«.* Die Sekretärin vermerkt auf dem Anmeldeformular spezielle Fragen und Punkte, die der Anrufer vorgebracht hat, so daß die Mediatorin bei ihrem ersten Treffen mit dem Ehepaar diese Punkte kennt.

Eine Informationsbroschüre für Interessierte

Wir verschicken nach dem Anruf an alle Interessierten eine Informationsbroschüre über Mediation[6]. Die Broschüre beschreibt das Verfahren Schritt für Schritt und enthält Hinweise, wie die Formulare auszufüllen sind, einige Ratschläge zur elterlichen Sorge und einen Abschnitt darüber, wie man am besten miteinander verhandeln kann.

Wenn die Mediatorin die Telefongespräche führt

Allparteilichkeit bewahren

Da ein wesentliches Prinzip der Mediation darin besteht, beiden Partnern gegenüber neutral zu sein, ist auch das telefonische Aufnahmegespräch in dieser Hinsicht sensibel zu führen.

Die Mediatorin sollte allgemeine, das Verfahren beschreibende, Informationen geben, aber nicht auf konkrete Streitpunkte eingehen. Dadurch kann sie eine Parteinahme verhindern und ihre Neutralität bewahren. Dies ist sehr wichtig, denn die Mediatorin wird in der Mediation mit beiden Partnern arbeiten müssen.

Wenn der Anrufer darauf besteht, über inhaltliche Punkte zu sprechen, kann die Mediatorin erklären, daß sie es vorzieht, Streitpunkte in Anwesenheit des anderen Ehepartners zu besprechen, weil sie beiden Partnern die Gelegenheit geben möchte, ihren Standpunkt deutlich zu machen. Diese Erklärung nehmen Anrufer normalerweise positiv auf, weil sie ihnen zeigt, daß die Mediatorin sich bemüht, unparteiisch zu bleiben.

Einige Anrufer versuchen, die Unterstützung der Mediatorin zu gewinnen, um einen zögernden Partner zu überzeugen, an einer Mediation teilzunehmen. Die Mediatorin sollte dies nicht tun, da sie sich dann mit dem Anrufer verbünden und ihre Unparteilichkeit verlieren würde. Eine wichtige Grundregel der Mediation wäre verletzt.

Die Mediatorin überzeugt durch den Ton ihrer Stimme

Die Anrufer entscheiden oft aufgrund des ersten Eindrucks bei diesem Telefongespräch, ob sie in die Mediation kommen. Denn der Ton, die Stimme und die Art der Ausdrucksweise der Mediatorin entscheiden darüber, ob sie als überzeugend und sachverständig beurteilt wird. Daher soll im ersten Kontakt eine klare und präzise Erklärung sowie ein genügendes Selbstbewußtsein zum Ausdruck kommen. Dazu John Haynes: »*Ich treffe oft Ehepaare, die mit anderen Mediatoren gesprochen haben, bevor sie zu mir gekommen sind. Auf meine Frage, warum sie sich entschieden haben, mit mir zu arbeiten, antworten viele, daß ich mich so angehört hätte, als ob ich wüßte, was ich tue, und nicht ›klinisch‹ geklungen hätte.*«
Beginnende Mediatoren können das Aufnahmegespräch im Rollenspiel üben und auf Tonband aufnehmen, um diese Gespräche anschließend zu analysieren.

Die erste Mediations-Sitzung

Dem Paar sollte möglichst bald nach der telefonischen Anmeldung ein Termin für das erste gemeinsame Treffen angeboten werden. Die Erfahrung zeigt, daß sonst die Termine häufig abgesagt werden. Gerade in der Zeit der Trennung sind die ehemaligen Partner den unterschiedlichsten Einflüssen ausgesetzt. So kann z.B. schon ein Brief des gegenerischen Rechtsanwalts, in dem bestimmte Forderungen gestellt werden, die Bereitschaft verringern, sich mit dem ehemaligen Partner an einen Tisch zu setzen und gemeinsam die Probleme zu besprechen.

Das telefonische Anmeldungsgespräch aufgreifen

Um bereits zu Beginn der ersten gemeinsamen Sitzung ihre Allparteilichkeit zu betonen, nimmt die Mediatorin zunächst Bezug auf die telefonische Anmeldung. Wenn sie vor der Sitzung nur mit einem Partner Kontakt hatte, dann informiert sie zunächst den Ehepartner, mit dem sie noch nicht gesprochen hat. Allmählich bezieht sie dann beide in das Gespräch ein, indem sie gleichmäßigen Augenkontakt mit beiden hält und auch auf die Körpersignale derjenigen Person achtet, die gerade nicht spricht.

In der ersten Sitzung sind folgende Punkte zu beachten:

1. Erklärung des Mediationsverfahrens
2. Die Besprechung der Rahmenbedingungen
3. Die Indikation zur Scheidungsmediation
4. Erhebung der notwendigen Basisinformationen
5. Sammeln der strittigen Punkte
6. Verteilung der relevanten Formulare

John Haynes bietet den Partnern eine halbstündige kostenlose Beratung an, in der die ersten drei genannten Punkte abgeklärt und am Schluß die entsprechenden Formulare verteilt werden. Nach seiner Erfahrung kommen danach etwa 90% der Klienten wieder.

An unserer Beratungsstelle in Heidelberg haben wir die Erfahrung gemacht, daß es für die Paare befriedigender ist, wenn sie gleich im Erstgespräch ihre jeweiligen Streitpunkte vorbringen können. Deshalb bieten wir eine kostenlose einstündige Sitzung an. Damit sich die Ehepartner auf die Mediation vorbereiten können, schicken wir ihnen nach der telefonischen Anmeldung die Informationsbroschüre (siehe Kap. 9) mit der Bitte, sie gründlich zu lesen. Dadurch kann die Information über das Vorgehen in der Mediation kurz gehalten werden. Außerdem lassen wir das Anmeldeformular (4) von den Partnern vorher ausfüllen, wodurch zusätzlich Zeit gespart wird.

1. Erklärung des Mediationsverfahrens

Die Ausführlichkeit dieser Erklärung hängt vom Informationsstand der Klienten ab. Manche Klienten haben vielleicht nur gehört, daß Mediation bei Scheidungen »helfen soll«, wissen aber wenig über Ziele und Inhalte des Verfahrens. Andere haben sich z.B. bei Bekannten, die schon an einer Mediation teilgenommen haben, sehr genau informiert. In den meisten Fällen kann durch die Informationsbroschüre, die nach der telefonischen Anmeldung an die Klienten verschickt wird, erreicht werden, daß die Klienten ein Basiswissen über den Mediationsprozeß mitbringen. Allerdings zeigt die Erfahrung, daß nicht alle Klienten diese Broschüre lesen. Deshalb empfiehlt sich zu Beginn der Sitzung eine kurze Erklärung über die Ziele des Verfahrens und das Vorgehen der Mediatorin. Diese Einführung erleichtert es den Klienten auch, sich an die fremde Situation und die Mediatorin zu gewöhnen.

Die Erklärung der Mediatorin könnte folgendermaßen lauten:

»Zweck unseres heutigen Treffens ist es, daß Sie entscheiden können, ob Mediation das richtige für Sie ist. Deshalb werde ich Ihnen kurz schildern, wie wir dabei vorgehen werden. Sie werden dann die Möglichkeit haben, alle Fragen zu stellen, die sie zum Verfahren haben.

Ziel der Mediation ist es, eine Lösung für die konkreten Probleme zu entwickeln, die aufgrund Ihrer Trennung/Scheidung entstanden sind. Diese Probleme können in unterschiedlichen Bereichen liegen: es kann sich um die Aufteilung Ihres ehelichen Vermögens bzw. Ihrer Schulden handeln, oder um die Regelung des Ehegattenunterhalts. Auch alle Fragen, die die elterliche Sorge betreffen, können Sie hier vorbringen. Diese Fragen werden unter dem Gesichtspunkt besprochen, daß Sie immer Vater und Mutter für Ihre Kinder bleiben werden, auch wenn Sie sich als Ehepartner (Mann und Frau) trennen und daß die Kinder Sie immer beide brauchen werden.

Zunächst wird jeder von Ihnen die Möglichkeit haben, die strittigen Punkte einzubringen, über die er gerne in der Mediation sprechen möchte. Wir werden dann miteinander eine Reihenfolge festlegen, in der die Streitpunkte verhandelt werden. Die einzelnen Probleme werden nacheinander besprochen, wobei wir solange bei einem Punkt bleiben werden, bis Sie beide zu einer Vereinbarung gekommen sind. Diese Vereinbarungen werden am Ende unserer Gespräche in einem Mediationsprotokoll festgehalten. Dabei kann jeder von Ihnen zu jedem Zeitpunkt das Mediationsverfahren abbrechen, wenn es nicht Ihren Bedürfnissen dient.

Meine Rolle als Mediatorin ist es, Ihnen zu helfen, fair miteinander zu verhandeln. Dabei werde ich immer so vorgehen, daß es in diesem Zusammenhang keinen Verlierer gibt. Ich werde den Fokus auf die zu klärenden Aufgaben richten und mich Ihrer beider Zukunft zuwenden, nicht Ihrer Vergangenheit. Ich werde zusammen mit Ihnen Lösungsvorschläge erarbeiten. Aber ich werde keine Entscheidung treffen, weil nicht ich mit Ihrer Vereinbarung leben muß, sondern Sie. Deswegen muß die Vereinbarung so aussehen, daß die berechtigten Bedürfnisse von Ihnen beiden berücksichtigt und zufriedengestellt werden. Sie beide werden sich für eine bestimmte Lösung entscheiden müssen.

Um meine Rolle noch einmal zu verdeutlichen: Ich bin keine Richterin, die ein Urteil über Sie fällt oder Ihnen die Entscheidung abnimmt. Ich verstehe mich auch nicht als eine Rechtsanwältin, die Ihnen juristische Ratschläge gibt. Die Mediation ist auch keine Paartherapie, da es nicht darum geht, Ihre eheliche Beziehung zu klären, sondern konkrete Lösungen zu entwickeln, für die Probleme, die sich aus ihrer Trennung/Scheidung ergeben. Haben Sie zu diesem Vorgehen noch Fragen?«

Bei der Abgrenzung der Mediation von einer Paartherapie können unterschiedliche Reaktionen auftreten: manche Klienten, häufig die Initiatoren für die Scheidung, sind sehr erleichtert, daß die ehelichen Probleme in der Mediation nicht besprochen werden. Manche sind auch enttäuscht, weil sie sich von diesen gemeinsamen Treffen mit ihrem ehemaligen Partner die Möglichkeit einer Versöhnung erhofft haben.

Mit dieser kurzen Einführung hat die Mediatorin das Paar über die *Ziele und Vorteile einer Mediation, ihren Verlauf und ihre eigene Rolle* informiert. Dann grenzte sie das *Verfahren von dem gerichtlichen Vorgehen, einer juristischen Beratung und der Paartherapie ab.*

Sicherlich gibt es sehr viel mehr Dinge, die die Mediatorin in dem Eröffnungsmonolog sagen könnte. Das Ehepaar kann aber nur eine bestimmte Menge an Informationen in dieser Sitzung bewältigen. Ihre Gedanken sind nur zur Hälfte bei dem, was die Mediatorin sagt. Zur gleichen Zeit gehen ihnen viele andere Gedanken durch den Kopf. Sie schauen sich im Zimmer um, schätzen das Aussehen der Mediatorin ein, sorgen sich, was die Zukunft bringen wird und was der Ehepartner sagen wird. Jeder dieser Gedanken wird den Klienten ablenken. Deswegen versucht die Mediatorin, einen *Eindruck* davon zu vermitteln, was passieren wird, gibt aber keine detaillierten Erklärungen. Und sie tut das in der kurz möglichsten Zeit. Die anderen Punkte, die besprochen werden müssen, bleiben in der Schwebe und entwickeln sich aus den Fragen, die das Ehepaar stellt.

Zu folgenden Bereichen werden häufig Fragen gestellt:

Welche Rolle haben die Kinder in der Mediation?

Sicherlich ist bei der Beantwortung dieser Frage das Alter der Kinder ganz entscheidend. Jugendliche ab ungefähr 10 Jahren werden wohl immer ein Mitspracherecht haben, wenn es um die Gestaltung ihrer Zukunft geht. Beim Einbezug von jüngeren Kindern in den Mediationsprozeß gibt es ganz unterschiedliche Vorgehensweisen: Manche Mediatoren beteiligen die Kinder direkt am Verhandlungsprozeß, indem sie die Kinder zu bestimmten Sitzungen einladen und zu ihren Vorstellungen bei der Gestaltung der elterlichen Sorge befragen (vgl. u.a. Bienenfeld 1983). Wir bieten dagegen den Eltern an, daß sie ihre Kinder dann mitbringen können, wenn die Vereinbarungen, die die Kinder betreffen, bereits erzielt wurden. Dadurch soll den Kindern Gelegenheit gegeben werden, zu den Vereinbarungen Stellung zu nehmen. Wir beteiligen die Kinder absichtlich nicht am Entscheidungsprozeß, um ganz klar die Verantwortlichkeit der Eltern zu betonen, und um die Kinder vor Loyalitätskonflikten zu schützen, in die sie sonst unweigerlich geraten würden (zum konkreten Vorgehen vgl. Kapitel 5).

Sollen wir unseren Kindern mitteilen, daß wir uns trennen/scheiden lassen wollen?

Manchmal kommen Ehepaare in die Mediation, die fest zur Trennung entschlossen sind, ohne dies ihren Kindern mitgeteilt zu haben. Oft sagen sie: »Nun, wir dachten, wir würden es ihnen sagen, wenn wir alles geregelt hätten.« Hier kann die Mediatorin den Eltern klar machen, daß die Kinder sich dieser Tatsache wahrscheinlich sowieso bewußt sind, oder zumindest merken, daß es in der Beziehung der Eltern ernsthafte Schwierigkeiten gibt. Die Mediatorin schlägt deshalb vor, daß die Eltern den Kindern mitteilen, daß sie sich scheiden lassen wollen. Diese Mitteilung sollte am besten in einer Familienbesprechung gemacht werden, bei der alle Familienmitglieder anwesend sind. Es sollte in dem Raum sein, in dem solche Gespräche in der Vergangenheit stattgefunden haben. In der Mediation kann dieses Gespräch der Eltern mit den Kindern vorbereitet werden: was sollte gesagt werden; wer wird es sagen und wie können sich die Eltern gegenseitig *als Eltern* unterstützen; wie können sie den Kindern die Sicherheit geben, daß sie sich zwar als Ehepartner voneinander trennen, beide aber Eltern ihrer Kinder bleiben.

Ein gemeinsames Gespräch mit den Kindern ist sicherlich die beste Form, um ihnen die Scheidung mitzuteilen. Wenn aber die Gefahr besteht, daß ein solches Gespräch zwischen den Eltern erneut zu Streitigkeiten führt, sollten sie besser getrennt mit ihren Kindern sprechen.

Welche Rolle spielen die Anwälte?

Wir empfehlen beiden Konfliktpartnern, sich Anwälte zu nehmen, da diese im Mediationsverfahren wichtige Funktionen erfüllen: zum einen geben sie den Klienten die notwendige rechtliche Auskunft darüber, was ihnen – per Gesetz – wahrscheinlich zustünde. Die Klienten müssen genau darüber informiert sein, welche Vor- und Nachteile eine Mediationsvereinbarung im Vergleich mit einem gerichtlichen Urteil haben wird. Es ist nämlich nicht auszuschließen, daß in der Mediation bewußt andere Vereinbarungen getroffen werden als in einem familiengerichtlichen Verfahren entstehen würden. Wenn die Klienten auf der Basis dieser Information der gemeinsam entwickelten Vereinbarung zustimmen, ist die Wahrscheinlichkeit größer, daß sie damit zufriedener sind und diese auch künftig einhalten werden.

Zum anderen muß das Mediationsprotokoll, das von der Mediatorin umgangssprachlich abgefaßt wird, in eine juristische Sprache übersetzt werden, wenn es dem Gericht vorgelegt werden soll. Der Rechtsanwalt wird die getroffenen Vereinbarungen in die formale Trennungsvereinbarung (oder Scheidungsvereinbarung) aufnehmen.

Fragen zur Vertraulichkeit und Schweigepflicht

Besonders bei Klienten, denen die Mediation von ihren Anwälten, vom Richter oder vom Jugendamt nahegelegt wurde, besteht eine Unsicherheit darüber, ob die Mediatorin Informationen an diese Stellen weitergibt. Wir betonen deshalb von Anfang an die Unabhängigkeit unserer Mediationseinrichtung und daß wir nicht verpflichtet sind, an irgendeine dieser Institutionen Informationen weiterzugeben. Diese Unabhängigkeit ist unserer Meinung nach unbedingt notwendig, damit Vertrauen entstehen kann und die Klienten bereit sind, ihre Informationen offenzulegen.

Wenn sich die Klienten dennoch scheuen, in der Mediation bestimmte Informationen, z.B. über ihr Einkommen offenzulegen, kann die Mediatorin etwa folgendes zu ihnen sagen:

»Was sind ihre Befürchtungen? Um hier eine vernünftige Entscheidung treffen zu können, werden Sie natürlich alle Informationen dem anderen mitteilen müssen. Wenn Sie die Informationen in diesen Gesprächen zurückhalten, dann werden Sie sie vor Gericht mitteilen müssen, wenn Sie vorgeladen werden.

Die Frage ist also nicht, ob Sie die Informationen geben, sondern wann Sie sie mitteilen. Entweder hier in der Mediation, beim Anwalt in der gegnerschaftlichen Auseinandersetzung oder vor Gericht auf Anordnung des Richters.«

Dadurch betont die Mediatorin, daß Mediation kein Weg ist, um die Aufdeckung von Informationen zu umgehen. Sie weist auch darauf hin, daß Angebote, die in den Mediationsverhandlungen gemacht werden, von den Gerichten nicht als Beweismittel zugelassen werden. Wenn gegenseitige Verhandlungsangebote in der

Mediation gemacht werden, dann geschieht das *ohne Verbindlichkeit*. Bei einem Scheitern der Mediation kann sich also keine Partei vor Gericht darauf berufen, daß ein bestimmtes Angebot schon einmal gemacht wurde. Dies erleichtert den Partnern meistens, verschiedene Lösungsmöglichkeiten zu durchdenken, bevor schließlich eine als die beste Alternative für beide ausgewählt wird.

Die Rechtslage zum Zeugnisverweigerungsrecht und zur Schweigepflicht von Mediatoren ist in Deutschland noch unklar, da auch das Verfahren der Mediation noch nicht rechtlich geschützt ist. Die »Bundesarbeitsgemeinschaft für Familienmediation« arbeitet zur Zeit daran, Standards für die Familienmediation zu entwickeln, in denen u.a. zum Zeugnisverweigerungsrecht und zur Schweigepflicht Stellung genommen wird. Diese Standards können Sie bei der BAFM erhalten (Adresse siehe Anhang).

Einige inhaltliche Fragen und einige Antworten zum Verfahren

Eine inhaltliche Erörterung einzelner Streitpunkte sollte in der ersten Sitzung vermieden werden, da die relevanten Fakten noch nicht bekannt sind. Inhaltliche Fragen werden daher so beantwortet, daß daraus das Verfahren zu ihrer Lösung erkennbar wird. Dem Ehepaar wird dabei die Sicherheit gegeben, daß dieser Streitpunkt in der Mediation behandelt wird, ohne daß die Mediatorin zu diesem frühen Zeitpunkt schon in spezielle Problemstellungen verwickelt wird.

»Ich will weiter in dem Haus wohnen und er will es verkaufen. Wird nicht der Mutter und den Kindern immer das Haus zugesprochen?«
Die Mediatorin: »Jedes Ehepaar muß entscheiden, was mit dem Haus geschehen soll und was die Alternativen sind. Ich werde Ihnen helfen, jeden Vorschlag zu prüfen und die jeweiligen Konsequenzen abzuschätzen, so daß Sie sich auf den Vorschlag einigen können, der in Ihrer Situation am sinnvollsten ist.«
»Sie hat vor zwei Jahren etwas Geld geerbt und hält es vor mir versteckt. Das ist mir egal, aber mich interessiert, ob sie das Geld behalten und

trotzdem von mir erwarten kann, daß ich alle meinen Vermögenswerte mit ihr teile?«

Die Mediatorin: »Nun, das sind zwei Fragen. Die erste Frage ist, was alles zum ehelichen Vermögen zu zählen ist. Eheliches Vermögen ist im großen und ganzen alles, was Sie beide im Laufe Ihrer Ehe angesammelt haben, mit Ausnahme der Geschenke und Erbschaften, die Sie getrennt erhalten haben. Natürlich müssen wir wissen, was jeder von Ihnen besitzt, und dann müssen wir für jeden Gegenstand auf Ihrer Liste zu einer Einigung kommen. Dann konzentrieren wir uns darauf, wie die ehelichen Vermögenswerte fair zu teilen sind. Die zweite Frage bezieht sich darauf, was fair ist, und ich werde Ihnen helfen, für Ihre Familie einen Standard an Fairneß zu finden, der Ihre Bedürfnisse und die Ihrer Kinder befriedigt.«

Den Konfliktpartnern helfen, Mediationsklienten zu sein

Zu den Informationen über das Verfahren gehört auch, den Konfliktpartnern zu helfen, in die Rolle eines »Mediationsklienten« zu finden. Fast jeder Klient erlebt Mediation zum ersten Mal, die meisten lassen sich zum ersten Mal scheiden. Deshalb sind sie im Hinblick auf das Verfahren und den Inhalt Neulinge. Im Vergleich dazu wissen viele Leute, wie sie sich in einer Therapie oder in einer Rechtsanwaltskanzlei zu verhalten haben. Auch wenn sie selbst noch nie psychotherapeutische Hilfe beansprucht haben, kennen sie das Vorgehen in Therapiesitzungen aus den Darstellungen im Film, Fernsehen oder Theater oder sie haben darüber gelesen. Von Gesprächen mit Anwälten oder von Gerichtsverhandlungen haben sie in den Medien sogar noch mehr Darstellungen gesehen. Da Mediation in den Medien nicht so präsent ist, unterstützt die Mediatorin das Paar dabei, die Rolle von Mediationsklienten wahrzunehmen. Wenn ein Ehemann z.B. häufig therapeutische Belange oder emotionale Bedürfnisse vorbringt, dann beachtet die Mediatorin diese Einladung, als Therapeutin tätig zu werden, bewußt nicht und konzentriert den Mediationsprozeß auf die praktischen Aufgaben, die sich dem Paar aus der Scheidung stellen. Wenn die Ehefrau wissen will, was ihre »Rechte« sind, vermeidet es die Mediatorin, Anwältin zu sein, und weist darauf hin, daß wir in der Mediation daran interessiert sind, von den Bedürfnissen aller Beteiligten auszugehen und nach Möglichkeiten zu suchen, wie diese befriedigt werden können. Wenn eine Klientin darauf bestehen sollte, zu erfahren, was ihre Rechte sind, verweist die Mediatorin sie auf die Beratung durch ihren Anwalt. Dazu John Haynes: »*Ich mache immer darauf aufmerksam, daß bei einer Scheidung jeder Ehepartner nur sehr wenig Rechte besitzt. Es gibt aber sehr viele Pflichten, besonders im Bereich der elterlichen Sorge.*[7] *Ich weise darauf hin, daß Mediation hilft, die Bedürfnisse der Klienten zu befriedigen, die oft größer und wichtiger als ihre Rechte sind.*«

Wenn die Konfliktpartner sich verhalten sollen wie Mediationsklienten, dann müssen sie wissen, was von ihnen in dieser Rolle erwartet wird. Deshalb erläutert die Mediatorin ihre Erwartungen deutlich, u.a. durch die Erklärung des Mediationsverfahrens. Darüber hinaus sollte betont werden, daß:
- jeder Partner außerhalb der Sitzung die Aufgaben erledigt, die ihm zugeteilt wurden;
- alle notwendigen Informationen gegeben werden;
- die Klienten einander mit Würde behandeln werden;
SPIEG = die Bezahlung der Mediationssitzungen anteilsmäßig zwischen den Klienten aufgeteilt wird.

Soll ein Vertrag über die Mediation abgeschlossen werden?
Das Klären der Rollenerwartungen an die Klienten schafft die Voraussetzungen für eine produktive Mediation. Einige Mediatoren schließen mit ihren Klienten zu Beginn einen Mediationsvertrag ab, in dem die Aufgaben und Erwartungen an die Beteiligten detailliert beschrieben werden. Ein Beispiel der Heidelberger Arbeitsgruppe findet sich im Anhang. John Haynes verwendet keinen Mediationskontrakt: »*Ich glaube, daß er legalistisch wirkt. Wenn Sie schriftlich festgelegte Regeln haben, müssen Sie diese außerdem auch immer durchsetzen, wenn sie verletzt werden. Ich habe die Erfahrung gemacht, daß ich Verstöße gegen die Regeln dann unbeachtet lassen kann, wenn sie das Verfahren nicht behindern. Wenn ich keine schriftlich festgelegten Regeln habe, bin ich frei zu entscheiden, wann ich die Regeln durchsetzen muß.*«

In einigen Einrichtungen erhalten die Klienten einen Katalog von Regeln. Die »Michigan Association of Court Mediators« (1991) instruiert ihre Klienten beispielsweise über das in der Mediation erwünschte Verhalten:

– Lassen Sie jede Person ohne Unterbrechung aussprechen.
– Benehmen Sie sich der anderen Person gegenüber höflich.
– Streiten Sie nicht.
– Hören Sie zu, was die andere Person zu sagen hat. Sie werden vielleicht herausfinden, daß Sie einigen Dingen, die sie sagt, zustimmen können.
– Beschuldigen Sie die andere Person nicht. Führen Sie nur die Tatsachen an.
– Sprechen Sie nicht *für* die andere Person oder ihre Absichten, Motive oder Ansichten. Sprechen Sie nur für sich.
– Denken Sie über eventuelle Wahlmöglichkeiten zur Lösung der Streitpunkte nach. Je mehr Wahlmöglichkeiten Ihnen einfallen, desto wahrscheinlicher ist es, daß Sie eine finden, auf die Sie beide sich einigen können.

2. Die Besprechung der Rahmenbedingungen

Zu den Rahmenbedingungen gehören Informationen über die durchschnittliche Dauer der Sitzungen, die Kosten und das Absagen von Terminen.

Zur Dauer:

Für eine einzelne Sitzung sind etwa 1 1/2 bis 2 Stunden zu veranschlagen. Die Frage nach der voraussichtlichen Anzahl der Sitzungen kann man etwa folgendermaßen beantworten:

»Die Mediation kann bis zu 12 Sitzungen dauern. Wie lange die Mediation dauert hängt davon ab, wie viele Streitpunkte Sie in der Mediation besprechen wollen, wie komplex Ihre Besitzverhältnisse sind und wie groß Ihre Bereitschaft ist, konstruktiv an Lösungen mitzuarbeiten. Wenn Sie mehr Arbeit außerhalb der Sitzungen erledigen, z.B. die Informationen schon vorher sammeln und miteinander besprechen, dann werden Sie weniger Sitzungen benötigen. Wenn Sie sich in der Mediation häufig über die Vergangenheit streiten, werden mehr Sitzungen notwendig sein. Es liegt ganz an Ihnen. Sie bestimmen das Tempo, mit dem wir vorgehen.«

Zu den Kosten:

Die Regelung der Kosten für eine Mediationssitzung hängt von der Finanzierung der Einrichtung ab, in der Sie Mediation anbieten, z.B. ob Sie von öffentlichen Geldern unterstützt werden, oder ob Ihre Tätigkeit allein aus den Einnahmen finanziert wird. In seiner Privatpraxis verlangt John Haynes ein Stundenhonorar, das die Klienten am Ende jeder Sitzung bezahlen müssen. An unserer Beratungsstelle (PFPB) des Psychologischen Instituts der Universität Heidelberg wird ebenfalls ein fester Honorarsatz pro Sitzung verlangt, der aber die Unkosten nicht voll deckt und der je nach Einkommensverhältnissen oder bei einer Mitarbeit an Forschungsprojekten reduziert werden kann.

Wenn die Mediatorin dem Paar die entstehenden Kosten mitgeteilt hat, müssen sich die Konfliktpartner einigen, wie sie die Bezahlung unter sich aufteilen. Die Aufteilung der Bezahlung soll auch dokumentieren, daß beide Partner die Auftraggeber für die Scheidungsmediation sind und daß die Mediatorin von beiden Personen beschäftigt wird:

»Das Honorar beträgt ? DM pro Sitzung. Ich erwarte von Ihnen, daß Sie sich dieses Honorar in einem Verhältnis teilen, das für Sie angebracht ist. (Zur Ehefrau) Ich möchte, daß Sie Ihren Anteil bezahlen, damit Sie wissen, daß ich für Sie arbeite, und (zum Ehemann) ich möchte, daß Sie Ihren Anteil bezahlen, damit Sie wissen, daß ich auch für Sie arbeite. Wie Sie sich die Bezahlung meines Honorars aufteilen, bleibt Ihnen beiden überlassen. Sie wissen am besten, was angemessen ist.«

Wie die Kosten geteilt werden, muß das Paar entscheiden. Die meisten Paare einigen sich darauf, sich das Honorar entsprechend ihrem Einkommen zu teilen. Andere bezahlen das Honorar zu gleichen Teilen oder verabreden einen anderen festen Betrag, den jede

Person zahlen muß. Damit wird die Aufteilung der Kosten eine der ersten Vereinbarungen, die die Partner in der Mediation treffen.

Wenn Termine abgesagt werden:

In der Regel sollen die Klienten die Mediatorin rechtzeitig (meistens 24 Stunden vorher) informieren, wenn sie einen Termin absagen müssen. Wenn die Absage nicht rechtzeitig erfolgt, muß die ausgefallene Sitzung bezahlt werden.

3. Die Indikation zur Scheidungsmediation

Die Indikationsfrage kann in drei Teilfragen aufgegliedert werden, die möglichst in der ersten Sitzung zu klären sind:
a) Ist das Paar für eine Mediation geeignet?
b) Kann sich das Paar vorstellen, mit dieser Mediatorin zu arbeiten?
c) Kann die Mediatorin mit diesem Paar arbeiten?

a) Für die Eignung des Paares sind unseren Erfahrungen nach zwei Kriterien als Mindestvoraussetzung anzusetzen, die für jeden der beiden Partner getrennt zu überprüfen sind: die *Motivation* der Klienten zur Verhandlung und die *Verhandlungsfähigkeit.*
Die *Motivation* zeigt sich vor allem in der Bereitschaft zum gemeinsamen Gespräch und der Bereitschaft, sich konstruktiv auf den Verhandlungsprozeß einzulassen. Grundlegend dabei ist, daß beide Konfliktpartner davon ausgehen, daß eine Kooperation für alle Beteiligten günstiger ist als eine weitere Eskalation der Konflikte.
Zur *Motivation* gehört auch, daß die Ziele der Konfliktpartner mit denen der Mediation übereinstimmen. Manchmal verbindet jedoch ein Partner (oder beide) mit den gemeinsamen Mediationsgesprächen die Hoffnung, alte Beziehungsprobleme aufzuarbeiten oder eventuell die eheliche Beziehung mit dem Partner wieder aufnehmen zu können. In diesen Fällen muß mit dem Paar entschieden werden, ob es an der ehelichen Beziehung oder an der Regelung der Trennungsfolgen arbeiten möchte. Wenn es sich für das erstere entscheidet, sollten sie an einen Paartherapeuten überwiesen wer-

den, da diese Aufgabe nicht in der Mediation gelöst werden kann. Manchmal ist ein Partner auch nur aus taktischen Gründen an der Mediation interessiert und nicht bereit, sich auf das gemeinsame Verhandeln der Streitpunkte einzulassen. Dies kann z.B. der Fall sein, wenn ein Partner nur dem Richter, der ihn geschickt hat, seinen guten Willen zeigen will, oder wenn ein Ehemann einen bereits völlig ausgearbeiteten Lösungsvorschlag einbringt und sich erhofft, daß die Mediatorin seine ehemalige Frau davon überzeugt, daß diese »Vereinbarung« in Ordnung ist. In diesem letzten Beispiel wollte der Ehemann ganz offensichtlich die Mediatorin benutzen, um eine Vereinbarung glaubwürdiger zu machen, die sein Rechtsanwalt ausgearbeitet hatte. Er hatte nicht die Absicht, über seine eigenen Bedürfnisse und die seiner Frau zu sprechen und Lösungswege, die diesen gerecht werden, auszuhandeln. Nachdem die Mediatorin ohne Erfolg versucht hatte, den Ehemann in den eigentlichen Mediationsprozeß miteinzubeziehen, riet sie dem Paar, daß sie ihre Interessen am besten wahren würden, wenn sie sich beide einen Anwalt nähmen, und beendete die Mediation.

Die *Verhandlungsfähigkeit* wird nach unseren Erfahrungen und nach wissenschaftlichen Erkenntnissen (vgl. Tetlock u.a. 1991) vor allem durch zwei Merkmale gebildet: sich »*firm*« und »*fair*« verhalten zu können.

»*Firm*« bedeutet, daß jeder Verhandlungspartner in der Lage sein sollte, seine Interessen in der Gesprächssituation wahrzunehmen und sie angemessen zu vertreten. Dies kann z.B. dann gefährdet sein, wenn ein extremes Machtungleichgewicht zwischen den Partnern besteht. Eine Gefährdung liegt auch dann vor, wenn ein Partner die Realität der Trennung noch nicht akzeptiert hat und sich erhofft, den anderen durch große Zugeständnisse für eine Fortführung der partnerschaftlichen Beziehung zu gewinnen.

»*Fair*« bedeutet, daß die Partner bereit sind, alle Informationen offenzulegen, mit dem anderen zu kooperieren und die berechtigten Interessen des anderen anzuerkennen. Eine Mediation – ein Miteinanderverhandeln – ist nicht durchführbar, wenn auch nur einer der Partner dazu nicht in der Lage ist und versucht, seine Interessen ausschließlich auf Kosten des anderen durchzusetzen.

Diese Voraussetzungen sollten möglichst früh, das heißt in der ersten Sitzung überprüft werden, um zu entscheiden, ob eine Mediation für das Paar zum gegenwärtigen Zeitpunkt durchführbar ist. Die Entscheidung darüber ist sicherlich nicht immer einfach. Wenn sich erst im Laufe der Mediation herausstellt, daß ein oder beide Partner diese Grundvoraussetzungen nicht erfüllen, kann das Verfahren auch zu einem späteren Zeitpunkt abgebrochen werden.

b) Kann sich das Paar vorstellen, mit dieser Mediatorin zu arbeiten?
Auch die beiden Konfliktpartner müssen sich entscheiden, ob sie gerne mit dieser Mediatorin arbeiten wollen. Dabei spielen sicherlich bestimmte Sympathien und die Einschätzung der Kompetenz der Mediatorin eine wichtige Rolle.

c) Kann die Mediatorin mit diesem Paar arbeiten?
Eine Mediatorin sollte vor allem dann nicht mit einem Paar arbeiten, wenn sie einem Partner starke Antipathien entgegenbringt, da sonst ihre Allparteilichkeit gefährdet ist. Wenn sich diese Antipathien nicht auflösen lassen, z.B. durch den Versuch, diese Person besser zu verstehen oder mit Hilfe einer Supervision, sollte die Mediatorin dieses Paar an eine andere Mediatorin überweisen. Die Begründung dieser Weiterverweisung ist sicher nicht einfach und fordert viel Fingerspitzengefühl, aber sie ist absolut notwendig. Beide Partner sollten in der Mediation das Gefühl haben können, mit ihren Bedürfnissen angenommen und verstanden zu werden.

4. Erhebung der notwendigen Basisinformationen

Die Basisinformationen werden mit Hilfe eines Anmeldeformulars erhoben. Dieses können Sie entweder nach der telefonischen Anmeldung an beide Klienten mit der Bitte verschicken, es ausgefüllt zur ersten Sitzung mitzubringen. Sie können es auch als Interviewleitfaden benutzen und die Informationen von den Klienten in der Sitzung erfragen. Dadurch können neben den Fakten weitere nützliche Informationen gewonnen werden.

Anmeldeformular

Name: _____ Vorname: _____

Straße: _____

Wohnort: _____

Tel. berufl.: _____ privat: _____

0. Alter: _____ Jahre

1. Schulabschluß: _____
   Erlernter Beruf: _____
   Zur Zeit ausgeübter Beruf: _____

2. Sind Sie: ☐ verheiratet ☐ unverheiratet zusammenlebend
   ☐ getrennt lebend ☐ geschieden
   Wie lange haben Sie als Paar zusammengelebt
   _____

   Leben Sie zur Zeit getrennt voneinander?
   ☐ nein ☐ ja, seit _____ Monaten
   Ist ein Scheidungsantrag gestellt?
   ☐ nein ☐ ja, seit _____ Monaten
   Sind Sie geschieden?
   ☐ nein ☐ ja, seit _____ Monaten

3. Wer hat die Trennung/Scheidung gewünscht?
   _____
   Wann war das und wie war Ihre damalige Reaktion?
   _____
   Wie ist Ihre jetzige Einstellung dazu?
   _____

4. Gemeinsame Kinder
   Name: geb.am: Aufenthalt:
   1 _____
   2 _____
   3 _____
   4 _____

Wie oft sehen die Kinder den Elternteil, bei dem sie *nicht* leben?

_____

5. Waren Sie schon einmal verheiratet? Wenn ja, von wann bis wann?

_____

Kinder aus früheren Lebensgemeinschaften:

_____

6. Für wie wahrscheinlich halten Sie es, daß Sie sich wieder mit
    Ihrem Partner versöhnen und mit ihm zusammenleben?

ganz unwahrscheinlich			sehr wahrscheinlich	
1	2	3	4	5

7. Wie würden Sie die Beziehung zu Ihrem getrennt lebenden/geschie-
    denen Partner/in allgemein einschätzen?

sehr gut			sehr schlecht	
1	2	3	4	5

8. Welche Erwartungen haben Sie an die Mediation?

_____

_____

9. Haben Sie einen Anwalt, der Sie berät?
    ☐ ja   ☐ nein
    Wenn Sie einen Anwalt haben, haben Sie ihn mit Ihrem
    ehemaligen Partner gemeinsam?
    ☐ ja   ☐ nein

10. Sind Sie in psychotherapeutischer Behandlung?
    ☐ ja   ☐ nein

11. Wie haben Sie von unserer Einrichtung erfahren?

_____

_____

12. In welchen Bereichen treten *Konflikte* mit Ihrem ehemaligen Partner auf?

	keine Konfl.	wenig Konfl.	häufig Konfl.	immer Konfl.
Getrenntleben in der Wohnung	____	___	___	___
Mit dem Auszug aus der Wohnung	____	___	___	___
Neue Partnerin/ Neuer Partner des ehemaligen Partners	____	___	___	___
Neue eigene Partnerin/ Neuer eigener Partner	____	___	___	___
Haushaltsaufteilung	____	___	___	___
Vermögensaufteilung	____	___	___	___
Ehegattenunterhalt	____	___	___	___
Kindesunterhalt	____	___	___	___
Sorgerecht	____	___	___	___
Übergabe der Kinder	____	___	___	___
Erziehungsfragen	____	___	___	___
Ferienregelung	____	___	___	___
Schulfragen	____	___	___	___
Treffen von Vereinbarungen	____	___	___	___
Einhalten von Vereinbarungen	____	___	___	___

Datum _____   Unterschrift _____

Einige Anmerkungen zu dem Anmeldeformular:

Zu Punkt 2: Die Dauer der Trennung ist ein Hinweis darauf, ob die Klienten bereits in der Lage sind, miteinander zu verhandeln. Wenn sie bereits seit geraumer Zeit getrennt sind, ist es wahrscheinlicher, daß sie ihre Gefühle zum großen Teil aufgearbeitet haben. Kommen sie aber kurz nachdem sie sich getrennt haben, sind sie meist noch sehr stark mit den emotionalen Trennungsproblemen beschäftigt und oft weniger in der Lage, ihre emotionalen Probleme aus der konkreten Regelung der Trennungsfolgen herauszuhalten. In diesem Fall ist es günstiger, die Sitzungen nicht wöchentlich durchzuführen, sondern in größeren Abständen, damit die Partner sich mit der emotionalen Trennung beschäftigen können. Falls nötig, kann die Mediatorin sie an eine Psychotherapeutin überweisen, die sie darin unterstützt, die Trennung emotional zu verarbeiten.

Zu Punkt 3: Die Fragen nach dem Initiator der Trennung und der damaligen Reaktion sind eine der wenigen vergangenheitsbezogenen Fragen in der Mediation. Wenn Sie dieses Anmeldeformular als Interviewleitfaden benutzen und die Fragen direkt stellen, können Sie sie mit folgenden Bemerkungen einleiten:

»Ich werde Ihnen jetzt ein paar Fragen über die Vergangenheit stellen. Es werden die einzigen Fragen sein, die ich über die Vergangenheit stelle, weil ich mit Ihnen sonst an Ihrer Gegenwart und an ihrer Zukunft arbeiten werde. Natürlich werden Sie versuchen, die Vergangenheit einzubringen, die meisten Paare tun das. Aber wir werden uns nicht auf die Vergangenheit konzentrieren, sondern ich werde Sie immer wieder darauf hinweisen, daß es bei diesen Verhandlungen um die Gestaltung Ihrer Gegenwart und Ihrer Zukunft geht.«

Die Fragen dienen dazu, einschätzen zu können, wie groß die Meinungsverschiedenheit des Paares in bezug auf die Tatsache der Trennung ist. Selbstverständlich zeigt jedes Paar ein gewisses Maß an Ambivalenz hinsichtlich der Scheidung. Wenn die Ambivalenz nach Meinung der Mediatorin im Bereich des Normalen liegt, dann muß sie nicht unbedingt darauf eingehen. Es genügt eine kurze Bemerkung, um das Paar wissen zu lassen, daß es verstanden wurde: *»Ich sehe, daß es Momente gibt, in denen Sie beide in bezug auf die Schei-*

dung etwas ambivalent sind. Das ist bei jedem Ehepaar der Fall, das hierherkommt.« Diese Bemerkung bestätigt dem Paar, daß es ganz normal ist, wenn sie nach einer kurzen Trennungszeit diesem Ereignis noch ambivalent gegenüberstehen. Wenn die Ambivalenz jedoch sehr stark ist, kann die Mediatorin auch eine Paartherapie empfehlen. Wenn das Paar dennoch die Mediation fortführen will, besteht von seiten der Mediatorin kein Grund, die Mediation zu beenden. Wenn die Konfliktpartner tatsächlich in einem solchen Maße ambivalent sind, daß keiner wirklich die Trennung will, dann wird das in der Sitzung am deutlichsten, in der es um Geldfragen geht.

Zu Punkt 4: Wenn die Mediatorin die Angaben über die Kinder direkt erfragt, kann die Reaktion der Eltern nützliche Hinweise auf die jeweiligen Elternrollen geben: bei einer typischen Familie antwortet die Mutter auf diese Fragen mit den genauen Datumsangaben. Wenn der Vater jedoch auch Angaben macht, oder als einziger Informationen gibt, dann deutet das auf eine aktivere Elternrolle hin. Die Mediatorin vermerkt, von wem die Informationen kamen und überprüft die Bedeutung dieser Tatsache zu einem späteren Zeitpunkt. Manchmal beginnt der Vater, die Informationen zu geben, erinnert sich aber nicht an die Daten. Die Art und Weise, wie das geschieht und wie die Mutter darauf reagiert, ist oft ein Hinweis auf die Art und Weise, wie später in der Sitzung über die elterliche Sorge verhandelt werden wird.

Zu Punkt 8: Die Erwartungen der Klienten an die Mediation sollen zeigen, inwieweit das Paar die Ziele und Möglichkeiten dieses Verfahrens bereits kennt. Wenn eine große Abweichung besteht, sollte die Mediatorin erneut die Indikation abklären.

Zu Punkt 9: Falls die Klienten noch keinen Anwalt aufgesucht haben, empfehlen wir ihnen, sich einen Anwalt zu suchen. Im Laufe des Mediationsprozesses wird es für die Klienten immer wieder wichtig sein, die Vor- und Nachteile, die eine potentielle Vereinbarung für sie haben wird, genau zu kennen. Darüber kann meistens nur ein Anwalt informieren, da die Mediatorin nicht die Aufgabe hat, die Partner einzeln rechtlich zu beraten.

Für die Mediatorin ist es auch hilfreich zu wissen, ob die Konfliktpartner eine rechtliche Beratung erhalten haben und was der Anwalt ihnen gesagt hat. Größere Mißverständnisse können geklärt werden, bevor das Mediationsverfahren beginnt. Wenn nur ein Ehepartner einen Anwalt um Rat gefragt hat, und der andere nicht, dann schlägt die Mediatorin vor, daß auch der zweite Ehepartner einen Anwalt zu Rate zieht, damit beide die gleiche Ausgangslage haben.

Zu Punkt 10: Die Antwort auf die Frage nach der Therapie informiert die Mediatorin darüber, ob die Konfliktpartner außerhalb des Mediationsprozesses Unterstützung von einem Fachmann bei der Bewältigung ihrer emotionalen Probleme erhalten.

Zu Punkt 11: Nach dem Überweiser zu fragen, liefert nützliche Informationen. Der Beruf des Überweisers informiert die Mediatorin oft über die Situation, in der sich das Ehepaar befindet: Wenn der Überweiser ein Therapeut war, dann deutet das normalerweise darauf hin, daß das Ehepaar die Entscheidung, sich scheiden zu lassen, erst vor kurzem getroffen hat. Wenn der Überweiser ein Rechtsanwalt ist, dann deutet das normalerweise auf ein Ehepaar mit hohem Konfliktniveau hin, das aber mit dem kontradiktorischen Verfahren nicht weiterkommt. Gleichzeitig vermerkt die Mediatorin den Namen des Überweisers, um ihm für die Überweisung zu danken.

Zu Punkt 12: An unserer Beratungsstelle in Heidelberg haben wir mit dieser ausführlichen Liste der Konflikte gute Erfahrungen gemacht. Zum einen wird der Konfliktgrad bezüglich der einzelnen Streitpunkte deutlich, zum anderen zeigt diese detaillierte Aufstellung der einzelnen Konfliktpunkte den Partnern, worüber in der Mediation verhandelt werden kann.

Einverständniserklärung:
Da wir uns an der Beratungsstelle in Heidelberg neben der praktischen Durchführung von Mediation auch mit der Konzeptentwicklung und Evaluation von Scheidungsmediation beschäftigen, bitten wir die Klienten, jedes Gespräch auf Ton- oder Videoband aufzeichnen zu dürfen. Gleichzeitig bitten wir um das Einverständnis, diese Daten in späteren Untersuchungen auswerten zu können.

5. Sammeln der strittigen Punkte

Nachdem die wichtigsten biographischen und sozioökonomischen Daten bekannt sind, werden die Streitpunkte gesammelt, die beide Konfliktpartner gerne in der Mediation besprechen möchten. Einige Klienten wollen alle Scheidungsfolgesachen in der Mediation klären, andere haben sich in bestimmten Punkten – oft mit Hilfe ihrer Rechtsanwälte – bereits geeinigt, und wollen nur die noch verbliebenen strittigen Punkte besprechen. In unsere Heidelberger Beratungsstelle kommen am häufigsten Eltern, die ausschließlich Probleme bezüglich der künftigen elterlichen Sorge und des Umgangs in der Mediation regeln wollen.

Bei der Festlegung der Reihenfolge, in der die einzelnen Punkte besprochen werden, ist – wie schon im ersten Kapitel beschrieben – ein unterschiedliches Vorgehen möglich. Die Heidelberger Gruppe läßt die Partner eine bestimmte Reihenfolge aushandeln (vgl. Seite 17), während John Haynes eine Reihenfolge vorgibt. Dazu John Haynes:

»In der allerersten Mediation, die ich durchgeführt habe, habe ich mit den Fragen des Haushaltsplans und des Unterhalts begonnen, bin dann zu den Vermögenswerten und den Verbindlichkeiten übergegangen und habe zuletzt die Fragen der elterlichen Sorge besprochen. Das hat bei mir gut funktioniert und ich habe seitdem diese Reihenfolge benutzt. Diese Reihenfolge hat nichts Magisches oder besonders Logisches an sich. Einige Mediatoren beginnen mit der elterlichen Sorge, weil sie glauben, daß die finanziellen Fragen leichter geregelt werden können, wenn diese Punkte geklärt sind. Andere beginnen mit den Vermögenswerten, weil sie glauben, daß die restlichen Punkte sich schon ergeben werden, wenn man sich über das Haus und die anderen Vermögenswerte einmal geeinigt hat. Kein Weg ist der einzig richtige. Experimentieren Sie ruhig, bis Sie die Reihenfolge finden, die für Sie am sinnvollsten ist, denn wenn Sie sich bei dem, was Sie tun, wohl fühlen, dann werden Sie auch den Klienten einen besseren Dienst leisten können.«

6. Verteilung der relevanten Formulare

Wenn feststeht, über welche Streitpunkte verhandelt werden soll, verteilt die Mediatorin die relevanten Formulare.
Dies sind:
a) zur Berechnung des Unterhalts (siehe Kapitel 3):
– die *Einkommensliste*, die alle Einkommensquellen zum vorhergehenden Jahr enthält;
– einen *Haushaltsplan*, den jeder Partner ausfüllen soll und der zeigt, welche Kosten im folgenden Jahr auf sie zukommen werden.
b) zur Vermögensaufteilung (siehe Kapitel 4):
– eine *Vermögensaufstellung*, die alle Vermögenswerte und Verbindlichkeiten enthält.

Die Mediatorin erklärt dem Ehepaar jedes Formular und geht jeden Abschnitt Schritt für Schritt durch. Sie stellt dabei sicher, daß die Klienten verstehen:
– welche Angaben genau benötigt werden;
– wie die notwendigen Informationen zu sammeln sind;
– wie die Formulare auszufüllen sind.

Hilfe beim Ausfüllen der Haushaltspläne:

Die meisten Klienten haben keine Erfahrung in der Haushaltsplanung und befürchten, die Formulare nicht adäquat ausfüllen zu können. In solchen Fällen kann die Mediatorin erklären, daß sie sich keine Sorgen machen sollen, wenn sie nicht alle Zahlen beisammenhaben. *»Versuchen Sie Ihr Möglichstes, und den Rest werden wir in der ersten Sitzung zusammen ergänzen.«*
Die Mediatorin kann Vorschläge machen, wie die Partner die Beträge ermitteln können. Sie kann etwa jede Person fragen, wie sie ihre Rechnung im Supermarkt bezahlt. Wenn sie mit Scheck bezahlt, kann sie anhand des Scheckbuches ihre Ausgaben für Lebensmittel berechnen. Wenn sie bar bezahlt, fragt die Mediatorin, wieviel Geld sie mit zum Einkaufen nimmt und wieviel normaler-

weise übrig bleibt. Wenn keiner dieser Vorschläge hilft, kann man die Partner bitten, während der nächsten Wochen genau Buch zu führen, wieviel sie tatsächlich für Lebensmittel ausgeben.

Natürlich sollten die Haushaltspläne vollständig sein, aber hundertprozentig genau werden sie meist nicht sein. Die Rolle der Mediatorin besteht darin, das Ehepaar zu unterstützen, Informationen zu erarbeiten, die vollständig und genau genug sind, um eine angemessene Beurteilung des Bedarfs zu ermöglichen.

Im folgenden wollen wir diskutieren, wie mit einigen besonderen Problemen, die in der ersten Sitzung auftauchen können, in der Mediation umgegangen werden kann.

Brauchen die Konfliktpartner eine Übergangsregelung?

Bei manchen Paaren ist es notwendig, vor dem Verhandeln der eigentlichen Trennungs- oder Scheidungsvereinbarung eine Übergangsregelung zu erarbeiten. Wenn z.B. eine Mutter in der ersten Mediationssitzung mitteilt, daß der Vater sie und die Kinder vor zwei Monaten verlassen hat und ihr seitdem noch kein Geld gegeben hat, oder wenn ein Vater klagt, daß er vor zwei Monaten ausgezogen ist und seither die Kinder nicht sehen durfte, ist ein unmittelbarer Handlungsbedarf entstanden. Durch die Krise, die das Paar selbst geschaffen hat, ist die benachteiligte Person in eine schwierige Verhandlungsposition geraten, die sie dazu zwingen kann, aus der momentanen Not heraus bei den Mediationsverhandlungen entweder zu große Zugeständnisse zu machen oder ihre berechtigten Interessen mit massiven Mitteln durchzusetzen.

Vereinbarungen, die unter einem solchen Druck zustande kommen, erzeugen Unzufriedenheit und werden meist nicht lange halten. Die Mediatorin ändert deshalb die Tagesordnung, um zunächst eine Regelung für die *unmittelbaren Probleme* auszuhandeln, wie z.B.

über die vorläufige Höhe des Unterhalts oder über einen Zeitplan für den Umgang des Vaters mit den Kindern. Erst wenn diese Übergangsregelung erfolgreich ausgehandelt wurde, werden die Verhandlungen über eine Trennungsvereinbarung weitergeführt.

Mediation bei ehelicher Mißhandlung

Es ist umstritten, ob Mediation mit Paaren durchführt werden sollte, bei denen ein Partner – meistens die Frau – vom anderen mißhandelt wurde oder wird. Die Gegner argumentieren, daß der Mißhandelnde zuviel Macht hat und der andere aus Angst vor gewalttätigen Übergriffen bei den Verhandlungen zuviel Zugeständnisse machen könnte. Ihrer Meinung nach ist es für diese Paare besser, wenn sich beide einen Anwalt nehmen, damit sie nicht direkt miteinander verhandeln müssen. Befürworter dagegen behaupten, daß Mediation allen Klienten mehr Kontrolle gibt, und gerade ein mißhandelter Partner braucht jede Möglichkeit, um mehr Kontrolle über sein eigenes Leben zu bekommen. Um Mediation mit solchen Paaren durchführen zu können, haben die Befürworter bestimmte Regeln oder sogar ganze Programme (s.u.) entwickelt und damit gute Erfahrungen gemacht.

a) Welche Anzeichen gibt es für die Mißhandlung eines Partners?
Zunächst einmal muß festgestellt werden, ob eine Mißhandlung vorliegt. In den seltensten Fällen teilen die Paare dem Mediator direkt mit, daß der Mann die Frau in der Ehe mißhandelte. Dazu ein Beispiel von John Haynes, als er noch ein Neuling auf dem Gebiet der Scheidungsmediation war:

»Ein Ehepaar kam zu mir und äußerte ein großes Maß an Ambivalenz. Ich empfahl Ihnen, einen Paartherapeuten aufzusuchen, um an ihrer Beziehung zu arbeiten. Beide stimmten zu, der Ehemann war etwas enthusiastischer als die Ehefrau. Einige Monate später kamen sie wieder in meine Praxis. Der Ehemann beschwerte sich: ›Hätten Sie uns zu einem kompetenten Therapeuten geschickt, dann wären wir jetzt nicht wieder hier‹. Ich spürte wieder in großem Maße Ambivalenz und überwies sie zum zweiten Mal.

Sie kamen drei Monate später wieder, und beim dritten Versuch gab die Frau zu, daß sie von ihrem Partner mißhandelt würde und ausgezogen sei. Mir wurde klar, daß ich in meiner Angst, mich mit ihrer Ambivalenz zu beschäftigen, die Frau für mehr als fünf Monate in einen Haushalt zurückgeschickt hatte, in dem sie mißhandelt wurde.«

Besteht der Verdacht einer Mißhandlung, kann die Mediatorin auf bestimmte Anzeichen in der Interaktion des Paares achten:
- der mißhandelte Ehepartner wartet, daß der andere zuerst redet;
- wenn der mißhandelte Partner spricht, blickt er immer wieder zum anderen, um zu sehen, wie dieser reagiert;
- der mißhandelte Partner vermeidet jeden Konflikt;
- der mißhandelnde Partner redet die meiste Zeit (oft über 75% der Zeit);
- der mißhandelnde Partner droht dem anderen durch Blicke, Gesichtsausdruck oder verbale Zeichen;
- der mißhandelnde Partner bringt normalerweise eine ganze Litanei von Beschwerden über den mißhandelten Partner vor, der sich dagegen nicht verteidigt.

b) Welche besonderen Maßnahmen sind in der Mediation erforderlich, wenn eine Mißhandlung vermutet wird oder offensichtlich ist?
Wenn die Mediatorin aufgrund dieser Anzeichen vermutet, daß eine Mißhandlung vorliegt, kann sie Einzelgespräche durchführen, um diesen Verdacht zu überprüfen.

In diesen Gesprächen können folgende Fragen gestellt werden (Yellot 1990):
- Welche Sorgen machen Sie sich über Ihre Sicherheit und die Ihrer Kinder, jetzt und im Hinblick auf die Zukunft?
- Ist es notwendig, eine Krisenintervention durchzuführen oder Sie an geschützte Orte zu verweisen? Soll in der Mediation ein Sicherheitsplan für Notfälle erarbeitet werden?

– Gibt es etwas, das Sie nicht vor Ihrem Partner sagen wollen? Gibt es geheime Pläne, über die ich Bescheid wissen sollte?

Girdner (1990) schlägt vor, wenn der Verdacht einer Mißhandlung besteht, sich zuerst mit der mißhandelten Person zu treffen und ihr folgendes mitzuteilen: *»Ich werde keine Information, die Sie mir geben, ohne Ihre Erlaubnis mit Ihrem Partner teilen. Gibt es irgend etwas, das Sie mich fragen wollen, oder das Sie mir sagen wollen, bevor wir weiter machen?«* Das erlaubt es dem mißhandelten Partner, über die Mißhandlung oder über die Angst vor Mißhandlung zu sprechen. Am Ende des Einzelgesprächs sollte die mißhandelte Person gefragt werden, ob sie künftig getrennt von ihrem Partner auf den Beginn eines Mediationstermins warten will. Ist die Antwort ja, dann sollten getrennte Termine vereinbart werden.

Wenn die Mißhandlung eines Partners einmal festgestellt und bestätigt wurde,[8] vereinbart John Haynes, als Bedingung für die Fortführung der Mediation, mit dem Paar die folgenden Regeln, die in einem Mediationsvertrag festgehalten werden:

– der mißhandelte Partner erhält Schutzmaßnahmen zugesichert;
– der mißhandelnde Partner muß sofort ausziehen und sich bereit erklären, die Wohnung/das Haus der Familie nicht zu betreten, solange die Mediation im Gange ist;
– der Umgang des mißhandelnden Partners mit den Kindern muß *außerhalb* der familiären Wohnung an einem neutralen Ort stattfinden. Normalerweise einigt man sich auf die Wohnung eines Verwandten oder auf einen öffentlichen Ort, wie etwa ein Restaurant.

Der mißhandelnde Partner ist meist bereit, diesen Bedingungen zuzustimmen, wenn die Mediatorin ihm folgendes erklärt:

»Eine Vereinbarung auszuhandeln kann manchmal zermürbend sein und es wird Momente geben, wo Sie an die Decke gehen. Wenn Sie das tun, und Ihre Frau kommt mit einem blauen Auge ins Familiengericht, dann werden Sie vom Richter sicher ein hartes Urteil bekommen. Es ist unwahrscheinlich, daß er viel für Sie übrig haben wird. Sie wollen sich doch nicht selbst in eine Position bringen, in der Sie die Kontrolle verlieren und dafür büßen müssen. Deshalb sind diese Bedingungen in Ihrem eigenen Interesse.«

Die Mediatorin kann auch zu beiden Partnern sagen:

»Es gibt keine stichhaltige Entschuldigung oder Erklärung für Mißhandlung oder Gewalt. Mediatoren machen Mediation nicht davon abhängig, ob Gewalt und Schläge gerechtfertigt waren, ebensowenig versuchen wir zu entscheiden, was sie verursacht hat oder wer damit angefangen hat. Wir versuchen vielmehr, Ihnen beiden erkennen zu helfen, was Sie tun müssen, um die Gewalttätigkeiten der Vergangenheit zu beenden.« (Erickson & McKnight 1990)

Die Einhaltung dieser Regeln ist eine Bedingung für die Mediation. Der Mediator überprüft in jeder Sitzung, ob sie eingehalten wurden. Wenn nicht, beendet er die Mediation.

Einige Mediatoren (z.B. Erickson & McKnight 1990) nehmen auch Überweisungen an, bei denen sie von vornherein von den Mißhandlungen innerhalb der Familie wissen. In einem gut durchdachten Programm ist ein Verfahren entwickelt worden, bei dem sich ein Mediatoren-Team, bestehend aus einem Mann und einer Frau, mit den Partnern getrennt trifft. Die beiden erhalten unterschiedliche Termine, so daß sie getrennt kommen und warten in einem überwachten Wartezimmer. Zuerst wird mit dem mißhandelten Partner gesprochen, um zu verhindern, daß der mißhandelnde Partner dem anderen mitteilt, was dieser tun soll, da er nach den Gesprächen ja weiß, welche Fragen gestellt werden.

In dieser ersten Sitzung wendet sich vor allem die Mediatorin an die Ehefrau, und der männliche Mediator schaltet sich nur ein, wenn ihm etwas unklar ist. Beim Ehemann führt dagegen der männliche Mediator das Gespräch. In diesen Einzelgesprächen werden eine Reihe ganz konkreter Fragen gestellt. Damit soll vermieden werden, daß die Befragten bei zu allgemein gestellten Fragen zu viele Möglichkeiten des Ausweichens haben. Solche konkreten Fragen sind z.B.:

– Hat Ihr Partner Sie jemals geschlagen, gestoßen oder getreten, hat er Sie an den Haaren gezogen oder Sie mit einer Waffe bedroht?

– Hat Ihr Partner die gerade genannten Dinge jemals Ihren Kindern angetan?

- Hat Ihr Partner Sie jemals gegen Ihren Willen zum Sex gezwungen?
- Hat Ihr Partner je Ihr Eigentum beschädigt oder zerstört, oder eines Ihrer Haustiere verletzt?
- Machen Sie sich Sorgen über den Alkohol- oder den Drogenkonsum Ihres Partners?
- Haben Sie jemals gedacht, Ihr Partner hätte psychische Störungen?
- Fürchten Sie sich in irgendeiner Weise, diese Fragen zu beantworten?

Diese Fragen bilden zusammen mit den bereits genannten Fragen von Yellott (1990) ein gutes Instrumentarium, das bei dem Verdacht einer Mißhandlung in der Mediation benutzt werden kann.

Wegen der erheblichen Schwierigkeiten, die eine Mediation mit einem Paar mit sich bringt, bei dem eine Mißhandlung vorliegt, sollte sich die Mediatorin regelmäßig supervidieren lassen.

Drogen-, Alkohol- und Medikamentenmißbrauch

Auch Paare, bei denen ein konstanter Mißbrauch von Drogen, Alkohol oder Medikamenten vorkommt, sollten das Recht haben, über ihre Trennungsvereinbarung in der Mediation verhandeln zu können. Wenn einer oder beide Partner von einer Drogen- und/oder Alkoholabhängigkeit betroffen ist, muß die Mediatorin besondere Regeln aufstellen, um mit diesem Sachverhalt umzugehen. Eine wichtige Regel ist die, daß die Klienten nüchtern in die Mediationssitzung kommen müssen. Die Mediatorin wird in jeder Sitzung entscheiden, ob die Klienten durch Alkohol- oder Drogengebrauch beeinträchtigt sind; wenn das bei einem von beiden der Fall ist, dann fällt die Sitzung aus, und die derart beeinträchtigte Person bezahlt für den vereinbarten Termin.

Dieses Vorgehen wird den Klienten in bezug auf ihre eigenen Interessen erklärt: *»Sie können ihre berechtigten eigenen Interessen nicht angemessen vertreten, wenn sie beeinträchtigt sind, und deshalb muß die Sitzung in ihrem eigenen Interesse ausfallen.«* Die meisten Klienten akzeptieren diese zusätzlichen Regeln, wenn ihnen der Zusammenhang mit der Bewahrung ihrer Eigeninteressen bewußt ist.

Das Einzelgespräch

Auch bezüglich der Durchführung von Einzelgesprächen gibt es unterschiedliche Meinungen: Manche Mediatoren führen prinzipiell zu Beginn jeder Mediation Einzelgespräche durch, um von beiden Seite die jeweilige Darstellung der Fakten zu hören. Vertreter der Gegenposition betonen dagegen, daß durch Einzelgespräche die Neutralität der Mediatorin beeinträchtigt werden kann.

Nach unserer Meinung sind Einzelgespräche nur unter bestimmten Umständen sinnvoll:

- wenn der Verdacht einer ehelichen Mißhandlung vorliegt; die Mediatorin kann dann bestimmte Fragen an beide Partner getrennt stellen (vgl. den Abschnitt über Mißhandlung);
- wenn einer der Partner oder beide nur sehr zögernd dazu bereit sind, bestimmte Informationen zu geben. Einzelgespräche ermöglichen es der Mediatorin, auf Informationen zu drängen, die ein Klient nur widerstrebend zu liefern bereit ist;
- wenn ein Konfliktpartner während der Verhandlungen an einer unvernünftigen Position festhält und die Mediatorin dem Klienten »eine Standpauke halten will«. In einem Einzelgespräch kann es dann leichter fallen, mit Hilfe von Fragen Lücken oder Schwachpunkte in der Position dieser Person aufzeigen. Damit kann sie dem Beteiligten helfen, schneller zu einer vernünftigeren Position zu kommen, ohne daß die beteiligte Person vor der anderen bloßgestellt wird;

- wenn ein Konfliktpartner Angst hat, im Beisein des anderen Vorschläge oder Zugeständnisse zu machen, weil er fürchtet, daß ihm dies als Schwäche ausgelegt und er dadurch sein Gesicht verlieren würde. In diesem Fall kann die Mediatorin eine Pendelmediation vorschlagen.

Pendelmediation ist eine bei arbeitsrechtlichen Konflikten und internationalen Verhandlungen sehr geschätzte Mediatorenrolle: der Mediator ist dabei der Überbringer der Angebote der Parteien. Er trifft sich z.B. mit A, der durchblicken läßt, daß er bereit wäre, ein Angebot zu machen, sich aber nicht sicher fühlt, ob dies auch der richtige Zeitpunkt für ein solches Angebot ist. Er befürchtet, daß es als ein Zeichen der Schwäche verstanden werden könnte, das Angebot zu machen. Der Mediator trägt den Vorschlag also B mit dem Ratschlag vor: »Ich glaube, A würde zustimmen, wenn Sie das hier akzeptieren würden.« Anschließend stellt er das Angebot von B wiederum A vor usw.;

- wenn ein hohes Maß an Feindseligkeit oder andauernde verletzende Äußerungen einer Person den Fortgang der Verhandlungen behindern; die Konfliktpartner können dann in den Einzelsitzungen ihre Wut, ihren Ärger und ihre Frustration äußern, ohne daß dadurch unmittelbar die Beziehung zwischen den Verhandelnden geschädigt wird (vgl. Heister 1985; Moore 1987). Wenn sich die Feindseligkeiten zwischen den Partnern dauerhaft nicht verringern, kann die Mediatorin bei solchen Paaren ebenfalls eine Pendelmediation durchführen.

Die Einzelgespräche sollten so kurz wie möglich gehalten werden. Um die Ausgewogenheit zu wahren, sollte jedem Beteiligten die gleiche Zeit zugestanden werden. Wenn die Beteiligten wieder zurück in der gemeinsamen Sitzung sind, ist ein kurzer gemeinsamer Rückblick auf die einzelnen Sitzungen empfehlenswert, damit können Ängste beruhigt werden, daß in der Sitzung des anderen etwas zum eigenen Nachteil passiert sei.

Einige Gefahren von Einzelgesprächen:

Unserer Meinung nach sollten die Einzelgespräche nur in den genannten Fällen durchgeführt werden, da ihre regelmäßige Anwendung besondere Gefahren in sich birgt.

Pendelmediation kann bei Familienverhandlungen z.B. dazu führen, daß die Glaubwürdigkeit der Mediatorin untergraben wird oder daß die Mediatorin zuviel Macht hat. Bei diesem Vorgehen kann zunächst niemand kontrollieren, ob die Mediatorin den Vorschlag von A geringfügig abändert, um ihn B etwas schmackhafter zu machen, und ob sie dann wiederum die Erwiderung von B abschwächt, um sie für A annehmbarer zu machen. Pendelmediation führt dazu, daß die Mediatorin die Kontrolle über die Inhalte der Botschaften und Angebote hat; sie sollte deshalb bei Familienproblemen nur in Ausnahmefällen durchgeführt werden.

Eine andere Gefahr von Einzelgesprächen besteht darin, daß die Klienten der Mediatorin einzeln Informationen anvertrauen, um sie zur Mitwisserin ihrer Geheimnisse zu machen. Bei einem Fall, sagte ein Ehemann der Mediatorin beispielsweise: »Sehen Sie, ich habe eine Freundin, aber ich will nicht, daß meine Frau davon weiß.« In dem Einzelgespräch mit der Frau verriet diese: »Sobald das alles vorbei ist, werde ich heiraten, deshalb will ich keinen Ehegattenunterhalt, ich will alles Geld als Kindesunterhalt.« In jedem Einzelgespräch wurden der Mediatorin Informationen anvertraut, die ihre Aufgabe in den Verhandlungen eher erschwerten. Wenn sie den Wünschen der Partner entsprochen hätte, dem jeweils anderen nichts davon zu sagen, wäre sie zur Mitwisserin jedes Partners geworden. Dieses Problem kann allerdings dadurch vermieden werden, daß die Mediatorin zu Beginn der Einzelgespräche deutlich macht, daß sie es sich vorbehält, alles, was in den Einzelgesprächen besprochen wird, auch in der gemeinsamen Sitzung zu sagen.

3 Das Aushandeln des Ehegatten- und Kindesunterhalts

Bei der Festsetzung der Höhe des Ehegattenunterhalts im juristischen Verfahren dient die Erhaltung der ehelichen Lebensverhältnisse als Orientierung. Der Unterhalt wird häufig mittels eines bestimmten Prozentsatzes vom Einkommen bzw. von der Differenz der beiderseitigen Einkommen bestimmt; z.B. beträgt laut Düsseldorfer Tabelle der Unterhaltsanspruch einer nicht arbeitspflichtigen Hausfrau und Mutter 3/7 des bereinigten Nettoeinkommens des Mannes, von dem die Aufwendungen für den Unterhalt der minderjährigen Kinder zuvor abgezogen wurden.

In der Mediation wird der Umfang des Unterhalts, den ein Partner an den anderen zu zahlen hat, aufgrund des *beiderseitigen Lebensbedarfs* der Partner und des *zur Verfügung stehenden Einkommens* ausgehandelt. Damit steht die angemessene und gerechte Befriedigung des Bedarfs der Familienangehörigen im Vordergrund der Verhandlungen. Ziel der Unterhalts-Sitzungen ist es, alle Informationen über das Einkommen und den Lebensbedarf zu sammeln und offenzulegen, um folgende Fragen klären zu können:

1. Wieviel Einkommen steht jedem Partner zur Verfügung?
2. Wieviel Geld braucht jeder Partner, um nach der Trennung leben zu können?
3. Wieviel Kindesunterhalt ist zu zahlen?
4. Wie kann die Kluft zwischen dem, was jeder Partner braucht und dem, was jeder an Einkommen hat, geschlossen werden?[9]

Diese letzte Frage unterscheidet sich sehr von den Fragen, die sich die Partner in einem juristischen Verfahren stellen, wie zum Beispiel: »Was muß ich höchstens hergeben?« oder »Wieviel kann ich herausklagen?« Solche Fragen drängen die ehemaligen Partner dazu, in Verhandlungen Positionen zu beziehen.

1. Wieviel Einkommen steht jedem Partner zur Verfügung?

Zur Ermittlung des Einkommens erhalten die Klienten ein Formular, in dem sie ihr gesamtes Einkommen und alle Abzüge angeben. Das tatsächlich zur Verfügung stehende Einkommen wird ermittelt aus der Differenz zwischen dem Brutto-Einkommen und allen Abzügen.

Die Formulare werden von den Partnern zu Hause ausgefüllt. Zusätzlich werden sie gebeten, die Steuererklärungen der letzten drei Jahre zu den Sitzungen mitzubringen, um die Einkommensangaben zu belegen.

Einige Anmerkungen zum Formular auf der vorigen Seite:

Zu Punkt 1: Jeder Klient wird gebeten, einen neueren Einkommensnachweis mitzubringen, um das Einkommen und die Abzüge zu belegen. Der Mediator vergleicht die Angaben auf dem Einkommensnachweis mit den Informationen auf dem von den Klienten ausgefüllten Einkommensformular, um sicher zu sein, daß sie übereinstimmen und alles angegeben wurde.

Zu Punkt 2: Honorare sind oft problematisch, weil sie nicht immer auf einem Einkommensnachweis angegeben sind. So können z.B. für freiberufliche Tätigkeiten Beratungshonorare gezahlt werden, die nicht auf dem Gehaltsnachweis vermerkt sind. Beziehen Sie sich in diesen Fällen auf die Steuererklärung und die Formulare, die der Steuerzahler beim Finanzamt einreichen muß.

Zu Punkt 3: Zinsen und Dividenden können normalerweise durch Erklärungen zur Vermögenssteuer, Sparbücher oder Depotauszüge von Banken usw. bestätigt werden.

Zu Punkt 4: Ein von einer Firma gewährter Bonus oder eine Provision erscheint normalerweise auf dem Einkommensnachweis oder wird in ein besonderes Steuerformular aufgenommen. Der Wert von zusätzlichen Leistungen läßt sich jedoch schwieriger bemessen. Besprechen Sie mit beiden Klienten die zusätzlichen Leistungen des Arbeit-

Angaben zum monatlichen Einkommen

Stellen Sie die Angaben auf der Grundlage der letzten 12 Monate zusammen. Wenn Sie einen wöchentlichen Lohn erhalten, dann multiplizieren Sie ihn mit 4,3, um den monatlichen Betrag auszurechnen. Weitere Informationen finden Sie in Ihrem *Handbuch zur Mediation*.

Einkommen

1. Gehalt (fügen Sie eine Abrechnung bei)   ____
2. Honorare   ____
3. Zinsen und Dividenden   ____
4. Boni, Provisionen, zusätzliche (Sozial-) Leistungen vom Arbeitgeber   ____
5. Einkünfte aus Teilhaberschaften, Tantiemen, Verkauf von Vermögenswerten   ____
6. Einkünfte aus Immobilien (Mieten, Pacht)   ____
7. Einkünfte aus Stiftungen, Anteile aus Gewinnen   ____
8. Einkünfte aus Preisen, Stipendien, Erbschaften, Geschenken   ____
9. Weitere Einkünfte   ____

10. Gesamteinkommen   ____

Abzüge

11. Sozialversicherungen (Renten-, Kranken-, Arbeitslosenversicherung)   ____
12. Lohn- bzw. Einkommenssteuer   ____
13. Andere Abzüge und notwendige Aufwendungen   ____

14. Gesamtabzüge   ____

15. Gesamteinkommen abzgl. Gesamtabzüge = *Nettoeinkommen*   ____

gebers, die monatlich feste finanzielle Vorteile erbringen, wie z.B. die Bereitstellung eines Firmenautos, die Erstattung von Benzinkosten und Telefonkosten, den Bezug firmeneigener Produkte (Jahreswagen) usw. Wenn der Arbeitnehmer diese Leistungen nicht erhalten würde, müßte er diese aus seinem eigenen Einkommen bezahlen. Deshalb werden sie dem verfügbaren Einkommen hinzugerechnet und müssen hier berücksichtigt werden.

Zu Punkt 5: Einkünfte aus Teilhaberschaften und Tantiemen müssen normalerweise dem Finanzamt gemeldet und mit der Einkommensteuererklärung zusammen eingereicht werden. Der Mediator überprüft die Steuererklärung, um die Vollständigkeit und Richtigkeit dieser Beträge festzustellen.

Zu Punkt 6: Einkünfte aus Immobilien (Mieten, Pacht usw.) können z.B. anhand der Mietverträge oder anhand der Steuererklärung nachgeprüft werden.

Zu Punkt 7: Einkünfte aus Stiftungen und Anteile an Gewinnen werden durch entsprechende Meldungen an das Finanzamt dokumentiert.

Zu Punkt 8: Einkünfte aus Preisen und Stipendien sind normalerweise für eine bestimmte Zeit bemessen und mit einer bestimmten Aufgabe verbunden. Ob dieses Einkünfte als regelmäßiges Einkommen mit einbezogen werden sollten, müssen die Konfliktpartner entscheiden. Die Aufgabe des Mediators ist es, alle Daten zu sammeln; die Klienten müssen dagegen entscheiden, was mit ihnen gemacht werden soll. Um sachlich begründete Entscheidungen darüber treffen zu können, welche Gelder mit einbezogen werden sollen und welche nicht, müssen die notwendigen Informationen vollständig offengelegt werden.
Erbschaften und Geschenke werden in zwei Schritten behandelt. Zum einen muß der Anspruch auf diese Vermögenswerte bestimmt werden, was im folgenden Kapitel – *Aufteilung der Vermögenswerte* – behandelt wird. Zum anderen sind die aus diesem Vermögen erzielten Einkünfte Gegenstand der Unterhaltsverhandlungen und müssen als zusätzliches Einkommen aufgeführt werden.

Zu Punkt 10: Hier wird das Brutto-Gesamteinkommen berechnet.

Zu Punkt 11: Zu den Sozialversicherungen gehören Renten-, Kranken- und Arbeitslosenversicherungen.

Zu Punkt 12: Bei der Lohn- oder Einkommenssteuer sind Rückzahlungen vom Finanzamt oder Vorauszahlungen zu beachten. Weniger Lohn- oder Einkommensteuer muß gezahlt werden, wenn der Haushaltsfreibetrag und/oder der Kinderfreibetrag/beträge geltend gemacht werden.

Manche Klienten geben auch Abzüge an, die gesetzlich nicht vorgeschrieben sind, wie z.B. bei Erwerbstätigen freiwillige Beiträge zur Renten- oder Lebensversicherung. Diese werden vom Mediator extra vermerkt, da diese Ausgaben vermieden werden und – nötigenfalls – dazu verwendet werden könnten, andere Ausgaben zu decken.

2. Wieviel Geld braucht jeder Partner, um nach der Trennung leben zu können?

Um ihren Lebensbedarf bestimmen zu können, müssen beide Partner einen Haushaltsplan ausfüllen. Diese Bögen zu den Haushaltsplänen enthalten alle Ausgaben, die im täglichen Leben anfallen. Dabei wird unterschieden zwischen:
– *festen Ausgaben*, die nicht geändert werden können;
– *beweglichen Ausgaben*, die verringert werden können.

Angaben über den monatlichen Lebensbedarf

Feste Ausgaben

eigene/für Kinder   eigene/für Kinder

Wohnung

Miete/Abzahlungsraten   _____

Grundsteuern   _____

Gebäudeversicherungen   _____

weitere Ausgaben   _____

Summe: _____

Wohn-Nebenkosten

Heizöl/Gas   _____

Strom   _____

Wasser   _____

Telefon   _____

Müllabfuhr   _____

Sonstiges   _____

Summe: _____

Versicherungen

Lebensversicherung   _____

Krankenversicherung   _____

Haftpflichtversicherung   _____

Invaliditätsversicherung   _____

Sonstige
Versicherungen   _____

Summe: _____

Ratenzahlungen

Auto   _____

Möbel   _____

Geräte   _____

Bank-Darlehen   _____

persönl. Darlehen   _____

Sonstige   _____

Summe: _____

Ausbildung

Kindergarten   _____

Schulbedarf   _____

Privatschulgebühren   _____

Universität   _____

Nachhilfe   _____

Unterricht
(Musik usw.)   _____

Sonstiges   _____

Summe: _____

*Kfz.-Kosten/
Verkehrsmittel*

Versicherung   _____

Kfz.-Steuer   _____

Gebühren/Parken   _____

öffentliche
Verkehrsmittel   _____

Summe: _____

Mitgliedsbeiträge

Vereine   _____

Gewerkschaft   _____

Berufsverbände   _____

Sonstiges   _____

Summe: _____

Bewegliche Ausgaben

eigene/für Kinder   eigene/für Kinder

Ernährung
Lebensmittel   _____
Restaurants usw.   _____
Summe: _____

Bekleidung
Neue Kleider   _____
Schuhe   _____
Reinigungs- und
Reparaturkosten   _____
Summe:

Kfz.-Kosten/Verkehrsmittel
Benzin   _____
Reparaturen   _____
Summe: _____

Haushaltshilfen
Babysitter   _____
Putzfrau   _____
Hausmeister/Gärtner   _____
Sonstiges   _____
Summe: _____

Instandhaltung der Wohnung
Reparaturen   _____
Anschaffungen   _____
weitere Ausgaben   _____
Summe: _____

Mediz./zahnmed. Kosten
Medikamente usw.   _____
Therapien   _____
Sonstige   _____
Summe: _____

Persönliche Ausgaben
Taschengeld   _____
Friseur   _____
Kosmetik   _____
Theater/Kino   _____
Sport   _____
Hobbies   _____
Ferien   _____
Zeitschriften   _____
Alkohol/Tabak   _____
Zahlungen an
unterstützunsbe-
dürftige Verwandte   _____
Sonstiges   _____
Summe: _____

Verschiedenes
Geschenke   _____
Geburtstage   _____
Spenden   _____
Sonstiges   _____
Summe: _____

Gesamtsumme: _____

Einige Anmerkungen:

Wohnung: Häufig werden die Zins- und Tilgungsraten für das Haus, Grundsteuern und Versicherungsprämien direkt vom Konto abgebucht. In solchen Fällen werden diese Kosten bei den monatlichen Ratenzahlungen berücksichtigt.

Versicherungen: Vergleichen Sie die Angaben über die Krankenversicherung mit der Einkommenssteuererklärung. Wenn ein Klient die Kosten für die Krankenversicherung schon bei den Gehaltsabzügen mitberechnet hat, werden sie bei den Haushaltsausgaben nicht berücksichtigt. Kinder sind bei Angestellten und Arbeitern ohne zusätzliche Kosten mitversichert, auch wenn sie nach der Scheidung beim anderen Elternteil leben. Bei Selbständigen und Beamten muß eine private Krankenversicherung für die Kinder gezahlt werden. Diese zusätzlichen Kosten sind neben dem Kindesunterhalt zu zahlen.

Ratenzahlungen: Anhand der Angaben über die Vermögenswerte können Sie feststellen, wie viele Kreditzahlungen noch ausstehen. Wenn beispielsweise nur noch zwei Ratenzahlungen anstehen, um das Auto abzuzahlen, sollten diese in den langfristigen Haushaltsplan nicht aufgenommen werden. Wenn dagegen einer der Klienten aufgrund der Trennung ein Auto kaufen muß, so sollten die voraussichtlichen Zahlungen für diese Anschaffung berücksichtigt werden.

Ausbildung: Wenn ein Kind beabsichtigt zu studieren, müssen die Eltern besprechen, wie diese Kosten bezahlt werden sollen. Die meisten entscheiden sich dafür, die Kosten für das Studium entsprechend dem Verhältnis ihrer beider Einkommen zu teilen.

Kfz.-Kosten/Verkehrsmittel: Dieser Bereich ist sowohl bei den festen als auch bei den beweglichen Ausgaben aufgeführt.

Ernährung: Bei den Lebensmitteln ist darauf zu achten, daß nicht nur die regelmäßigeren Ausgaben im Supermarkt, sondern auch Einkäufe beim Bäcker, im Feinkostgeschäft und in anderen kleinen Geschäften berücksichtigt werden. Für den Elternteil, bei dem die Kinder wohnen, sollten auch die Kosten für die Schulverpflegung mit einberechnet werden.

Instandhaltung der Wohnung: Dabei sind auch größere Ausgaben zu beachten, die in den nächsten Jahren voraussichtlich auf die

Klienten zukommen werden, wie z.B. den Kauf einer neuen Waschmaschine usw.

Medizinische/zahnmedizinische Kosten: Diese Ausgaben können je nach der gesundheitlichen Situation der Familie sehr unterschiedlich sein. Vermerken Sie alle besonderen Bedürfnisse, wie etwa die Aufwendungen für behinderte Kinder usw. Um die nicht von der Versicherung gedeckten medizinischen Ausgaben zu berechnen, müssen Sie wissen, wie hoch die Selbstbeteiligung der jeweiligen Krankenversicherung ist.

Persönliche Ausgaben: Viele neigen dazu, ihre *eigenen* Ausgaben – ihr »Taschengeld« – zu übersehen. Es ist schwierig, den genauen Betrag festzustellen, aber die meisten Klienten haben eine grobe Vorstellung davon, was sie jede Woche ausgeben, ohne daß diese Kosten im allgemeinen genau nachgerechnet werden müssen.

Verschiedenes: Fragen Sie z.B. nach Beiträgen, die an der Arbeitsstätte für Geschenke, Geburtstage, Betriebsangehörige usw. gesammelt werden. Diese summieren sich häufig und sollten deshalb nicht außer acht gelassen werden.

Probleme beim Ausfüllen der Haushaltspläne

Diese Bögen zum Lebensbedarf sollen von den Klienten zu Hause ausgefüllt und in die Mediation mitgebracht werden. Die erste Frage des Mediators ist, ob die Klienten die Formulare ausgefüllt haben. Wenn dies nicht geschehen ist, sollte der Mediator die Gründe erforschen, diese mit den Klienten besprechen und seine Hilfe beim Ausfüllen der noch fehlenden Punkte anbieten.

Manchmal werden die Erhebungsbögen zum Haushaltsbedarf aus taktischen Gründen nicht ausgefüllt. Beispielsweise kann der Ehemann sagen: *»Ich habe den Haushaltsplan nicht ausgefüllt, weil es nicht nötig ist«,* und sich an seine Frau wendend hinzufügen: *»Sag' du mir nur, was du brauchst, und ich werde dir sagen, ob ich mir das leisten kann.«* Wenn der Unterhalt auf dieser Basis bestimmt würde, hätte die Frau jeglichen Einfluß verloren und ihr ehemaliger Partner würde nach Belieben über ihren künftigen Unterhalt bestimmen. In solchen Fällen sollte ein Mediator, um die Kontrolle über den Prozeß zu behalten, darauf bestehen, daß *beide* Partner die Formulare ausfüllen. Um den Mann davon zu überzeugen, sich als gleichwertiger Partner an dem Prozeß zu beteiligen, sollte man sein Eigeninteresse hervorheben und betonen, daß vernünftige Entscheidungen nur getroffen werden können, wenn beide Partner alle Daten kennen. Der Mediator kann etwa sagen: »*Ich kann es nicht zulassen, daß Sie die Formulare nicht ausfüllen, weil das Ihrer ehemaligen Frau gegenüber nicht fair wäre, da ihr wichtige Informationen fehlen würden. Und es wäre auch Ihnen gegenüber nicht fair: Wenn Sie sich mit der Höhe des Unterhalts einverstanden erklären, ohne Ihre eigenen Bedürfnisse zu kennen, so könnten Sie sich bereit erklären, mehr zu zahlen, als Sie wirklich aufbringen können. Deswegen werde ich nicht zulassen, daß Sie zu einer Entscheidung kommen, bevor Sie beide nicht alle Fakten kennen. Auf diese Art und Weise kann jeder von Ihnen seine persönlichen Eigeninteressen sicherstellen.*«

Wenn der Ehemann sich weiterhin weigern sollte, den Haushaltsbogen und den Einkommensbogen auszufüllen und vorzulegen, muß die Mediation vom Mediator beendet werden; andernfalls würde die Mediation ausschließlich den Interessen *einer* Person dienen.

Manchmal werden die Formulare nicht ausgefüllt, weil ein Partner die Trennung nicht will. Der mit der Trennung nicht einverstandene Ehepartner wird beispielsweise argumentieren, daß sie es sich seiner Meinung nach nicht leisten könnten, sich scheiden zu lassen. Der Mediator kann darauf hinweisen, daß die meisten Klienten dies befürchten; um darüber eine Aussage machen zu können, müßten allerdings erst die konkreten Zahlen vorliegen.

Das konkrete Vorgehen bei der Bestimmung des Lebensbedarfs

Wenn alle Probleme, die beim Ausfüllen der Bögen entstanden sind, geklärt wurden, sammelt der Mediator die ausgefüllten Formulare ein und achtet darauf, daß jeder Partner auch dem anderen ein Exemplar seiner Aufstellung gibt.

Um für beide Partner eine solide Datengrundlage zu schaffen, von der aus sachkundig Entscheidungen getroffen werden können, führt der Mediator nacheinander folgende Schritte durch:

- er sammelt die Daten beider Partner;
- er überprüft die Daten;
- er hält die Daten auf der Flip-chart fest, um sie so beiden zugänglich zu machen.

Der Mediator sammelt die Daten, indem er mit beiden Partnern ihre einzelnen Angaben Punkt für Punkt durchgeht. Dabei wendet er sich abwechselnd an beide, indem er z.B. zuerst die Frau und danach den Mann um die Angaben zu den Wohnkosten bittet, anschließend dann umgekehrt zuerst den Mann und dann die Frau zu den Ausgaben für Strom, Wasser usw. befragt. Durch dieses Vorgehen bleiben beide Konfliktpartner an dem Prozeß beteiligt. Wenn der Mediator beginnen würde, mit der Frau ihren ganzen Haushaltsplan durchzugehen und ihre Ausgaben zu besprechen, gäbe dies dem Mann viel Zeit, dabeizusitzen und Bemerkungen zu den einzelnen Angaben der Frau zu machen. Wenn er jedoch in gleicher Weise beteiligt wird und nach seinen Ausgaben gefragt wird, kommt er abwechselnd in die Rolle des Zuhörenden und des Befragten.

Der Mediator überprüft jede angegebene Zahl anhand der mitgebrachten Belege, um so deren Richtigkeit sicherzustellen. Wenn ihm eine Zahl ungewöhnlich erscheint, so bespricht er genauer, wie die Person zu dieser Zahl gekommen ist.

Die überprüften Daten überträgt der Mediator auf eine Flip-chart, auf die er vor der Sitzung eine verkürzte Kopie der Formulare vorbereitet hat. Aufgelistet sind die Überschriften der einzelnen Kategorien, für die dann jeweils drei Spalten zur Verfügung stehen: eine für die Frau, eine für den Mann und eine dritte Spalte, in der Ausgaben für die Kinder oder Bemerkungen des Mediators aufgeführt werden können. Diese Übersicht auf der Flip-chart könnte folgendermaßen aussehen:

Haushaltsplanung

	Frau	Mann	
Wohnung	———	———	———
Wohn-Nebenkosten	———	———	———
Versicherungen	———	———	———
Ratenzahlungen	———	———	———
Ausbildung	———	———	
Kfz.-Kosten	———	———	
Mitgliedsbeiträge	———	———	———
Ernährung	———	———	———
Bekleidung	———	———	———
Kfz.-Kosten	———	———	———
Haushaltshilfen	———	———	———
Instandhaltung der Wohnung	———	———	———
Mediz. Kosten	———	———	———
Persönliche Ausgaben	———	———	———
Verschiedenes	———	———	———
Gesamt:	———	———	———
Einkommen	———	———	

Indem der Mediator die Zahlenangaben jeder Person durchgeht und überprüft, schafft er eine gemeinsame Datengrundlage, die auf der Flip-chart dokumentiert wird. Dadurch erhalten meist beide Partner zusätzliche Informationen, über die sie vorher nicht oder nur teilweise verfügen konnten, wodurch beide in stärkere Positionen versetzt werden.

Wenn es bezüglich einer Angabe Meinungsverschiedenheiten gibt, besteht der Mediator auf Belegen. Solche Nachweise können Kontoauszüge, Rechnungen, Kreditkartenabrechnungen usw. sein. Umstrittene Zahlen können auf der Flip-chart mit einem Sternchen gekennzeichnet werden, um anzuzeigen, daß hier weitere dokumentarische Nachweise notwendig sind. In der nächsten Sitzung werden dann diese Punkte noch einmal besprochen.

Das Sammeln und Offenlegen der Angaben zum Einkommen und zum Lebensbedarf wird von den ehemaligen Partnern häufig dazu genutzt, ihre altbekannten ehelichen Streitereien weiterzuführen. Die Aufgabe des Mediators besteht dann zum einen darin, den Fokus immer wieder weg von der Vergangenheit auf die Gegenwart und Zukunft zu richten. Zum anderen lenkt er die Aufmerksamkeit des Paares auf die eigentliche Aufgabe: nämlich festzustellen, wieviel Einkommen jeder zur Verfügung hat und wieviel Geld jeder von ihnen braucht, um nach der Trennung leben zu können.

3. Wieviel Kindesunterhalt ist zu zahlen?

Auch nach der Scheidung bleibt die Unterhaltspflicht beider Eltern gegenüber ihren Kindern selbstverständlich bestehen. Dieser kann entweder durch die regelmäßige Pflege und Erziehung der Kinder oder durch finanzielle Leistungen nachgekommen werden. Als Anhaltspunkt für die Festsetzung des finanziellen Kindesunterhalts (=Barunterhalt) kann in der Mediation die *Düsseldorfer Tabelle* dienen, an der sich auch die meisten Familiengerichte orientieren. Darin wird die Unterhaltshöhe je nach *Nettoeinkommen des Unterhaltspflichtigen* und *Alter der Kinder* festgesetzt. Die Tabellensätze sind bezogen auf eine »Normalfamilie«, bestehend aus Mutter, Vater und zwei Kindern. Da die Tabelle von Zeit zu Zeit an die sich verändernden Lebensverhältnisse angepaßt wird, und die »aktuelle« Fassung damit bald veraltet wäre, haben wir von einem Abdruck in diesem Buch bewußt abgesehen. Die Tabelle wird in juristischen Fachzeitschriften veröffentlicht; die derzeit aktuellste Form – in der Fassung vom 1. Juli 1992 – ist z.B. in der FamRZ, Heft 4/1992 abgedruckt.

Zur Anrechnung des Kindergeldes

Das staatliche Kindergeld steht nach einer Entscheidung des Bundesgerichtshofs beiden Eltern je zur Hälfte zu. Wenn das Kindergeld an den unterhaltspflichtigen Vater gezahlt wird, so erhöht sich dessen Unterhaltszahlung um den Betrag des halben Kindergeldes. Wird das staatliche Kindergeld an die Mutter gezahlt, so verringert sich der vom Vater zu zahlende Unterhalt um den hälftigen Kindergeldanteil.

Ein Beispiel:

Herr und Frau Wagner haben einen gemeinsamen Sohn von fünf Jahren, der bei seiner Mutter lebt und von ihr betreut wird. Herr Wagner hat ein monatliches Netto-Einkommen von 4300.- DM und zahlt nach der Düsseldorfer Tabelle 450.- DM Unterhalt für seinen Sohn. Wenn nun Frau Wagner das Kindergeld in Höhe von 70.- DM erhält, muß der Vater monatlich nur 415.- DM Kindesunterhalt bezahlen, da ihm die Hälfte des Kindergeldes zusteht.

Wenn ein Elternteil vor allem die Pflege und Erziehung der Kinder übernimmt, der andere seiner Unterhaltspflicht durch finanzielle Leistungen nachkommt, sollte in der Mediation die Düsseldorfer Tabelle zur Ermittlung des Kindesunterhalts herangezogen werden. Wenn beide Eltern jedoch etwa gleich viel Zeit für die Versorgung und Erziehung der Kinder aufwenden, sollte ausführlich darüber verhandelt werden, wie die finanziellen Aufwendungen verteilt werden.

4. Wie kann die Kluft zwischen dem, was jeder Partner braucht und dem, was jeder an Einkommen hat, geschlossen werden?

Wenn das jeweilige Netto-Einkommen, der jeweilige Lebensbedarf und der Umfang des Kindesunterhalts bekannt sind, kann ermittelt werden, ob beide Partner in der Lage sind, ihren jeweiligen Bedarf mit ihrem eigenen Einkommen zu decken. Wenn dies nicht der Fall ist, wird in der Mediation darüber verhandelt werden, wie die Kluft geschlossen werden kann.

Ein Beispiel:

Herr und Frau Fischer haben zwei Kinder im Alter von vier und sieben Jahren. Herr Fischer ist leitender Bankangestellter mit einem Nettoeinkommen von 3050.- DM, Frau Fischer arbeitet 10 Stunden pro Woche vormittags als Aushilfe in einem Rechtsanwaltsbüro und verdient monatlich 600.- DM. Die Kinder leben bei Frau Fischer, der Vater zahlt gemäß Düsseldorfer Tabelle monatlich 820.- DM für beide Kinder (für das vierjährige Kind 370.- DM, für das siebenjährige 450.- DM). Die Eltern erhalten für beide Kinder ein staatliches Kindergeld von insgesamt 200.- DM (70.- DM für das erste und 130.- für das zweite Kind). Dieses Kindergeld steht beiden Eltern je zur Hälfte zu. Da es auf das Bankkonto von Frau Fischer überwiesen wird, wird die dem Vater zustehende Hälfte des Geldes vom Kindesunterhalt abgezogen. Insgesamt zahlt der Vater also monatlich 720.- DM Kindesunterhalt.

Der Lebensbedarf wurde anhand der Formulare ermittelt und beläuft sich bei Frau Fischer auf 2250.- DM monatlich, bei Herrn Fischer auf 1800.- DM.

	Frau	Mann
Nettoeinkommen	+ 600.– DM	+ 3050.– DM
Kindesunterhalt	+ 720.– DM	- 720.– DM
Kindergeld	+ 200.– DM	
Lebensbedarf	- 2250.– DM	- 1800.– DM
Insgesamt	- 730.– DM	+ 530.– DM

Herrn Fischer bleiben jeden Monat, nachdem der Kindesunterhalt gezahlt und sein Lebensbedarf gedeckt ist, 530.- DM übrig. Frau Fischer fehlen monatlich 730.- DM, um ihren Lebensbedarf decken zu können.

In der Mediation kann nun darüber verhandelt werden, wie die bei Frau Fischer entstandene Kluft zwischen dem Einkommen, das sie und die Kinder zur Verfügung haben und ihrem Lebensbedarf gedeckt werden kann.

Die Motivation zu diesen Verhandlungen kommt aus einem übergeordneten Ziel, das beiden Partnern gemeinsam ist und das für beide Vorteile bietet. Bevor konkret verhandelt wird, sollte mit dem Paar dieses gemeinsame Ziel festgelegt werden (bzw. die wechselseitige Problemdefinition; vergleiche Kapitel 1). Diese Zielsetzung ist abhängig von der speziellen Situation eines Paares: z.B. können sich die Paare darauf einigen, daß trotz der Scheidung der bisherige Lebensstandard von beiden weitgehend erhalten bleiben soll; oder sie können beschließen, daß die durch die Scheidung notwendigen Einbußen gerecht zwischen ihnen verteilt werden. Andere einigen sich darauf, daß auch nach der Trennung weiterhin ein Elternteil sich ganz der Erziehung der Kinder widmen soll, weshalb dieser vom anderen finanziell unterstützt werden muß. Oder sie beschließen – wie im weiter unten aufgeführten Beispiel – der Frau eine Ausbildung zu ermöglichen, damit diese auf weitere Sicht von ihrem Mann finanziell unabhängig wird.

Es muß also ein gemeinsames Ziel gefunden werden, dessen Erreichen beiden Partnern genug Vorteile bringt, so daß sich für jeden die Zusammenarbeit lohnt. Der Mediator kann dann, wenn die Verhandlungen später einmal stocken, immer wieder diese gemeinsame Zielvorstellung in den Prozeß einbeziehen.

Um die Kluft zwischen dem zur Verfügung stehenden Einkommen und den notwendigen Ausgaben zu schließen, haben die Klienten folgende Alternativen:

a) die Ausgaben zu senken;
b) das Einkommen zu erhöhen;
c) ihr Vermögen zur Deckung der Ausgaben einzusetzen.

a) Die Ausgaben senken

Relativ schnell haben die meisten Klienten Vorschläge dafür bereit, worauf der andere verzichten könnte, um seine Ausgaben zu senken. Darüber kommt es dann unvermeidlich zu Streitereien und gegenseitigen Vorwürfen. Um dies zu vermeiden, schlägt der Mediator vor, daß jeder nur über Einsparungen nachdenkt, die er selbst vornehmen kann. Meist ist es nützlich, beiden Klienten eine Woche Zeit zu geben, damit sie sich über eventuelle Ausgabensenkungen Gedanken machen können.

Der Mediator kann den Klienten bei diesen Überlegungen helfen, indem er auf Punkte im Haushaltsplan hinweist, die beweglicher sind als andere, wie z.B. die Ausgaben für Urlaub. Er kann auch auf Ausgaben aufmerksam machen, die nicht unbedingt notwendig sind, wie z.B. Krankenhaustagegeldversicherungen bei Angestellten. Der Mediator sollte dabei eine Auseinandersetzung mit den Klienten vermeiden, indem er auf diese Wahlmöglichkeiten nur hinweist. Ob die Klienten in diesen Bereichen dann tatsächlich Einsparungen vornehmen, bleibt ihnen überlassen: denn die Entscheidung über inhaltliche Fragen müssen die Klienten treffen und nicht der Mediator.

Außerdem sind sich Mediator und Klienten nicht immer einig darüber, welche Ausgaben beweglich oder freiwillig sind, da diese Bewertungen von Einstellungen gegenüber bestimmten Ausgaben und Prioritäten abhängig sind. Manche Paare fahren nie in Urlaub, haben aber sonst hohe Ausgaben für ihre Freizeitgestaltung. Andere geben für das Essen zu Hause wenig Geld aus, verwenden aber große Summen darauf, auswärts zu essen. Wichtig ist, daß der Mediator nicht seine eigenen Wertvorstellungen auf das Ehepaar überträgt. Dazu John Haynes: *»Ich kann mich an einen Fall erinnern, bei dem die Ehefrau 60$ pro Monat für ihre Fingernägel ausgab. Sie hatte künstliche Fingernägel, die jede Woche neu angeklebt und maniküürt wurden. Für mich war es schwierig, diese Zahl zu akzeptieren, aber ich bemerkte auch, daß es dem Ehemann überhaupt nichts ausmachte. Obwohl eine solche Ausgabe meinem Maßstab nach frivol war, akzeptierte ich, daß es ihrem Maßstab nach durchaus annehmbar war.«*

Um Einsparungen realisieren zu können, ist es hilfreich, zwischen *Wünschen* und *Bedürfnissen* zu unterscheiden. Der Mediator kann diese Unterscheidung einführen: zwischen den Bedürfnissen, die, wenn immer möglich erfüllt werden sollten, und den Wünschen, die reizvoll, aber nicht notwendig sind. Wenn der Mann z.B. die Position vertritt: *»Ich brauche unbedingt ein neues Auto«*, stellt der Mediator eine Reihe von Fragen über die Gründe, warum er das Auto benötigt. Die Antworten sind üblicherweise etwa: *»Damit ich zur Arbeit kommen kann«, »um die Kunden zu beeindrucken«, »um mit mir zufrieden zu sein«* usw. Der Mediator fragt dann anschließend: *»Inwieweit kann das Auto, das Sie jetzt besitzen (oder ein guter Gebrauchtwagen), Ihre Bedürfnisse erfüllen?«*

Dieses Vorgehen soll dem Klienten helfen, zwischen seinem *Bedürfnis* (in diesem Fall: ein Transportmittel zu besitzen) und seinem *Wunsch* (andere zu beeindrucken und mit sich zufrieden zu sein) zu unterscheiden. Dadurch trägt die Verhandlung dazu bei, von den Wünschen (und Positionen) weg und hin zu den Bedürfnissen zu kommen. Auf dieser Basis lassen sich dann Optionen entwickeln, wie die Bedürfnisse mit den vorhandenen Mitteln erfüllt werden können. In dem oben genannten Beispiel bestünde so die Wahl zwischen einem Neuwagen der mittleren Preisklasse oder einem Gebrauchtwagen der oberen Preisklasse zum gleichen Preis. Die Entscheidung beruht dann darauf, welches Auto am besten geeignet ist, den Bedürfnissen mit den vorhandenen Mitteln nachzukommen.

b) Das Einkommen erhöhen

Eine andere Möglichkeit, die Kluft zu schließen, besteht darin, das Einkommen zu erhöhen. Auch dabei sollen sich beide Partner, zunächst jeder für sich, überlegen, wie sie ihr Einkommen erhöhen können (und nicht, was der andere tun könnte).

Wenn z.B. der Ehemann die Scheidung eingeleitet hat, bereitet es der Frau häufig größere emotionale Schwierigkeiten, sich zu überlegen, was sie selbst zur Verbesserung ihres Einkommens tun kann. Sie wird sehr wahrscheinlich eine Position einnehmen wie: *»Er will die Scheidung, soll er doch dafür zahlen. Er soll eine zweite Arbeit annehmen, damit die Kinder nicht darunter leiden müssen, wenn ich auch noch eine andere Arbeit aufnehmen sollte.«* Wenn jedoch die Frau die Initiatorin für die Scheidung war, wird der Ehemann vermutlich sagen: *»Sie will die Scheidung. Sie betont doch immer, daß sie eine emanzipierte, unabhängige Frau sein will. Dann soll sie doch auch arbeiten gehen und Geld verdienen.«* Beide Antworten fokussieren auf die Vergangenheit, und die Aufmerksamkeit der Partner gilt nicht der Problemlösung, sondern der vorwurfsvollen Auseinandersetzung. Der Mediator wird versuchen, die Aufmerksamkeit des Paares wieder auf die Zukunft zu lenken und auf die Frage, wie jeder von ihnen in der Zukunft gut leben kann.

Wie über eine Erhöhung des Einkommens in der Mediation verhandelt werden kann, soll im folgenden Beispiel erläutert werden. Dabei werden die im Kapitel 1 angeführten Verhandlungsschritte durchlaufen.

Herr und Frau Fischer leben seit sieben Monaten getrennt und haben zwei Kinder im Alter von sechs und acht Jahren. Der Vater ist Lehrer, die Mutter Hausfrau; sie versorgt die Kinder. Sie hat ihr Pädagogik-Studium abgebrochen, als das erste Kind geboren wurde; seither war sie nicht mehr berufstätig.

a) Verhandlungsgegenstand festlegen:
Gegenstand der Verhandlung ist in diesem Fall der Ehegattenunterhalt.
b) Positionen darstellen und Fakten sammeln:
Alle Angaben zum Einkommen und zum Lebensbedarf werden gesammelt und auf der Flip-chart festgehalten.
c) Die hinter den Positionen stehenden Interessen elaborieren:
Der Mediator kann z.B. folgende Frage an Frau Fischer stellen: »Wenn es allein nach Ihnen ginge, was würden Sie in zwei Jahre tun?« Dadurch wird der Fokus auf ihre Zukunft und auf ihre zukünftigen Bedürfnisse gerichtet. Die angesprochene Zeitspanne ist weit genug von der Gegenwart entfernt, um die Antwort zu vermeiden: »Ich lebe nur von einem Tag auf den anderen.« Andererseits ist sie nicht zu weit entfernt, um in erreichbarer Nähe zu liegen.
Frau Fischer wird sich überlegen, wie sie ihre Zukunft gestalten möchte und nach einigem Nachdenken ihre persönliche Zielvorstellung formulieren: »Nun, ich habe mir über meine berufliche Zukunft Gedanken gemacht und würde gern eine Stelle als Lehrerin finden. Es hat mir immer Spaß gemacht, mit Kindern zu arbeiten. Ich hätte als Lehrerin den gleichen Stundenplan wie die Kinder und könnte mein eigenes Geld verdienen.«
Ausgehend von dieser Zielvorstellung werden die Möglichkeiten zu ihrer Realisierung untersucht. Dazu fragt der Mediator: »Was wäre nötig, damit Sie eine Stelle als Lehrerin finden?« In diesem Zusammenhang ist unter anderem zu klären:

Welche Ausbildung brauchen Sie dazu?
Wieviel würde es kosten?
Wie lange würde es dauern, bis Sie den Abschluß haben?
Wie viele freie Stellen für Lehrerinnen gibt es?
Wieviel verdient eine Lehrerin zu Beginn?

Der Mediator versucht durch diese Fragen zu ermitteln, welche finanziellen Aufwendungen nötig sind, um die Lehramtsausbildung abzuschließen und welchen Nutzen die Frau von der Anstellung als Lehrerin hat. Dann wendet er sich an Herrn Fischer und stellt ihm die gleiche Frage nach seiner Zukunft, um die Balance wiederherzustellen. Wenn die berufliche Zukunft des Mannes gesichert ist, so wird er vielleicht von Beförderungen oder Änderungen in seiner Karriere sprechen. Zusätzlich fragt der Mediator den Ehemann: »Sähen Sie es gerne, wenn Ihre ehemalige Frau als Lehrerin arbeiten und ihr eigenes Einkommen erzielen würde?« Wenn er zustimmt, kann der Mediator weiter fragen, welche Vorteile er darin für sich sehen würde. Zum einen wird er für den Unterhalt seiner ehemaligen Frau weniger verantwortlich sein. Zum anderen werden die Kinder in den Genuß eines besseren Lebensstandards kommen, wenn das gesamte Einkommen höher ist.

d) Das Problem wechselseitig definieren:

Beide Partner haben also entscheidende Vorteile davon, wenn die Frau zukünftig als Lehrerin arbeiten kann. Daraus könnte sich eine neue wechselseitige Problemdefinition (vgl. Kapitel 1) ergeben: *Wie kann die Ausbildung der Frau als Lehrerin finanziert werden, um damit langfristig eine wirtschaftliche Unabhängigkeit der Frau von ihrem ehemaligen Mann zu ermöglichen?*

Wenn dies von beiden Partnern als neue Problemdefinition akzeptiert wird, hat der Mediator ihnen geholfen, ein übergeordnetes Ziel zu entwickeln: mit dem Lehramts-Abschluß der Frau wird ein Ziel vereinbart, das ihrer beider Interessen dient und beiden Vorteile bringt.

e) Lösungsmöglichkeiten entwickeln und bewerten:

Im nächsten Schritt müssen Optionen entwickelt werden, mit denen dieses Ziel erreicht werden kann. Da beide an der Erreichung dieses Ziels interessiert sind, werden auch beide bereit sein zu kooperieren.

Der Mediator kann z.B. folgende Frage an Herrn Fischer stellen: »Wenn Ihre ehemalige Frau während der Zeit, in der sie ihren Lehramts-Abschluß macht, etwas zusätzliche Hilfe nötig hätte, würden Sie ihr dann finanziell helfen, wenn Sie wüßten, daß weniger von Ihnen gefordert würde, sobald sie als Lehrerin arbeitet?« Der Mann wird sich zwangsläufig mit Blick auf seine eigenen Interessen zu dieser Hilfe – normalerweise zurückhaltend – bereit erklären. Damit ist das Fundament dafür gelegt, gemeinsam nach Optionen zu suchen und an einer Problemlösung zu arbeiten, die es längerfristig möglich macht, daß die Frau finanziell unabhängig wird. Liegen dann verschiedene Optionen vor, müssen diese nach dem Verhältnis von Kosten und Nutzen bewertet werden.

f) Verhandeln

Unter den vorgeschlagenen möglichen Optionen sucht sich jeder Partner diejenigen aus, die seinen Interessen insgesamt am ehesten entsprechen. Beide verhandeln dann miteinander, um gemeinsam die für alle Beteiligten bestmöglichste Lösung zu finden. In dem Beispielfall erklärt sich Herr Fischer bereit, zusätzlich Nachhilfestunden zu geben, um seine Frau während ihrer Ausbildung finanziell besser unterstützen zu können. Frau Fischer ist im Gegenzug bereit, auf Ehegattenunterhalt zu verzichten, sobald sie eine Anstellung als Lehrerin gefunden hat.

c) Die Liquidation von Vermögenswerten

Das Verkaufen von Vermögenswerten, um auf Dauer die Kluft zwischen dem Einkommen und den Ausgaben zu schließen, ist eine heikle Sache. Selbst wohlhabende Familien würden auf diese Weise bald ihr Vermögen verwirtschaftet haben. Es gibt allerdings einige Ausnahmen: Im obigen Beispiel hätte das Paar auch für die Zeitdauer der Ausbildung einige Vermögenswerte verkaufen können, um es der Frau zu ermöglichen, ihre Universitätsausbildung abzuschließen. Sie hätten dadurch gewissermaßen ihre Vermögenswerte eingetauscht: die verkauften Vermögenswerte wären durch einen neuen Wert ersetzt worden – den Lehramts-Abschluß der Frau.

Wann sollen externe Fachleute einbezogen werden?

Bei manchen Fragen bezüglich des Haushaltsplans, des Einkommens oder der steuerlichen Möglichkeiten ist der Ratschlag von Fachleuten erforderlich. Der Mediator ist gehalten, die Klienten dafür an entsprechende Fachleute zu verweisen. Die Aufgabe des Mediators ist es vor allem, dem Paar zu helfen, die Fragen an die Fachleute vorzubereiten, damit beide Partner sich über die Fragen einig sind. In der Mediation können die Fragen gemeinsam erarbeitet und aufgeschrieben werden, damit jeder Ehepartner die gleichen schriftlichen Angaben hat, die er dem Experten vorlegen kann. Dazu ein Beispiel von John Haynes:

Angenommen, der Ehemann zahlt einen monatlichen Beitrag von 100$ in seine Altersversorgung ein und noch einmal 100$ in den von seinem Unternehmen vorgesehenen Gewinnbeteiligungsplan. Er weigert sich, diese Beiträge als freiwillig zu betrachten. Nach seiner Argumentation würde er nicht viel Geld sparen, wenn er die 100$ nicht mehr in den Gewinnbeteiligungsplan einzahlen würde, da er sonst Steuern für diesen Betrag bezahlen müßte. Um entscheiden zu können, ob das ein wichtiger Faktor ist, müssen sich die Partner bei einem Fachmann, in diesem Fall bei ihrem Steuerberater, erkundigen. Die konkrete Frage an den Steuerberater könnte etwa lauten: »Wie viele Steuern müßte der Ehemann abführen, wenn er die Beiträge zur Altersversorgung und zum Gewinnbeteiligungsplan nicht zahlen würde? Wie viele Steuern wären zu entrichten, wenn er sie zahlen würde?«

Der Ehemann wird vielleicht noch einen anderen Einwand machen: Wenn er die Zahlungen zur Gewinnbeteiligung einstellen würde, würde er drei Jahre lang keinen Anspruch haben, wieder einzusteigen. Weil »das Unternehmen zu jedem Dollar von mir einen Dollar hinzuzahlt, werde ich auf lange Sicht viel mehr verlieren, als es eigentlich wert ist«.

Um diesen Streitpunkt zu klären, muß zunächst die Richtigkeit dieser Behauptung überprüft werden. Dazu wird der Mann gebeten, eine Broschüre mitzubringen, die den Gewinnbeteiligungsplan beschreibt, sowie den letzten Rechenschaftsbericht des Plans. Wurde damit die Richtigkeit bestätigt, ist anschließend der Steuerberater zu fragen: »Was sind – basierend auf diesen Fakten – die Gesamtkosten, wenn der Mann aus dem Gewinnbeteiligungsplan ausscheiden würde? Was hätte das a) für steuerliche Folgen und b) welche Beiträge des Unternehmens würden ihm entgehen?«

Die meisten Ehepaare können sich von dem gleichen Steuerfachmann beraten lassen, der auch in der Vergangenheit ihre Steuererklärungen gemacht hat. Es gibt jedoch Umstände, wo sie sich an einen anderen Steuerberater wenden sollten oder wo jeder seinen eigenen Steuerberater haben sollte. Wenn z.B. der Steuerberater auch einen der Partner geschäftlich berät, besteht die Gefahr, daß er nicht ganz unvoreingenommen ist. In diesen Fällen kann der

Mediator vorschlagen, daß sich beide mit der gleichen Frage an verschiedene Steuerberater oder Rechtsanwälte wenden.

Die Ehepartner bringen die neuen Informationen mit in die nächste Sitzung. Zunächst müssen sich die Partner darüber einigen, inwieweit die neuen Informationen annehmbar sind. Wenn eine Einigung erzielt wird, werden diese Informationen in die anderen Daten integriert und bilden dann die Basis für künftige Entscheidungen.

Überprüfen, ob die Angaben der Haushaltspläne überzogen sind

Normalerweise werden die Haushaltspläne sorgfältig und genau ausgefüllt. Manchmal wird jedoch den Partnern geraten, ihre Haushaltspläne überzogen darzustellen, um so ihre Behauptung unterstützen zu können, daß sie mehr brauchen oder weniger zahlen können. Es gibt eine einfache Möglichkeit festzustellen, ob die Daten realistisch angegeben wurden:

Wenn der Mediator den Verdacht hat, daß die Angaben überzogen sind, zieht er von den Angaben beider Partner zum Lebensbedarf diejenigen Ausgaben ab, die eine Folge der Trennung sind. Als Schätzung können dazu die Ausgaben für die zweite Wohnung, die Wohn-Nebenkosten für diese und etwa 50% der Ausgaben für die Ernährung herangezogen werden. Dann vergleicht der Mediator den übrig gebliebenen Bedarf mit dem bisherigen Einkommen. Wenn eine große negative Differenz sichtbar ist und das Paar vor der Trennung von dem Einkommen leben konnte, ohne Schulden zu machen, weist der Mediator darauf hin, daß sie doch vor der Trennung nicht über ihre Verhältnisse gelebt hätten und deshalb die Zahlenangaben in den Haushaltsplänen überzogen sein müssen. Er schlägt dann vor, daß jeder seine *eigenen* Zahlenangaben noch einmal überprüft und diejenigen berichtigt, die überzogen dargestellt wurden.

Ein Beispiel:

Herr und Frau Weber waren vier Jahre verheiratet und haben einen Sohn im Alter von drei Jahren. Herr Weber ist Kfz-Mechaniker mit einem monatlichen Netto-Einkommen von 2400.- DM, Frau Weber ist nicht berufstätig und betreut den gemeinsamen Sohn.

	Frau Weber	Herr Weber
Nettoeinkommen	0.– DM	+ 2400.– DM
monatl. Bedarf	- 2150.– DM	- 1800.– DM

Insgesamt geben Herr und Frau Weber einen monatlichen Bedarf von 3950.- DM an, haben aber nur ein Einkommen von 2400.- DM zur Verfügung, von dem sie vor der Trennung gut leben konnten, ohne Schulden zu machen. Um zu überprüfen, ob die Haushaltspläne überzogen waren, zieht der Mediator von dem gesamten Bedarf die Kosten ab, die durch die Trennung entstehen:

(für die zweite Wohnung)	- 700.– DM
(für die WohnNebenkosten)	- 210.– DM
(für die Hälfte der Ernährungsausgaben)	- 240.– DM
Kosten, die zusätzlich durch die Trennung entstehen	1150.– DM

Werden diese zusätzlichen Kosten von dem angegebenen Bedarf von 3950.- DM abgezogen, bleiben 2800.- DM übrig. Zu dem vorhandenen Familieneinkommen von 2400.- DM besteht eine Differenz von 400.- DM. Es besteht also der Verdacht, daß einer oder beide Partner ihre Haushaltsangaben überzogen haben.

In diesem Kapitel wurde genau beschrieben, wie die Verhandlung über den Ehegatten- und Kindesunterhalt durchgeführt wird. Manchmal werden strittige Geldfragen auch noch in der Sitzung über die elterliche Sorge angesprochen, die wir in Kapitel 5 darstellen werden. Gegenstand des nächsten Kapitels ist, wie die ehelichen Vermögenswerte aufgeteilt werden sollen.

4 Die Aufteilung der Vermögenswerte

Jedes Paar, das sich scheiden läßt, hat irgendeine Art von Vermögen, das aufgeteilt werden muß. Selbst Ehepaare, die schon nach einigen Monaten auseinandergehen, müssen sich zumindest über die Verteilung der Hochzeitsgeschenke Gedanken machen.

In den Mediationen zur Vermögensauseinandersetzung betont John Haynes oft den Gedanken, alle im Laufe der Ehe angesammelten Vermögenswerte seien gemeinsames Eigentum beider Eheleute. Diese Sichtweise erleichtert kooperatives Verhandeln, weist aber zugleich auf einen wesentlichen Unterschied zwischen nordamerikanischem und bundesdeutschem Eherecht hin: In den USA gilt, anders als in der BRD, das Prinzip des gemeinsamen Eigentums. Je nach Bundesstaat herrschen dabei unterschiedliche Rechtssprechungen vor, jeder Staat folgt jedoch einem von drei Prinzipien:

- *»Gerechte« Aufteilung.* Das Vermögen wird – nach Kriterien der jeweiligen Gesetzgebung – »gerecht« aufgeteilt. Bei der Aufteilung des ehelichen Vermögens wird u.a. berücksichtigt, wie lang die Ehe gedauert hat und was jeder Ehepartner verhältnismäßig beigesteuert hat; außerdem findet, so der übliche Zusatz, »… jeder weitere Umstand, den das Gericht berücksichtigt« Beachtung, eine Formulierung, die den Richtern viel Spielraum läßt. In der Praxis beanspruchen Ehepartner, die eine »gerechte« Aufteilung anstreben, immer *mehr* als der andere (und finden es angesichts der Umstände als »nur recht und billig«, daß ihnen das auch zusteht). Würden sie eine gleichmäßige Aufteilung akzeptieren, so würden sie einen gleich großen, nicht aber einen »gerechten« Anteil einfordern. Die Gerichte können als »weitere Umstände« Besonderheiten berücksichtigen, die eine solche ungleiche Verteilung rechtfertigen.
- *Gleichmäßige Aufteilung.* Das Eigentum wird gleichmäßig aufgeteilt. Der bestimmende Gedanke ist, daß die Ehe eine gleich-

gewichtige Partnerschaft ist und alles, was die Partner im Laufe ihrer Ehe erworben haben, beiden zu gleichen Teilen gehört.

- *Alleiniger Rechtsanspruch.* Manche Bundesstaaten sehen vor, daß der Eigentümer eines Gegenstandes derjenige ist, der einen nachweisbaren Rechtsanspruch darauf hat. Damit erhält beispielsweise der amtlich eingetragene Eigentümer eines Autos dieses auch zugesprochen.

Im *bundesdeutschen Eherecht* gilt das Prinzip des gemeinsamen Eigentums *nicht.* Es herrscht vielmehr der Grundsatz der Gütertrennung, das heißt, auch während der Ehe erwerben die Ehegatten getrennt voneinander Eigentum oder anteiliges Miteigentum (z.B. an einem Haus). Darüber hinaus wird die Ehe aber als eine *Zugewinngemeinschaft* verstanden. Aus diesen beiden Grundsätzen folgt, daß jeder Partner bei einer Scheidung das Vermögen behält, das er vor der Ehe hatte. Der Zugewinn jedoch (vereinfacht: der reine *Wert* des während der Ehe bei jedem Partner hinzugekommenen Eigentums, des Vermögens) wird am Ende der Ehe ausgeglichen. Der Partner mit dem höheren Zugewinn gibt dann die Hälfte des Anteils seines Zugewinns, der den Zugewinn des anderen *übersteigt,* an den anderen ab (vgl. Münch 1990, S. 183). Das Eherecht unterstellt also die Gleichwertigkeit der Leistungen beider Partner während der Ehe, so daß jeder Partner einen Anspruch auf einen gleich großen Anteil am beiderseitig erwirtschafteten Zugewinn hat. Ausnahmen dazu liegen lediglich dann vor, wenn ein Ehepartner etwa »schuldhaft« seine Verpflichtungen nicht erfüllt hat oder die Ausgleichsforderung »grob unbillig« ist, wie es im Gesetzestext heißt.

Im bundesdeutschen Scheidungsverfahren stellen Vermögensaufteilung und Zugewinnausgleich damit zwei getrennte Schritte dar. In der Mediation möchten die Partner meistens die Vermögensaufteilung regeln, so daß in diesem Kapitel vor allem dieser Schritt beschrieben wird. Manche Mediationsklienten wollen jedoch auch den Zugewinn errechnen und in ihre Aufstellungen einbeziehen. Wir werden daher am Ende des Kapitels auch das Prinzip des Zugewinnausgleichs erläutern, obwohl diese Darstellung das Vorgehen lediglich schematisch skizzieren kann (für eine ausführliche Darstellung sei auf die juristische Fachliteratur verwiesen).

In der Mediation ist es zwar wichtig, die gesetzlichen Bestimmungen zu kennen (auch, um den Verhandlungsspielraum der Klienten abschätzen zu können, vgl. hierzu in Kapitel 6 die »beste Alternative zu einer Verhandlungsübereinkunft«); Mediation bietet jedoch daneben Möglichkeiten, eigene Lösungen zu entwickeln – was ja Mediation in vielen Fällen erst attraktiv macht. Ehepartner haben das Recht, miteinander auch über die Scheidungsfolgen Verträge zu schließen – diese Vertragsfreiheit endet allerdings dort, wo zwingende Gesetzesvorschriften Grenzen setzen, wo der Vertragsinhalt sittenwidrig ist oder strafbare Handlungen vorsieht. Soll in einer solchen Vereinbarung der Zugewinnausgleich ausdrücklich ganz oder teilweise ausgeschlossen werden, muß das – vor Rechtskraft der Scheidung – in jedem Fall in Form einer notariellen Beurkundung geschehen. Dazu muß das Paar die abschließende Mediationsvereinbarung (bzw. den Teil, der die Vermögensaufteilung beinhaltet) durch einen Notar beurkunden lassen; ohne diesen Schritt hat die Vereinbarung keine rechtliche Gültigkeit.

Angesichts einer für das Ehepaar oft unübersichtlichen Rechtslage einerseits und einer für die Mediatorin oft unübersichtlichen Eigentumsverteilung andererseits, sollte in der Mediation möglichst klar und strukturiert vorgegangen werden. Je verständlicher und besser das Mediationsverfahren gestaltet ist, desto leichter ist es für die Ehepartner, zu Lösungen zu kommen, die für sie geeignet sind.

Steve Erickson (Co-Direktor des Erickson Mediation Service in Minneapolis, Minnesota) hat deshalb für das Vorgehen bei der Aufteilung der Vermögenswerte vier Schritte empfohlen, die von Mediatorinnen häufig eingesetzt werden. Diese vier aufeinander folgenden Schritte sind:

a) Bestimmung des Vermögens

b) Eigenschaften und Bedeutung des Vermögens

c) Einschätzung des Wertes des Vermögens

d) Aufteilung der Vermögenswerte

Indem die Mediatorin das Paar durch diese vier Stufen führt, die in einer logischen Reihenfolge aufeinander folgen, hilft sie dem Ehepaar dabei, die grundlegenden Daten für die Entscheidung zu erstellen, eine Übersicht über die Vermögenswerte und über das Verhältnis jedes einzelnen Vermögenswertes zum Gesamtvermögen zu gewinnen, den Wert jedes Postens zu bestimmen, und schließlich ein Kriterium für die vernünftigste Aufteilung der Vermögenswerte zu entwickeln.

a) Bestimmung des Vermögens

Zunächst soll das Vermögen der Ehepartner ermittelt werden. Dazu füllt jeder Partner (zu Hause) zwei Formulare zur Vermögensaufstellung aus, auf denen alle Gegenstände, Immobilien, Geldanlagen und sonstige Vermögenswerte zu *Beginn* und am *Ende* der Ehe benannt und in ihrem Wert angegeben werden. Am Ende dieses Schrittes liegen also vier Bögen vor, die miteinander verglichen werden können; die Gegenüberstellung von End- und Anfangsvermögen ist die Voraussetzung für einen eventuell in der Mediation zu berechnenden Zugewinn. Die Mediatorin sollte beachten, daß sich das Paar dazu auch auf einen Stichtag für die Bestimmung des Endvermögens einigt; im Familienrecht gilt der Tag der Zustellung des Scheidungsantrags.
Ein Vermögensformular kann beispielsweise so aussehen:

Aufstellung der Vermögenswerte

Ehepartner:

☐ Mann ☐ Frau

(bitte ankreuzen)

Aufstellung für das

☐ Anfangsvermögen bei Eheschließung am _____

☐ Endvermögen zum Stichtag _____

(Bitte füllen Sie je ein Formular für das Anfangsvermögen und das Endvermögen aus)

a) Vermögen

Titel: Wert am Stichtag:

1. Bankkonten

Bank Konto

_____ _____

_____ _____

2. Forderungen/Außenstände

_____ _____

_____ _____

3. Wertpapiere und Anleihen (Aktien, Rentenpapiere, Investmentanteile)

_____ _____

_____ _____

4. Immobilien

_____ _____

_____ _____

5. Kapital-Lebensversicherungen

Versicherung: Rückkaufswert:

_____ _____

_____ _____

6. Bausparverträge

_____ _____

_____ _____

7. Geschäftsbeteiligungen

_____   _____

_____   _____

8. Kraftfahrzeuge und anderes (besonderes)
   persönliches Eigentum

_____   _____

_____   _____

9. Anspruch auf Steuerrückzahlungen

_____   _____

_____   _____

10. Sonstige Vermögenswerte (z.B. Schmuck)

_____   _____

_____   _____

b) Verbindlichkeiten (Schulden):
11. Hypotheken

_____   _____

_____   _____

12. Bank- und andere Verbindlichkeiten

_____   _____

_____   _____

13. Darlehen auf Versicherungspolicen

_____   _____

_____   _____

14. Andere Schulden
    Art:

_____   _____

_____   _____

15. Noch zu zahlende Steuern
    Steuerart:

_____   _____

_____   _____

Einige Erläuterungen zu den einzelnen Zeilen des Formulars:

a) Vermögen

1. Bankkonten. Sie sollten im Sinn behalten, daß es eine große Zahl verschiedener Arten von Konten gibt, z.B. Girokonten, unterschiedliche Arten von Sparkonten, Depots, Konten von Investmentfonds sowie Festgeldkonten. Sie sollten also darauf achten, daß beide Klienten hier tatsächlich vollständige Angaben machen. Aufgabe der Eheleute ist es, für jede Kontoart die Kontonummer und den Kontostand zum Stichtag anzugeben.

2. Forderungen. Hier sollen Beträge angegeben werden, die andere Personen den Eheleuten schulden. Normalerweise sind das Geldbeträge, die ihnen jeweils *persönlich* geschuldet werden. Geschäftliche Forderungen werden im Abschnitt für Geschäftsbeteiligungen aufgeführt.

3. Wertpapiere und Anleihen. Die meisten Ehepaare führen ihre Wertpapiere bei einer Bank und können eine Depotaufstellung zum Stichtag mitbringen, um die einzelnen Angaben zu belegen. Manche heben jedoch die Wertpapiere und Anleihen in einem Tresorfach oder zu Hause auf und müssen als Beleg Kopien der Aktienzertifikate vorlegen.

4. Immobilien. Hier ist die Familienwohnung häufig der wichtigste Punkt. Neben selbstgenutztem Grundbesitz sind allerdings auch Ferienhäuser und Immobilien zu beachten, die als Geldanlage gedacht sind.

5. Kapital-Lebensversicherungen. In der Vermögensaufteilung werden in der bundesdeutschen Mediation nur Lebensversicherungen berücksichtigt, die auf Auszahlung einer Barsumme ausgerichtet sind. Der Zeitwert der Versicherung steigt mit der Dauer der Beiträge; da eine Lebensversicherung auch beliehen werden kann, hat sie einen faktischen Barwert, gehört also zum Vermögen. Der Kontostand läßt sich mit den jährlich mitgeteilten Kontoständen der Versicherung nachweisen; als Wert zum Stichtag wird der jeweilige Rückkaufswert eingesetzt.

6. Bausparverträge. Auch hierfür sollten die Partner Belege der Bausparkasse oder der Bank mitbringen.

7. Geschäftsbeteiligungen. Diese Vermögenswerte sind häufig außerordentlich schwierig zu behandeln, wir werden sie daher ausführlich am Ende dieses Kapitels besprechen.

8. Kraftfahrzeuge und anderes (besonderes) persönliches Eigentum. Die Ehepartner führen hier ihre PKWs und alle anderen wertvollen Dinge aus ihrem Vermögen auf, beispielsweise Gemälde, Teppiche, wertvolle Musikinstrumente, Sammlungen.

9. Steuerrückzahlungen. Gerade wenn die Mediation nahe am Stichtag einer Steuererklärung liegt, ist die Wahrscheinlichkeit groß, daß es in absehbarer Zeit einen Anspruch auf Rückzahlung gibt, der dem Vermögensbestand der Partner hinzuzurechnen ist. Durch die Steuererklärungen der letzten drei Jahre kann die steuerliche Situation unter Umständen vorab eingeschätzt werden.

10. Sonstige Vermögenswerte. In vielen Fällen besitzen Ehepaare auch noch andere Werte, die nicht in die aufgeführten Kategorien passen.

b) Verbindlichkeiten (Schulden)

11. Hypotheken auf Immobilien. Darlehensnehmer erhalten von der Hypothekenbank oder der Bausparkasse mindestens jährlich einen Bericht über den Stand des Darlehens, durch den der Schuldenstand belegt werden kann.

12. Bank- und andere Verbindlichkeiten. Zu den Bankverbindlichkeiten erübrigt sich ein Kommentar. Andere Verbindlichkeiten schließen etwa Geld ein, das man von Finanzierungsgesellschaften geliehen hat. Die meisten Darlehen bei Banken und Finanzierungsgesellschaften werden durch Abbuchung zurückgezahlt. Der jeweilige Stand läßt sich z.B. mit Kontoauszügen belegen.

13. Darlehen auf Versicherungspolicen. Der Barwert einer Lebensversicherung kann zu sehr günstigen Konditionen beliehen werden. Die Versicherung schickt mit der Prämienabrechnung eine Aufstellung über den Darlehensstand.

14. Andere Schulden. Dazu zählen u.a. Schulden auf Kreditkarten, Girokonten, Ausbildungsschulden (BaföG) und offene Rechnungen. Oft haben Klienten auch Darlehen bei Mitgliedern ihrer Familie aufgenommen, beispielsweise bei den Eltern als Hilfe beim

Hauskauf. Viele Paare haben darüber keine schriftlichen Belege. Ein möglicher Streitpunkt kann ein Darlehen bei Verwandten sein, bei dem ein Partner meint, nichts von der Transaktion zu wissen; ohne schriftliche Belege kann darüber leicht ein zäher Streit entstehen. (Vgl. hierzu auch Kapitel 6 zum Umgang mit bestimmten Verhandlungsstrategien zwischen Ehepartnern, die verwendet werden, um über die Einkommensverhältnisse hinwegzutäuschen und »die Karten nicht aufzudecken«.)

15. Noch zu zahlende Steuern. Sind sich die Ehepartner nicht ganz sicher, wie hoch die Zahlungsverpflichtung sein wird, können sie die Aufteilung zunächst noch aussetzen. Statt dessen können sie sich auf das Verhältnis einigen, nach dem sie später, wenn die genauen Beträge bekannt sind, die Schulden aufteilen werden.

Dokumentarische Nachweise

Wie aus den vorhergehenden Ausführungen schon ersichtlich wurde, sollte die Vermögensaufstellung anhand von entsprechenden Unterlagen belegt werden. Dazu gehören:

- *Gehaltsabrechnungen.* Es ist sinnvoll, alle Abzüge zu prüfen und alle freiwilligen Abgaben zu vermerken.
- *Die Steuererklärungen der letzten drei Jahre.* In der Mediation werden alle wesentlichen Änderungen des Kapitaleinkommens oder der Gewinne aus Kapitalveräußerung überprüft, desgleichen die Höhe der Rückzahlung oder der Steuernachzahlung an das Finanzamt. Der Betrag, der im laufenden Jahr bislang (von der Gehaltsabrechnung) steuerlich abgezogen wurde, wird mit dem Betrag, der im Vorjahr abgeführt wurde, verglichen, um zu sehen, ob im Vergleich zu den Vorjahren weniger oder mehr abgezogen wurde.
- *Versicherungspolicen.* Insbesondere ist der Barwert und die Höhe aller Darlehen auf eine Kapital-Lebensversicherung zu überprüfen.
- *Kopien von Vermögensaufstellungen,* die einem eventuellen Darlehensgeber bereits einmal vorgelegt wurden. Auch wenn der

Wert der einzelnen Gegenstände oft überhöht ist (um dem Darlehensantrag bessere Chancen zu geben), so werden doch wahrscheinlich *alle* Dinge aufgeführt, die den Eheleuten gehören; dies kann der Mediatorin die Übersicht über das Vermögen sehr erleichtern.

– *Geschäftliche Vermögensaufstellungen* sind oft ein Teil des Jahresabschlusses eines privaten Unternehmens.
– *Kontobücher und monatliche Berichte* von Banken und Kreditinstituten.
– *Vereinbarungen über begrenzte Partnerschaften*, deren Zweck oft steuerliche Vergünstigungen sind.
– *Verträge* über Eigentumserwerb an Immobilien, zusammen mit allen Hypothekenvereinbarungen, die das Eigentum betreffen.
– *Schätzungen* des Wertes der Immobilien.

Die ausgefüllten Formulare enthalten neben den reinen Zahlenwerten viele, für den Aufbau der Mediation nützliche Informationen. Das beginnt bereits bei der Art und Weise, wie beide Ehepartner die Formulare ausfüllen. Wenn ein Ehepartner sehr genau ist, zu jedem Punkt Angaben macht und die exakten Beträge kennt, dann weiß die Mediatorin, daß bei diesem Ehepartner wahrscheinlich die Kontrolle der Finanzen der Familie lag und daß er mit den strittigen Punkten vertraut ist. Wenn das Formular des anderen unvollständig ausgefüllt ist und statt genauer Zahlen Schätzungen von Beträgen enthält, dann weiß die Mediatorin, daß diese Person Unterstützung braucht, um in den Besitz von Informationen zu gelangen, bevor zur nächsten Stufe der Verhandlung übergegangen werden kann.

Die Mediatorin erhält also Aufschlüsse über das Kräfteverhältnis zwischen den Klienten. Außerdem kann sie mit diesen Informationen eher abschätzen, wieviel Zeit und Mühe sie aufbringen muß, um sicherzustellen, daß beide Klienten über dieselben Informationen verfügen.

In der Praxis der Heidelberger Gruppe hat es sich bewährt, bereits an diesem Punkt erste Einigungen anzustreben. Bevor die Verhandlungen über die Aufteilung beginnen, muß sich das Paar darüber einigen, was überhaupt zum aufzuteilenden Vermögen gehört und über welche Vermögenswerte verhandelt werden soll. Einige Posten wie z.B. Erbschaften und Geschenke werden in der Regel nicht aufgeteilt, da sie dem jeweiligen Anfangsvermögen jedes Partners zugerechnet werden. Es kann auch sein, daß sich ein Paar bereits über die Aufteilung einiger Vermögenswerte geeinigt hat, so daß nur noch einige emotional hoch besetzte Gegenstände strittig sind. Bei der Vermögensaufteilung wird auch nicht über die Verteilung des Hausrats – dazu gehören etwa Möbel, Geschirr oder Haushaltsgeräte – verhandelt. Die Hausratsaufteilung stellt einen gesonderten Abschnitt der Verhandlungen dar (s.u.).

Um die Informationen in den weiteren Schritten möglichst transparent zu halten, ist es oft hilfreich, vor der Vermögens-Sitzung eine Flip-chart mit einer vereinfachten Version des Vermögensformulars vorzubereiten, auf dem die Angaben der beiden Klienten eingetragen und gegenübergestellt werden können.

b) Eigenschaften und Bedeutung des Vermögens

In der sich anschließenden Phase der Mediation sollen vor allem drei Ziele erreicht werden:
- es soll sichergestellt werden, daß alle Beteiligten gleichermaßen verstehen, welche Werte tatsächlich vorhanden sind;
- die Informationen aus den Formularen sollen erweitert und ergänzt werden und
- es soll ein Eindruck davon entstehen, welche Bedeutung die einzelnen Vermögenswerte für beide Ehepartner haben.

Durch Fragen an den besser informierten Partner kann die Mediatorin dafür sorgen, daß der andere Partner mehr Wissen über die Vermögenswerte erhält – im unmittelbaren ehelichen Kontext ist ein sachbezogener Informationsaustausch oft schwierig. So könnte beispielsweise die Frage des schlechter informierten Partners nach Einzelheiten eines Sparbuches oder eines Wertpapierpaketes den anderen Partner dazu veranlassen, mit einer Bemerkung über das mangelnde finanzielle Engagement einen erneuten Streit zu beginnen, statt mit einer sachlichen Auskunft zu reagieren. Indem die Mediatorin diese Fragen stellt, ermöglicht sie es den Partnern, Informationen in einer sachorientierten Weise zu geben; sie kann überprüfen, ob der weniger gut informierte Partner am Ende alle Informationen versteht, um damit zugleich dessen Position zu stärken.

In dieser Phase werden weitere Informationen über die Vermögenswerte eingeholt:
- Liquidität: Sind die Werte verkäuflich oder nicht verkäuflich?
- Erbringen die Anlagen eher Zinsen oder sind sie Vermögen mit Wertzuwachs?
- Welchen Zweck hatte der Vermögensgegenstand zum Zeitpunkt des Kaufs?
- Was für steuerliche Auswirkungen hätte ein Verkauf dieses Eigentums?
- Wer hat die Kontrolle über das Eigentum?
- Wo befinden sich die Unterlagen über die Vermögenswerte?
- Was sind die jeweiligen Ziele der Klienten bezüglich der Vermögensgegenstände?
- Welcher Stichtag liegt der Bestimmung der Vermögenswerte zu Grunde?

Liquidität

Vermögenswerte können unterschiedlich leicht zu Geld gemacht werden. Beispielsweise wird die Familienwohnung im allgemeinen nicht als ein »flüssiger« Vermögenswert angesehen, da sie nicht leicht verkauft werden kann und ein möglicher Erlös daher nicht sofort frei verfügbar ist. Selbst wenn das Haus schnell verkauft werden kann, wird der Erlös wahrscheinlich benötigt, um eine Ersatzwohnung zu finanzieren. Aktien hingegen können schnell verkauft werden und werden daher in der Regel als flüssiges Vermögen behandelt.

Nach der Scheidung wird jeder der ehemaligen Partner eine Mischung aus schnell verfügbaren und fest angelegtem Vermögen benötigen; daher ist diese Unterscheidung in der Mediation von

Bedeutung. Für die meisten Leute stellt ein nicht-flüssiger Vermögenswert ein weniger gutes psychologisches ›Polster‹ gegen unerwartete Ereignisse dar als Geld auf der Bank. Eine Aufgabe der Mediatorin ist es, herauszufinden, wie groß dieses Sicherheitsbedürfnis bei den jeweiligen Klienten ist, damit dies in der Mediation berücksichtigt werden kann. Manche Klienten sind beruhigt, wenn sie den Verdienst von einer Woche verfügbar haben. Andere fühlen sich nicht wohl, wenn sie weniger als das Einkommen eines Jahres auf der Bank haben.

Das tatsächliche Verhältnis von liquiden und nicht liquiden Vermögenswerten, das jeder Klient braucht, kann ein zu verhandelndes Problem darstellen. Oft will die Mutter die Familienwohnung als alleinige Eigentümerin behalten. Wenn die restlichen Vermögenswerte aber weniger oder gleich dem Wert des Hauses nach Abzug aller Belastungen sind, so ist es unwahrscheinlich, daß sie zusätzlich zu der Familienwohnung weitere flüssige Vermögenswerte aushandeln kann. In diesem Fall muß man der Klientin helfen, die Wahlmöglichkeiten abzuwägen und sich die Konsequenzen jeder Möglichkeit zu vergegenwärtigen, so daß sie eine Entscheidung fällen kann, die sachlich begründet und in ihrem eigenen Interesse ist.

Erbringen die Anlagen eher Zinsen oder sind sie Vermögen mit Wertzuwachs?

Manche Anlagen bringen eine gute, jederzeit verfügbare Ertragsrate. Ein Sparkonto, Festgeldanlagen oder Anleihen beispielsweise bringen regelmäßig einen bestimmten Prozentsatz des Guthabens ein; sie steigern also das regelmäßige Einkommen des Eigentümers. Viele Anlagen in Immobilien sind Vermögenswerte mit Wertzuwachs: Der Anleger erwartet von der Anlage keinen monatlichen Ertrag, sondern eine Steigerung des Wertes der Investition in der Zukunft. Wenn also etwa der Ehemann sein verfügbares Einkommen steigern muß, um den Unterhalt zu bezahlen, so wird er sich vermutlich eher auf die verzinslichen Vermögenswerte konzentrieren.

Viele Anlagen – besonders Wertpapiere – sind eine Mischung aus beiden Anlagearten. Beispielsweise kann eine Aktie eine bestimmte

Dividende erzielen. Zusätzlich erwartet ein Anleger aber auch, daß ihr Wert steigt.

Die Klienten müssen sich über ihre derzeitigen und ihre zukünftigen Bedürfnisse klar werden und darüber, wie sie diese Bedürfnisse durch die Aufteilung der Vermögenswerte am besten erfüllen können. Wenn sie ein sofort verfügbares Einkommen benötigen, werden sie sich eher für einkommenssteigernde Vermögenswerte entscheiden. Wenn ihr regelmäßiges Einkommen dagegen ausreicht, dann werden sie wahrscheinlich eher die Vermögenswerte mit Wertzuwachs wählen.

Der Zweck des Vermögensgegenstandes beim Kauf

Bei einzelnen Gegenständen bestehen zwischen den Ehepartnern öfters unterschiedliche Ansichten darüber, ob sie beiden Partnern gehören oder ob sie persönliches Eigentum nur eines von ihnen sind. So kann etwa Schmuck in den Augen des Mannes ebenso eine Geldanlage sein wie Aktien oder Anleihen, während die Frau ihn als ein Geschenk des Mannes an sie ansieht, das zurückzufordern der Mann kein Recht hat.

Diese strittigen Fragen lassen sich oft klären, wenn man mit beiden den ursprünglichen Grund für den Kauf des Gegenstandes bespricht und rekonstruiert (und damit eine andere Art der Eigentumsfeststellung als bei dem gerichtlichen Weg wählt). Das kann dem Paar bei der Entscheidung darüber helfen, wie dieser Gegenstand bei der gesamten Verteilung der Vermögenswerte behandelt werden soll.

Die steuerlichen Auswirkungen der Vermögenswerte

Wichtig ist es auch, die steuerlichen Aspekte bestimmter Vermögenswerte zu besprechen. Wenn ein Gegenstand beispielsweise vor vielen Jahren gekauft wurde und erheblich an Wert gestiegen ist, so kann mit seinem Verkauf eine Besteuerung des Veräußerungsgewinns verbunden sein; wenn er hingegen mit Verlust verkauft wird, so ist dieser möglicherweise steuerlich absetzbar. Andere Anlagen, die ursprünglich steuerliche Vergünstigungen bringen sollten, können entgegen der Erwartung mittlerweile eher Nachteile mit sich bringen.

Auf dieser Stufe des Prozesses ist es für die Mediatorin und die Klienten zunächst einmal wichtig, einen Überblick über die vorhandenen Vermögenswerte zu gewinnen und alle Aspekte der Vermögenswerte – einschließlich möglicher steuerlicher Vor- oder Nachteile – kennenzulernen.

Wer hat die Kontrolle über die Vermögenswerte?

Oft nimmt ein Ehepartner irrtümlich an, daß ein bestimmter Gegenstand, der juristisch zu gleichen Teilen Eigentum beider Partner ist, ihm alleine gehören würde. Normalerweise leitet sich diese Annahme daraus ab, daß diese Person den Gegenstand verwaltet hat, also mehr Kontrolle und Wissen über ihn hat als der andere Partner. In solchen Situationen ist es für die Mediatorin wichtig, die Person zu identifizieren, die die Kontrolle hat, um sich von ihr diesen Posten erklären zu lassen – auch wieder in Hinblick darauf, daß dadurch der andere Partner zusätzliche Informationen erhält und ein mögliches Ungleichgewicht an Wissen etwas ausgeglichen werden kann. Diese Person sollte in der Mediation auch die Verantwortung dafür erhalten, alle Belege bezüglich des Vermögenswertes beizubringen. In der Regel wird die Mediatorin also entscheiden, den Ehepartner zur Beschaffung der Unterlagen zu verpflichten, der am leichtesten Zugang zu ihnen hat. Gelegentlich ist es aber aus strategischen Gründen sinnvoll, die Verantwortung dafür auf beide zu verteilen.

Angenommen, ein Ehepaar hat eine Reihe von Anlagen bei einem Börsenmakler, der Ehemann hat sich in der Vergangenheit um das Konto gekümmert und kennt sich damit am besten aus. Die Mediatorin könnte – abweichend vom üblichen Vorgehen – die *Ehefrau* bitten, den Makler anzurufen, um die erforderlichen Informationen einzuholen; dies kann sinnvoll sein, um die Position der Ehefrau zu verbessern und um ihr im Umgang mit Fachleuten zu mehr Sicherheit zu verhelfen.

Die Mediatorin kann der Ehefrau dabei helfen, indem sie ihr sehr sorgfältig erklärt, welche Informationen benötigt werden und wie sie an die Informationen kommen kann. Der Ehemann kann in diesen Prozeß mit einbezogen werden, wenn er in der Sitzung der Frau dabei hilft, die richtigen Fragen an die Fachleute zu formulieren und auch ein Kriterium zu entwickeln, an dem sie erkennen kann, wann sie die gewünschten Informationen vollständig bekommen hat.

Neben der reinen Datensammlung kann also noch ein weiteres Mediationsziel in dieser Phase erreicht werden: Es kann das Machtgleichgewicht etwas verbessert werden, zugleich erhält der schlechter informierte Partner eine bessere Möglichkeit für die Zeit nach der Mediation, mit solchen Dingen alleine umzugehen.

Wo befinden sich die Unterlagen über die Vermögenswerte?

Diese Frage soll in der Mediation gesondert besprochen werden, um bei später auftretenden Lücken oder bei fehlenden Unterlagen zu wissen, wo weitere Nachweise zu finden sind.

Die Ziele der Klienten bezüglich der Vermögenswerte

Bei vielen Gegenständen ist es allen Beteiligten von vornherein klar, wer sie am ehesten behalten will. So will in der Regel der Elternteil, bei dem die Kinder wohnen, die gemeinsame Wohnung behalten. Bei anderen Vermögenswerten ist es in der Mediation ratsam, zunächst Informationen darüber zu sammeln, was wohl die Ziele der Ehepartner für die Verhandlung sein werden. Die Mediatorin sollte registrieren, was jede Person gegenüber den einzelnen Gegenständen empfindet, welche Prioritäten sie hat. Mit der Zeit wird sie eine vorsichtige Hypothese über die Gesamtziele der Ehepartner entwickeln können. Sie sollte sorgfältig abwägen, inwieweit sie das durch direktes Befragen nach der persönlichen Bedeutung einzelner Vermögenswerte tut – was, wenn es zu früh im Prozeß geschieht, die Gefahr eines erneuten Streits birgt – oder ob sie sich lieber von eher beiläufigen Beobachtungen leiten läßt.

Wie werden die Stichtage zur Bestimmung
der Vermögenswerte festgelegt?

Schließlich müssen sich die Ehepartner noch darauf einigen, für welches Datum die Vermögensaufstellung gelten soll. Die Ehepartner müssen einen Zeitpunkt auswählen, zu dem sie den Wert des Vermögens feststellen können und durch den keiner von beiden bevorteilt wird. Steve Erickson nennt das »eine Momentaufnahme der Vermögenswerte machen«. Der im juristischen Verfahren übliche Stichtag für den Zugewinnausgleich ist das Datum der Zustellung des Scheidungsantrags. Ist dieser Antrag jedoch noch nicht gestellt, sollte in der Mediation ein Stichtag festgelegt werden. Der Erstautor berichtet, in seiner Praxis sei der am häufigsten gewählte Termin der, zu dem einer der Ehepartner aus der ehelichen Wohnung ausgezogen sei.

Die Mediatorin erlaubt keiner Person, das Datum einseitig festzusetzen, da das aus eigenem Interesse geschehen könnte. Wenn beispielsweise der Ehemann plant, in den Verhandlungen das Aktienportefeuille zu bekommen, während die Ehefrau das Haus behalten soll, der Wert der Aktien aber in den letzten drei Monaten gestiegen ist, dann wird er vielleicht ein Datum vorschlagen, das drei Monate zurückliegt. Setzt er sich durch, so wird er die Aktien zu einem unverhältnismäßig billigen Preis bekommen. Die beste Vorgehensweise ist, diese Punkte explizit mit dem Ehepaar zu besprechen, damit sie ein Datum wählen können, das für beide fair ist. Zur Vereinfachung der Vermögensbestimmung bieten sich die Quartalsenden an, da zu diesem Zeitpunkt oft Zwischenabrechnungen vorliegen.

c) Einschätzung des Wertes des Vermögens

Wenn sich die Klienten über das vorhandene Eigentum verständigt haben, geht die Mediatorin zur nächsten Stufe des Prozesses über – der Einschätzung der Vermögenswerte. Bei einigen Posten wird auch am Ende der letzten Phase der genaue Wert noch unklar geblieben sein. In der gegenwärtigen Phase geht es nun darum, zu Vereinbarungen darüber zu kommen, wie diese noch offenen Werte geschätzt werden können, um dann anschließend diese Schätzwerte einzuholen.

Bei einigen Posten des Eigentums ist es besonders wahrscheinlich, daß die Klienten darauf angewiesen sein werden, eine Schätzung einzuholen. Dazu zählen:
- Immobilien
- Geschäftsbeteiligungen
- Aktienoptionen
- PKW und anderes persönliches Eigentum

Immobilien

Eine Mediationsvereinbarung kann vorsehen, ein gemeinsames Haus oder eine Eigentumswohnung zu verkaufen. Sie kann jedoch auch beinhalten, daß ein Partner das Haus behält, dessen Wert aber gegen andere Vermögenswerte verrechnet wird, die der andere Partner erhält. Eine dritte Lösung ist, daß ein Partner seine Haushälfte an den anderen verkauft. In allen Fällen muß der Wert geschätzt werden, bevor eine Mediationsvereinbarung zustande kommt.

Die Klienten haben dazu zwei Möglichkeiten:
- Sie können sich an einen vereidigten Gutachter (Immobilienschätzer) wenden;
- Sie können sich an den gemeindlichen Schätzungsausschuß wenden und dort eine Begutachtung beantragen.

Die meisten Ehepaare scheinen es vorzuziehen, sich jeweils getrennt an verschiedene Immobilienschätzer oder Makler zu wenden und das Mittel der geschätzten Werte zu verwenden. Die Aufgabe der Mediatorin ist es auszuhandeln, wie der Sachverständige ausgewählt werden soll, ohne daß dabei einer der Partner das Gefühl hat, der andere habe zuviel Kontrolle bei der Auswahl; gleichzeitig sollte sie das Paar so beraten, daß die Kosten möglichst gering gehalten werden – die Kosten für zwei unabhängige Gutachter können schließlich recht hoch werden.

Manchmal meint ein Ehepaar, die Dienste eines Sachverständigen nicht zu benötigen, in der Annahme, es wüßte über den Markt genauso gut Bescheid wie jeder Gutachter. Als Mediatorin sollten Sie wissen (und den Eheleuten erklären), daß es für sie riskant ist, keine unabhängige dritte Partei einzuschalten. Wenn später ein Ehepartner mit der Vermögensaufteilung unzufrieden ist, kann er möglicherweise den Vertrag wegen Irrtums oder arglistiger Täuschung anfechten.

In der Praxis des Erstautors ergab sich beispielsweise folgender Fall:

Ein Ehepaar aus seiner Praxis besaß eine Reihe von Immobilien, die von beiden gemeinsam verwaltet wurden. J.H. drängte die Ehepartner, die Grundstücke begutachten zu lassen, bevor sie aufgeteilt wurden, aber das Paar beharrte darauf, den Markt besser zu kennen als sonst jemand. In der Mediation wurde der Besitz schließlich aufgrund der Wertschätzungen, auf die sie sich beide geeinigt hatten, geteilt. Zwei Jahre später fand die Ehefrau heraus, daß einige Hektar des Landes, das der Ehemann bekommen hatte, zum fünffachen Preis dessen verkauft wurden, was sie in der Vereinbarung veranschlagt hatten.

Die Ehefrau verklagte den Ehemann wegen Betrugs und behauptete, der Ehemann habe schon zum Zeitpunkt der Mediation gewußt, daß auf dem benachbarten Grundstück gebaut werden sollte (was zu der Wertsteigerung des Grundstücks geführt hatte).

Für Mediatoren sind solche Fälle ein Zeichen, daß sie auf unabhängigen Gutachten bestehen sollten, weil diese eine objektive Beurteilung darstellen und schwieriger vor Gericht anzufechten sind.

Geschäftsbeteiligungen

Wenn ein Ehepartner ein Geschäft oder eine Beteiligung an einem Geschäft besitzt, ist es oft schwierig, eine korrekte Begutachtung zu bekommen. Es ist wichtig, einige Verfahrensregeln zu haben, um sicherzustellen, daß man eine angemessene Bewertung erhält, wie etwa bei dem folgenden Beispiel:

Der Ehemann ist Eigentümer eines Geschäfts. Er hat einen Steuerberater, der ihn berät, für ihn Buch führt und alle seine geschäftlichen Steuerfragen übernimmt. Die Ehefrau ist Lehrerin ohne zusätzliches Einkommen, die mit dem Geschäft nichts zu tun hatte. Also wird sich der Ehemann sehr gut mit dem Geschäft auskennen; er kann sich des fachkundigen Rat eines Steuerberaters bedienen. Die Ehefrau wird sich nur schlecht mit dem Geschäft auskennen, außerdem steht ihr kein unabhängiger, fachkundiger Ratgeber zur Seite. Die Situation ist also zunächst durch einen beträchtlichen Unterschied in Informiertheit und geschäftlicher Kompetenz zwischen den Partnern gekennzeichnet.

Die Mediatorin sollte darauf bestehen, daß sich die Ehefrau unabhängig von einem Fachmann vertreten läßt. Sie muß ihren eigenen Fachmann – normalerweise einen Steuerberater oder einen Wirtschaftsprüfer – haben, der das Geschäft sachverständig einschätzen kann. Wahrscheinlich wird sie jedoch nicht das Geld haben, um einen solchen Sachverständigen zu bezahlen, der – je nach der Größe des Geschäfts – erhebliche Gebühren verlangen würde. In diesem Fall kann sich die Mediatorin auf die Verfahrensregel berufen, daß sich die Ehefrau einen eigenen Gutachter nehmen kann, der einen vollständigen Zugang zu allen relevanten Unterlagen haben muß (welche Unterlagen das sind, legt der Sachverständige selbst fest). Das Honorar dieses Experten muß aus dem geschäftlichen Einkommen oder aus dem Verkauf des Geschäftes bezahlt werden. Die Ehefrau engagiert dann den Sachverständigen, der sich mit dem Ehemann trifft, um festzulegen, wie hoch sein Honorar sein wird und welche Daten er benötigt. Der Schätzer wird sowohl vom Ehemann als auch von der Ehefrau angewiesen, der Ehefrau Bericht zu erstatten und nur ihr gegenüber verantwortlich zu sein. Der Sachverständige der Ehefrau kann auch den Wert der Nebeneinkünfte veranschlagen, die der Ehemann aus der geschäftlichen Tätigkeit erhält (das sind nützliche Informationen, um zu ermitteln, wieviel Geld für den Unterhalt zur Verfügung steht). Wenn die Begutachtung abgeschlossen ist, sollte sich der Sachverständige mit dem Steuerberater des Ehemanns treffen, damit beide dann gemeinsam versuchen, alle Meinungsverschiedenheiten auszuräumen, die möglicherweise über die Art und Weise bestehen, wie die Schätzung zustande gekommen ist. Die Einschätzung, auf die man sich geeinigt hat, wird dem Ehepaar von beiden Wirtschaftsprüfern in einer Sitzung vorgelegt, die die Mediatorin leitet.

Wenn der Ehemann eine unabhängige Beurteilung des Geschäfts verweigert, beendet die Mediatorin den Mediationsprozeß. Eine Weiterführung der Verhandlungen ohne eine vollständige Offenlegung würde ein zu großes Risiko für den anderen Ehepartner darstellen.

Aktienoptionen

Es ist natürlich einfach, den derzeitigen Wert einer Option festzustellen. Allerdings wird der Halter vielleicht nicht in der Lage sein, die Option sofort auszuüben, da es oft es Einschränkungen darin gibt, wann sie eingelöst werden kann. In diesem Fall müssen Sie für die Mediation Schätzungen der Kursentwicklungen zu Grunde legen. Wenn etwa der Wert einer Option zum Zeitpunkt des Mediationsstichtags bestimmt wird, die Optionen jedoch erst zwei Jahre später ausgeübt werden können, ist der offizielle Halter der Option wahrscheinlich nicht gewillt, sie vom Ehepartner zum heutigen Preis zu kaufen und dann unter Umständen zwei Jahre lang mit einem Verkauf warten zu müssen, weil vielleicht dann der neue Preis den Kauf nicht mehr rechtfertigt.

In der Mediation müssen die Partner über die mögliche Wertveränderung ihrer Aktien sprechen, eventuell auch über Wechselkursveränderungen. Sie sollten als Mediatorin sicherstellen, daß beide Partner diesen Aspekt verstanden haben; im nächsten Schritt können sie entscheiden, wie mit einer Option umgegangen werden soll, die nicht in unmittelbarer Zukunft eingelöst werden kann. Eine mögliche Vereinbarung kann lauten, sich den Gewinn erst zu dem Zeitpunkt zu teilen, an dem die Option ausgeübt werden kann.

PKW und besonderes persönliches Eigentum

Der aktuelle Wert eines Autos läßt sich etwa durch einen Blick in die Gebrauchtwagenliste des ADAC oder in die Schwacke-Liste (Händlereinkaufspreise) ermitteln. Das sollte im übrigen wieder der Partner tun, dem das Auto *nicht* gehört. Wenn beide jeweils Eigentümer eines Wagens sind, dann sollten beide unabhängig voneinander den Wert beider Autos überprüfen, so daß es keine Zweifel an der Richtigkeit der ermittelten Wertangaben gibt.

Schwieriger wird es bei einem ungewöhnlichen PKW, der in der Liste des ADAC nicht verzeichnet ist; hier sind Sie zwar auf Schätzwerte angewiesen, die sich aber auch ohne einen bezahlten Sachverständigen einholen lassen. Die Ehepartner könnten sich beispielsweise darauf einigen, die Verkaufsangebote im Anzeigenteil einer Tageszeitung oder in einer Autozeitung für einige Zeit durchzusehen, um Beispiele für Inserate vergleichbarer Fahrzeuge in die Mediation mitzubringen. Auf dieser Grundlage wird in der Regel eine Einigung über den Wert eines Autos möglich sein.

Den Wert von Antiquitäten, Sammlerstücken, Sammlungen, Booten usw. kann man durch Kataloge in öffentlichen Bibliotheken bestimmen, oft auch durch eine spezielle (Hobby-)Zeitschrift; bei Katalogen sollten die Ehepartner unbedingt auf deren Aktualität achten. Selbstverständlich kann der genaue Wert eines Gegenstandes auf diese Weise nicht mit Bestimmtheit festlegt werden; jedoch kann ein solches Vorgehen ausreichende Daten liefern, um das Ehepaar in die Lage zu versetzen, sachkundige Entscheidungen zu treffen.

Auch bei derartigen Vermögenswerten ist die Mediatorin nicht dafür verantwortlich, die Werte zu bestimmen; ihre Aufgabe ist es, den Ehepartnern Wege zu zeigen, auf denen sie zu Schätzwerten kommen können, die für beide akzeptabel sind. Das soll an einem Fallbeispiel erläutert werden:

Ein Ehepaar in der Praxis des Erstautors besaß fünfzig Röhrenradios. Der Ehemann wollte sie behalten und gab einen geringen Wert für sie an. Die Ehefrau, die letztendlich den Verkauf regeln wollte, veranschlagte die Radios jedoch mit einem hohen Wert. Keiner der beiden legte etwas vor, das die jeweiligen Zahlen bestätigt hätte. Die Aufgabe des Mediators war es, dem Ehepaar zu helfen, einen Weg zu finden, um die alten Radios auf eine vernünftige und akzeptable Weise einschätzen zu können.
Der Ehemann machte den Vorschlag, daß ein Freund von ihm, der sich auch mit alten Radiogeräten beschäftigte, die Radios schätzen sollte. Die Ehefrau wies den Vorschlag richtigerweise mit der Begründung zurück, sie könne sich nicht darauf verlassen, daß der Freund unvoreingenommen sei. Die Mediatorin untersuchte alle Möglichkeiten, die dem Ehepaar zur Verfügung standen; schließlich einigten sie sich darauf, vier Radios auszuwählen – jeder suchte sich zwei Apparate aus – und sie zu einem Händler zu bringen, der dafür bekannt war, daß er mit alten Radios handelte, der aber beiden persönlich nicht bekannt war. J.H. nahm an, daß der Ehemann sich zwei der weniger wertvollen Geräte aussuchen würde, die Ehefrau zwei der teureren Geräte, was sich wieder ausgleichen würde.

Die Ehepartner gingen mit den vier Radios zusammen zu dem Händler und akzeptierten seine Schätzung, die etwa doppelt so hoch war wie die Angabe des Ehemannes und um ein Drittel niedriger, als die Ehefrau geschätzt hatte.

d) Aufteilung der Vermögenswerte

In der letzten Phase der Vermögens-Verhandlung müssen sich die Partner schließlich einigen, wie die Vermögenswerte aufgeteilt werden sollen. Durch die Konzentration auf die finanziellen Aspekte (beispielsweise den Marktwert einzelner Posten oder die zu erwartende steuerliche Belastung) wurde vor allem die Aufteilung der Vermögenswerte vorbereitet, die das Ehepaar veräußern will oder die sogar flüssiges Kapital darstellen. Derartige Werte lassen sich in dieser Phase der Mediation vermutlich recht problemlos aufteilen. Es bedarf jetzt auch der weiteren Klärung, was mit dem Eigentum geschehen soll, das nicht veräußert werden soll, z.B. mit einem PKW.

Als Mediatorin werden sie in der Phase der Aufteilung der Vermögenswerte möglicherweise mit einem Konflikt zwischen ihren eigenen Wertvorstellungen – z.B. über Fairneß – und denen des Paares konfrontiert sein. Es ist grundsätzlich wichtig, sich der eigenen, oft impliziten Wertmaßstäbe bewußt zu werden und zu bleiben, um rechtzeitig zu erkennen, wann Sie anfangen, Ihre Maßstäbe als wichtiger als die des Paares anzusehen. Für eine erfolgreiche Mediationsvereinbarung ist es wichtig, daß sie den Maßstäben und Werten des *Paares* Rechnung trägt. Die Ehepartner können etwa aus Gründen, die nur für ihre Situation zutreffen, den Wunsch haben, vor-eheliches Eigentum oder Schenkungen in die Liste der aufzuteilenden Dinge mit aufzunehmen. Eine Ehefrau gab beispielsweise den Ehering zurück, der der Ehering der Mutter des Ehemanns war, so daß er in der Familie des Ehemanns bleiben konnte. In der Mediation lassen sich die Vermögensfragen so regeln, wie es für die Paare und ihre Familien das Richtige ist, ohne Rücksicht darauf, was die Rechtsprechung sagt.

Es ist also wichtig, die Wertvorstellungen des Paares kennenzulernen. Sie können das explizit tun, indem Sie das Paar nach seinen Maßstäben für Fairneß fragen (»Woran werden Sie merken, daß Sie sich selbst und dem anderen gegenüber bei der Vermögensaufteilung fair gewesen sind?«). Da auch dem Paar diese Vorstellungen oft nicht bewußt sind, ist es für den ganzen Prozeß sehr hilfreich, diese zu diskutieren. Dadurch lassen sich Vereinbarungen erzielen, die genau auf die Ziel- und Wertvorstellungen des Paares zugeschnitten sind.

Der Zugewinnausgleich

Wie eingangs geschildert, kennt das bundesdeutsche Eherecht kein gemeinsames eheliches Eigentum. Bei der Bilanzierung am Ende der Ehe wird dafür Sorge getragen, daß der Zugewinn, den das Vermögen jedes Partners während der Dauer der Ehe erfahren hat, unter den Partnern ausgeglichen wird. Dies geschieht unabhängig davon, wie die Eheleute sich auf die Aufteilung der Vermögenswerte einigen bzw. wer wem Vermögenswerte überläßt (wie im Beispiel des hälftigen Eigentums am gemeinsam bewohnten Haus).

Die nachfolgende Darstellung des Prinzips des Zugewinnausgleichs soll lediglich den prinzipiellen Ablauf des Zugewinnausgleichs schildern. Mediatoren, die nicht von Beruf Anwälte sind, sondern in einer Praxis mit eher psychosozialen Hintergrund arbeiten, müssen, falls die Berechnung des Zugewinns erforderlich scheint, die Zusammenarbeit mit einem Anwalt/einer Anwältin suchen.

Um den Zugewinn zu bestimmen, wird *für jeden Partner* zunächst das Anfangsvermögen zu Beginn der Ehe (Stichtag 1) bestimmt und in Hinblick auf die Teuerungsrate auf den Wert zum Zeitpunkt der Mediation hochgerechnet. Für jeden Partner wird zweitens das Endvermögen zum Stichtag der Vermögensaufstellung (im folgenden: Stichtag 2) errechnet.

Die Zugewinnausgleichsforderung wird errechnet, indem die Differenz beider Zugewinne halbiert wird; der Partner mit dem größeren Zugewinn zahlt an den anderen die Hälfte der Differenz:

$$\text{Zugewinnausgleichsforderung} = (Zm - Zf) : 2$$

Der Zugewinn wird – schematisch – wie folgt errechnet:

	Mann	Frau
A) Anfangs- vermögen: (AV) zum Stichtag 1	Vermögenswerte (Vm) *minus* Schulden (Sm)	Vermögenswerte (Vf) *minus* Schuldlen (Sf)
	$AVm = Vm - Sm$	$AVf = Vf - Sf$
Hochgerechnetes Anfangsvermögen	AVm^0	AVf^0
B) Endvermögen: (EV) zum Stichtag 2	Vermögenswerte (Vm*) *minus* Schulden (Sm*)	Vermögenswerte (Vf*) *minus* Schulden (Sf*)
	$EVm = Vm^* - Sm^*$	$EVf = Vf^* - Sf^*$
Zugewinn = **EV – AV°**	**Zugewinn (Zm)** **Zm = EVm – AVm°**	**Zugewinn (Zf)** **Zf = EVf – AVf°**

Wenn also beispielsweise der Vermögenszugewinn des Ehemannes 60.000.- DM beträgt, der der Ehefrau aber 30.000.- DM, so wird der Zugewinn ausgeglichen, indem der Mann an die Frau 15.000.- DM zahlt.

Für die Mediation ist das Prinzip des Zugewinnausgleichs nicht bindend. Wichtig ist jedoch, daß ein Paar, das den Zugewinnausgleich ausschließen will, dies vor Rechtskraft der Scheidung nur durch eine notarielle Beurkundung dieser Absicht kann, oder aber durch eine Vereinbarung, die gerichtlich protokolliert wird.

Ein gesonderter Verhandlungsschritt: Hausrat

In einem eigenen Verhandlungsschritt muß besprochen werden, wie der Hausrat aufgeteilt werden soll. Unter Hausrat wird im allgemeinen alles verstanden, was für das tägliche Zusammenleben einer Familie in einem Haushalt erforderlich ist. Hausrat wird im üblichen Mediationsverfahren nicht den Vermögenswerten zugerechnet, es bietet sich wegen der thematischen Nähe zu dem anderen Eigentum jedoch an, sich nach beendeter Vermögensaufteilung dem Hausrat zuzuwenden. Während es bei der Aufteilung der Vermögenswerte vor allem das Ziel ist – ausgehend von möglichst genauen Schätzungen –, eine *gerechte* Aufteilung zu vereinbaren, kommt es beim Hausrat außerdem auch noch auf eine möglichst *nützliche*, sinnvolle Aufteilung an. Beide Partner sollten nach der Scheidung wenigstens über eine »Grundausstattung« an Hausrat verfügen. Sie können als Mediatorin die Verhandlungen über den Hausrat zwar durch die bisher besprochenen Schritte führen und so eher die finanzielle Seite betonen, sollten aber das zweite Kriterium der Nützlichkeit im Sinn haben.

Bei der Hausratsaufteilung macht es oft wenig Sinn, den Wert des Bettes, des Sofas und der Stühle zu bestimmen oder die Möbel der Kinder bei der Mutter in Rechnung zu stellen. In juristischen Verhandlungen veranschlagt der Ausziehende oft einen hohen Wert für die Dinge, die er zurückläßt. Das spiegelt jedoch meistens nicht die tatsächlichen Bedürfnisse der beiden Haushalte wieder, sondern kann auch eine Verhandlungsstrategie sein, mit der dieser Partner einen größeren Anteil an den Vermögenswerten der Familie zu bekommen hofft. Sie sollten als Mediatorin den Partnern dabei helfen, bei der Aufteilung vor allem die zukünftigen Bedürfnisse zu berücksichtigen.

Jeder Ehepartner braucht nach der Scheidung Möbel. Am besten schlägt man dem Ehepartner, der aus der Familienwohnung auszieht, vor, eine Liste der Gegenstände zu machen, die er für den Anfang in seiner neuen Wohnung braucht. Die Ehepartner können dann über diese Liste verhandeln. Oft haben sich im Haushalt unbenutzte oder doppelt vorhandene Dinge angehäuft; die Liste verursacht daher nur selten Probleme für den Haushalt desjenigen Elternteils, bei dem die Kinder wohnen bleiben. Wenn schließlich bestimmte Dinge ersetzt werden müssen, können die Ehepartner diese Haushaltsgeräte neu anschaffen und sich die Kosten teilen.

5 Die elterliche Sorge

Ein häufiges Anliegen von Paaren in der Mediation ist es, die zukünftige *elterliche Sorge* für die Kinder zu bestimmen. Unter elterlicher Sorge sind alle Entscheidungen zu verstehen, die die Lebensweise der Kinder betreffen: über ihren Aufenthalts- und Wohnungsort, über ihren Kontakt mit beiden Eltern, über Schule und Ausbildung, über Erziehungsfragen, Gesundheit, Religion, über das Pflegen der verwandtschaftlichen Beziehungen usw.

Mediatoren konzentrieren sich in ihrem Vorgehen auf die Bedürfnisse der Eltern *und* der Kinder und versuchen, daran mitzuwirken, daß deren unterschiedliche Interessen möglichst gut aufeinander abgestimmt werden. Dies ist manchmal schwierig, da die Trennung an alle Beteiligte eine Reihe von neuen Anforderungen stellt.

Zur Entwicklung der elterlichen Sorge bei Scheidungen

Um zu verstehen, wie es zu den gegenwärtigen Vorstellungen zur Regelung des Sorgerechts gekommen ist, ist es ganz interessant, sich die historische Entwicklung einmal zu vergegenwärtigen. Dabei wird man feststellen, daß die in einer Gesellschaft als »richtig« angesehenen Vorstellungen im Bereich der Familie einem raschen Wandel unterliegen (vgl. Blasius 1987; Burkart & Kohli 1992; Kaufmann 1990; Nave-Herz & Markefka 1989; Peuckert 1991; Phillips 1988). Der historische Wandel der Auffassungen wird dabei durch allgemeine gesellschaftliche, wirtschaftliche, juristische und wissenschaftliche Entwicklungen beeinflußt.

Bis zum Beginn unseres Jahrhunderts waren Scheidungsprozesse sehr selten. Wenn es zu gerichtlichen Auseinandersetzungen kam, wurden die Kinder in aller Regel dem Vater zugesprochen. Neben dem partriarchalischen Aufbau von Gesellschaft und Familie waren dafür wahrscheinlich auch wirtschaftliche Gründe bedeutsam, da Kinder ein wirtschaftliches Potential, z.B. für den Unterhalt der Familie und die Altersversorgung, darstellten. Mit der Einführung der allgemeinen Schulpflicht wurde die Versorgung der Kinder eher zu einer wirtschaftlichen Belastung. In der Rechtssprechung rückte der Gesichtspunkt des »Kindeswohls« mehr und mehr in den Vordergrund. Damit gewannen die kindlichen Bedürfnisse für die gerichtliche Entscheidung eine größere Bedeutung und die Gerichte bemühten sich darum, für das betroffene Kind eine möglichst förderliche Umgebung zu ermitteln. Hierbei sollte – beeinflußt durch die psychologische Bindungsforschung – vor allem erreicht werden, daß die Kontinuität der Beziehung zur Mutter als Hauptbezugsperson jüngerer Kinder erhalten bleibt (zur Bindungsforschung vergleiche u.a. Ainsworth, Blehar, Walters & Wall 1978; Bowlby 1975, 1976, 1988; Rutter 1978).

Allmählich ist diese Perspektive um die familiendynamische Sichtweise erweitert worden. Die kindliche Entwicklung wird nicht nur durch die Beziehung zur Mutter, sondern durch die Beziehung zu beiden Eltern besonders gefördert. Durch die Scheidung wird dann die Frage aufgeworfen, wie die Eltern-Kind-Beziehungen auch in der nachehelichen Zeit fortgeführt und neu arrangiert werden können. Die Bemühungen müssen also darauf abzielen, daß auch nach einer familiären Trennung *beide* Eltern weiterhin für ihre Kinder zuständig bleiben und für deren psychosoziale Entwicklung verantwortlich sein können.

Diese Entwicklung wurde dadurch unterstützt, daß sich die familiären Rollenstrukturen und die wirtschaftlichen Bedingungen in den siebziger Jahren in vielen Familien drastisch verändert haben, hauptsächlich durch die Zunahme der Berufstätigkeit der Frauen und Mütter. Sollen Familien mit zwei berufstätigen Eltern reibungslos funktionieren, müssen die Aufgaben innerhalb der Familie neu verteilt werden. Die Mutter muß einen Teil ihrer häuslichen und familiären Aufgaben an den Vater abgeben, und der Vater muß sich an der häuslichen Versorgung und der Erziehung der Kinder stärker beteiligen. Daß diese Veränderungen oft zu kritischen familiären Entwicklungen und individuellen Enttäuschungen geführt haben (und führen), ist verschiedentlich gut dokumentiert worden (z.b. Beck-Gernsheim 1980; Bertram 1991; Nave-Herz & Markefka 1989).

Mit der Veränderung der Elternrollen in den siebziger und achtziger Jahren wandelten sich auch die Erwartungen der Väter und Mütter bei einer Scheidung. Entsprechend ihrer stärkeren familiären Beteiligung sind Väter heute eher bereit, ihre Elternrolle auch nach der Scheidung wahrzunehmen. Mütter bemühen sich darum, ihre Berufstätigkeit fortzuführen und die elterliche Sorge mit dem ehemaligen Partner zu teilen. Insgesamt haben diese Entwicklungen heute zu einem starken Interesse an gemeinsam wahrgenommener elterlicher Verantwortung auch nach einer Scheidung geführt und damit an dem »gemeinsamen Sorgerecht«. Diese Zielsetzungen sollen auch bei der geplanten Reform des Familienrechts, die sich vor allem auf § 1671 BGB beziehen, verfolgt werden. Die Vorschläge gehen dabei in die Richtung, die elterliche Kooperation und die gemeinsame elterliche Sorge als Regelfall anzusetzen. Dies würde gegenüber dem bisherigen Regelfall der Alleinsorge eines Elternteils einen wesentlichen Fortschritt bedeuten. Wenn von diesem »gemeinsamen Sorgerecht« beider Eltern abgewichen werden soll, würde dies künftig einer besonderen Begründung bedürfen (vgl. Coester 1992).

Allerdings wirken die alten Traditionen teilweise noch in die Gegenwart hinein. Die augenblickliche Elterngeneration hat sich mit den Auffassungen ihrer eigenen Elterngeneration auseinanderzusetzen. Die Erfahrungen der Eltern der jungen Ehepaare, die sich heute scheiden lassen, waren ganz andere. Bis in die späten sechziger Jahre war es für einen Vater praktisch unmöglich, das Sorgerecht für seine Kinder zu erhalten. Väter erhielten das Sorgerecht nur, wenn die Mutter schwerwiegende persönliche Probleme hatte, beispielsweise wiederholt in stationärer psychiatrischer Behandlung oder abhängig von Drogen oder Alkohol war. Wer unter diesen

Bedingungen aufwuchs, heiratete und sah, wie andere sich scheiden ließen, der wußte, daß nur »schlechte Mütter« das Sorgerecht für die Kinder verloren. Wenn sich junge Eltern heute dafür entscheiden, die elterliche Sorge für ihre Kinder zu teilen oder sie auf den Vater zu übertragen, müssen sie sich deshalb immer noch gegen die Erwartungen der älteren Generation behaupten – und mit den damit verbundenen Vorstellungen und Gefühlen von Versagen, Schuld, Eigennützigkeit u.ä. fertig werden. Nach wie vor holen Leute tief Luft, wenn sie erfahren, daß eine Mutter ausgezogen ist und die Kinder beim Vater gelassen hat. Die gleichen Menschen nehmen jedoch wenig Notiz davon, wenn ein Vater die Kinder der Mutter überläßt. Auch Mediatoren können in diesen Auffassungen verfangen sein und sollten sich ihrer eigenen Voreingenommenheiten bewußt sein.

Eine veränderte Sprache in der Mediation

Herkömmliche Strukturen, die auch in der Sprache zum Ausdruck kommen, sind meistens Ballast für den sozialen Wandel. Veränderungen in den Sprachgewohnheiten tragen daher mit dazu bei, sich die veränderten Perspektiven immer wieder bewußt zu machen. Die Mediatoren sollten daher Ausdrücke vermeiden wie »gescheiterte Ehe«, »zerrüttete Familie«, »elterliche Gewalt« und »Besuchsrecht«. Selbst Begriffe wie »Scheidungskinder« sind nicht ganz unverfänglich, weil in ihnen vornehmlich die Opferrolle der Kinder zum Ausdruck kommt und dabei vernachlässigt wird, daß Kinder in konflikthaften Ehen oft noch viel stärker zu leiden haben, wenn die Eltern ihre Konflikt ungesteuert austragen (vgl. Amato & Keith 1991; Bastine & Hofmann-Hausner 1992). Verwenden Sie statt dessen weniger wertende Ausdrücke wie »die Beziehung/die Ehe beenden«, »die Wohnung der Mutter und die Wohnung des Vaters«, »elterliche Sorge«, »elterlicher Kontakt«, »elterliche Beziehung« und »Wohnregelung«.

Juristisch wird heute von »Umgangsrecht« für denjenigen Elternteil gesprochen, der nicht das Sorgerecht hat. Damit wurde die frühere Bezeichnung »Besuchsrecht« abgelöst, die diesem Elternteil – auch heute noch meistens dem Vater – eine eher passagere Bedeutung zubilligte. Die meisten Mediatoren ziehen allerdings Ausdrücke wie »Kontakt zum Vater/zur Mutter«, »Beziehung zum Vater/zur Mutter« vor, weil sie die wechselseitige Beziehung zwischen dem Kind und dem jeweiligen Elternteil noch deutlicher betonen. Auf diese Weise wird die Frage »Wann kann der Vater die Kinder besuchen?« neu formuliert: »Wann werden die Kinder Kontakt mit ihrem Vater haben?«. Viele Väter werden wütend, wenn sie damit konfrontiert werden, daß sie ihre Kinder »besuchen« können. Doch derselbe Vater ist damit einverstanden, wenn besprochen wird, wie sein elterlicher Kontakt in der Zukunft am besten wahrgenommen werden kann. Ebenso problematisch ist der Begriff der »elterlichen Gewalt«, der die Macht der Eltern über das Kind herausstellt und der inzwischen auch in der juristischen Literatur dem Begriff der elterlichen Sorge gewichen ist. Man braucht sich nicht darüber zu wundern, daß derjenige Elternteil, der nicht das Sorgerecht hat, an dieser Sprache Anstoß nimmt. Eine »gegnerische Sprache« wird eher eine gegnerische Interaktion der beiden Eltern hervorrufen, als das Ausdrucksweisen tun, die die Beziehung und die Kooperation betonen. In der Mediation sollten daher grundsätzlich alle Begriffe vermieden werden, die einen Anklang an eine Auffassung haben, nach der die Kinder als Eigentum oder Besitz des sorgeberechtigten Elternteils erscheinen könnten.

Die Bedeutung des Alters der Kinder

Auf eine Trennung ihrer Eltern reagieren Kinder sehr verschieden. Dennoch lassen sich einige altersspezifische Regelmäßigkeiten in ihren Reaktionen beobachten. Mediatoren können den Eltern dabei helfen, das Verhalten ihrer Kinder im Zusammenhang mit der Trennungssituation besser zu verstehen, zumal sich Eltern häufig mit dieser Frage an sie wenden. Andererseits werden manche Eltern durch ihre Scheidung so blockiert und gegen ihren ehemaligen Partner eingenommen, daß sie die Bedürfnisse ihrer Kinder in dieser Situation nicht mehr richtig wahrnehmen. Durch die Mediation läßt sich hier wieder ein anderer Akzent setzen und das Verhalten der Eltern gegenüber ihren Kindern etwas beeinflussen. Die altersspezifischen Reaktionen von Kindern haben u.a. Wallerstein & Kelly (1980), Emery (1988) und Camara & Resnick (1989) beschrieben; bei Fthenakis (1991) findet sich eine übersichtliche Darstellung, die auch für fachlich nicht vorgebildete Eltern verständlich ist.

Kleinkinder (Neugeborene bis etwa drei Jahre)

Kleinkinder lernen in den ersten Jahren ihres Lebens, in Kontakt mit ihrer Umgebung zu treten und sich dabei allmählich als eine von anderen Personen und Dingen getrennte Person zu erfahren. Diese Entwicklung unterstützen positive und kontinuierliche Beziehungen zu den Bezugspersonen des Kindes, die ihm ein verläßliches Bild von sich und seiner Umwelt vermitteln. Wichtig ist dabei vor allem die Regelmäßigkeit des Kontaktes, die es dem Kind ermöglicht, sich an die Nähe und die positiven Erfahrungen mit dieser Beziehung zu erinnern. Auf eine Trennung reagieren Kleinkinder dann oft irritiert, wenn die Kontakte zu den Eltern nicht mehr positive Erfahrungen vermitteln und wenn die Begegnungen mit dem abwesenden Elternteil zu lang unterbrochen werden.

Kinder im Vorschulalter (drei bis fünf Jahre)

Kinder dieser Altersgruppe können auf eine Trennung deutlich reagieren, z.B. durch ein erhöhtes Maß an allgemeinen Ängsten und Trennungsängsten, durch Schlafstörungen, (nächtliches) Einnässen, aggressives, verweigerndes und trotziges Verhalten. Auch Regressionen auf frühere Verhaltensweisen treten häufig auf, beispielsweise ein stark anklammerndes Verhalten an die Mutter beim Abholen durch den Vater. Kinder in diesem Alter befinden sich zwar im Übergang zu einer größeren Selbständigkeit, brauchen aber immer noch sehr viel Sicherheit und Vertrautheit. Außerdem nehmen sie die Gefühle anderer Personen in ihrer Umgebung oft noch wie ihre eigenen wahr und sie identifizieren sich mit der gerade anwesenden Person. Dabei übernehmen sie auch die Gefühle, die die Eltern zueinander empfinden, z.B. deren gegenseitige Ablehnung oder deren Ambivalenz. Die Kinder dieser Altersgruppe fühlen sich oft für das verantwortlich, was in ihrer Umgebung passiert. Sie können sich auch für den elterlichen Konflikt verantwortlich und schuldig fühlen. Sie vermissen den anderen Elternteil, sind traurig über die Trennung und wünschen sich häufig, daß die Eltern wieder zusammenleben. Eltern in der Trennung können ihren Kindern in diesem Alter sehr damit helfen, daß sie ihnen ihre Trennung altersgemäß erklären und ihnen dabei die Schuld- und Verantwortungsgefühle nehmen. Sie sollten sie auch dabei unterstützen, die positive Beziehung zum anderen Elternteil aufrechtzuerhalten.

Kinder in den ersten Schuljahren (sechs bis acht Jahre)

Kinder in den ersten Schuljahren können die Absicht der Eltern, nicht mehr zusammen leben zu wollen, in der Regel ganz gut verstehen. Sie fühlen sich für diese Entscheidung der Eltern auch nicht mehr verantwortlich. Meistens sind sie jedoch dennoch so sehr mit *beiden* Elternteilen verbunden, daß sie sich nach dem außerhalb lebenden Elternteil sehnen und den Kontakt mit ihm fordern. Da sie wissen, daß sie an der Trennung der Eltern nichts ändern und diese nicht rückgängig machen können, reagieren sie oft hilflos und mit Traurigkeit. Auch regressive Reaktionen treten bis zum zehnten Lebensjahr häufig auf. Aggressionen richten sich oft gegen den Elternteil, bei dem sie leben. Das Gefühl der Verbundenheit mit beiden Eltern bringt sie häufig in Loyalitätskonflikte, vor allem dann, wenn sie sich für etwas entscheiden sollen, was mit beiden Eltern zusammenhängt. Ihre Vorstellungen und Bedürfnisse zu den Kontakten mit den Eltern können sie meistens sehr gut äußern – solange die Eltern sie nicht dazu zwingen, eine Entscheidung zwischen ihnen zu treffen. Eine Hilfe sind genaue Vereinbarungen über den Zeitplan für Besuche beim anderen Elternteil, die auf einem Kalender, z.B. an der Kühlschranktür, festgehalten werden können.

Kinder in den mittleren Schuljahren (neun bis zwölf Jahre)

Kennzeichnend für Kinder dieser Altersgruppe ist häufig, daß sie bei der Trennung oder Scheidung der Eltern in starkem Maße Partei für einen Elternteil ergreifen. Aus ihrem Gerechtigkeitsgefühl heraus treten sie meistens für den »Schwächeren« in der Situation ein und wenden sich gegen den »Schuldigen« oder »Stärkeren«. Diese Reaktion wird häufig als extreme Schwarz-Weiß- oder undifferenzierte Loyalitätsentscheidung geschildert. Die mit der Entscheidung verbundene Ablehnung löst bei dem betreffenden Elternteil oft ebenfalls eine Abwendung hervor, während der andere Teil die Solidarisierung des Kindes als Bestätigung für sich wertet. Für Kinder und Eltern birgt diese Situation erhebliche Gefahren – zum einen in dem wechselseitigen Rückzug, zum anderen in der Verwischung der Eltern- und Kindrollen und der Adoptierung des Kindes als Partnerersatz. In der Mediation ist daher verstärkt mit den Eltern zu klären, inwieweit sie ihren Kindern erlauben können, mit ihnen beiden positive Beziehungen einzugehen und nach praktikablen Wegen zu suchen, wie ihren Kindern das erleichtert werden kann. Ferner ist es wichtig, mit ihnen ihre Vorstellungen über die *langfristige* Entwicklung der Eltern-Kind-Beziehungen zu erarbeiten. Wenn dann die Voraussetzungen bei den Eltern geschaffen sind, können die Kinder in dieser Altersgruppe bei der Ausgestaltung ihrer elterlichen Kontakte in sehr hilfreicher Weise mitwirken. Dabei sollte berücksichtigt werden, daß den Neun- bis Zwölfjährigen die Beziehungen zu Gleichaltrigen immer wichtiger werden. In belastenden Situationen reagieren diese Kinder häufig mit körperlichen Beschwerden und Symptomen wie Kopf- und Bauchschmerzen und/oder einer Zunahme bestehender Symptome (z.B. von Allergien, Asthma). In der Mediation sollte besprochen werden, ob die Kinder mehr Zuwendung brauchen und wie eine Verstärkung der Symptome verhindert werden kann.

Jugendliche (zwischen 13 und 18 Jahren)

Obwohl Teenager die elterlichen Konflikte meistens recht gut kennen und realistisch einschätzen können, reagieren sie doch oft sehr emotional auf die Ankündigung einer Trennung durch ihre Eltern. Teilweise fühlen sie sich herausgefordert, ihren Eltern in dieser Situation beizustehen und für sie zu sorgen. Dies kann ihre eigene Identitätsbildung und die Ablösung vom Elternhaus erschweren. Andererseits können sie sich auch durch eigene frühe Bindungen und Partnerschaften der Trennungssituation der Eltern entziehen. Für die Jugendlichen sind häufig die finanziellen Einschränkungen, die meistens mit einer Scheidung verbunden sind, eine erhebliche Belastung. In der Mediation sollten die Umgangsregelungen bei Kindern und Jugendlichen dieses Alters nicht ohne deren Mitwirkung geregelt werden. Während die Umgangsregelungen wegen der Mobilität des Jugendlichen flexibler sein können, muß die Verantwortlichkeit für den Aufenthaltsort des Teenagers von den Eltern klar geregelt werden.

Mediation bei Fragen der elterlichen Sorge

In diesem Kapitel werden wir uns mit vier größeren Themenbereichen beschäftigen, zunächst mit der *Rolle des Mediators bei der Verhandlung von elterlicher Sorge und elterlichem Umgang (1)*. Im darauf folgenden Abschnitt (2) geht es um drei Aspekte der elterlichen Sorge: zum einen (2.1) um die Entscheidung über das *elterliche Sorgerecht* (gemeinsames oder alleiniges Sorgerecht), das heißt um die Frage, bei welchem Elternteil die Kinder künftig leben werden und wer von ihnen berechtigt sein wird, Entscheidungen für die Kinder zu treffen. Einen sehr großen Raum nehmen dann anschließend die *Vereinbarungen über den persönlichen Umgang zwischen Eltern und Kindern* ein (2.2). Dieser Bereich ist in der Praxis von Scheidungsfamilien von außerordentlicher Wichtigkeit, da die Eltern mit der Gestaltung des Umgangsrechts oft erhebliche Probleme haben, durch die die familiäre Trennungssituation für die Kinder sehr erschwert werden kann. Da dieser Bereich zudem in der anwaltlichen und familiengerichtlichen Beratung nur eine untergeordnete Bedeutung hat und selten angemessen besprochen wird, liegt hierin eine der Stärken der Scheidungsmediation. In Punkt 2.2 werden dann Vorschläge gemacht, wie *Vorkehrungen für besondere Umstände* getroffen werden können. In Abschnitt (3) geht es um die *Gestaltung und Absicherung der Vereinbarungen*. Das Kapitel schließt mit der Behandlung *schwieriger Fälle in der Mediation elterlicher Sorge* und einer Fallschilderung aus der Praxis von John Haynes (4).

1. Die Rolle des Mediators bei der Verhandlung von elterlicher Sorge und elterlichem Umgang

Die Mediatoren leiten die Verhandlungen über dieses Thema, indem sie den Eltern helfen, sich verschiedene Möglichkeiten der Gestaltung der Eltern-Kind-Beziehungen nach der Scheidung vor Augen zu führen. Das Vorgehen dient dem Ziel, sich die Bandbreite der Gestaltungsmöglichkeiten bewußt zu machen und die Vor- und Nachteile jeder Möglichkeit auszuloten. Nicht die Mediatoren, sondern die Eltern entscheiden darüber, welche Möglichkeit für sie oder für die Kinder die beste ist. Die Mediatoren sollten den Eltern durch ihre Art der Verhandlungsleitung helfen, diese Entscheidungen selbst zu treffen. Als Gesprächsleiter werden sie die Kompetenz der Eltern auf dem Gebiet der elterlichen Sorge weder einschätzen noch beurteilen oder bewerten. Sie sind auch keine Fürsprecher für diese oder jene Familienstruktur. Als Gesprächsleiter legen sie die Gesprächspunkte fest, bestimmen mit den Eltern die Reihenfolge, in der die Streitpunkte behandelt werden sollen, helfen den Eltern bei der Definition der Probleme und bei der Entwicklung der Lösungsalternativen.

Wie auch bei den anderen Bereichen der Mediation orientieren sich die Mediatoren in ihrem Vorgehen an den sechs Stufen des interpersonellen Problemlösens:

- Sammeln, Überprüfen, Verstehen und Offenlegen der Fakten;
- Eruieren der Interessen und Bedürfnisse beider Partner;
- wechselseitiges Definieren des Problems;
- Entwickeln von Lösungsalternativen;
- Verhandeln über die Differenzen, die zwischen den von beiden Klienten bevorzugten Lösungen bestehen;
- Entwickeln und Formulieren der Vereinbarung.

Wenn beispielsweise über die Regelung der Kontakte an Feiertagen gesprochen wird, beginnen die Mediatoren mit dem Sammeln von Fakten, indem sie die wichtigen Regeln der Familie explorieren, z.B.: »Welche Feiertage sind in Ihrer Familie besonders wichtig?« Dann werden die Fakten auf der Flip-chart dargestellt und mit beiden Elternteilen besprochen. Aus diesem Schritt wird eine möglichst konkrete Problemdefinition gewonnen (z.B.: »Wie werden Sie Weihnachten verbringen?«). Im nächsten Schritt entwickeln die Klienten mit Hilfe der Mediatoren verschiedene Lösungsalternativen, wie sie die Weihnachtstage mit den Kindern neu gestalten könnten. Sie verhandeln dann über ihre unterschiedlichen Vorschläge und wählen die für sie am besten geeignete Möglichkeit aus.

2. Inhalte der elterlichen Sorge

2.1 Die Besprechung des Sorgerechts

Die Vereinbarungen über die elterliche Sorge stellen für Eltern aus verschiedenen Gründen ein erhebliches Problem dar: Einmal haben häufig beide Eltern eine so enge Beziehung zu ihren Kindern entwickelt, daß sie eine Trennung von ihnen nahezu um jeden Preis verhindern wollen. Gelegentlich trägt die Scheidung selbst auch noch dazu bei, daß die Eltern die Kontakte zu ihren Kindern intensivieren. Andererseits ist der »Kampf ums Kind« auch mit materiellen Aspekten verquickt – der sorgeberechtigte Elternteil kann wesentlich leichter Ansprüche auf seinen Unterhalt, auf Zuteilung der ehelichen Wohnung und auf wesentliche Teile des Hausrats geltend machen.

Bei Familien mit Kindern gehört die Entscheidung über das Sorgerecht zu den drei Bereichen, über die das Familiengericht bei einer Scheidung entscheiden *muß* (die anderen beiden Gegenstände sind die Scheidung selbst und der Versorgungsausgleich). Bei dieser richterlichen Entscheidung wird die Beurteilung des Kindeswohls als wichtigstes Kriterium, der Vorschlag der Eltern und die Meinung des Kindes/der Kinder werden als zusätzliche Gesichtspunkte herangezogen (vgl. Münch 1990). Haben die Eltern jedoch gemeinsam einen Vorschlag entwickelt, dem von Seiten des Kindeswohls und der Äußerung des Kindes nichts entgegensteht, wird das Familiengericht diesem folgen.

Die meisten Eltern, die in die Mediation kommen, kennen bereits die beiden Möglichkeiten des Sorgerechts:

Gemeinsames Sorgerecht. Immer mehr Ehepaare entscheiden sich für das gemeinsame elterliche Sorgerecht und sehen gleichzeitig vor, daß die Kinder ihren ersten Wohnsitz bei einem Elternteil – oft bei der Mutter – haben. Gemeinsame elterliche Sorge bedeutet, daß beide Elternteile in allen Angelegenheiten des Kindes entscheidungsbefugt sind. Einem gemeinsamen Sorgerecht werden Gerichte nur zustimmen, wenn dieser Antrag von beiden Eltern gestellt wird. In der Mediation kann darüber folgende Vereinbarung schriftlich festgehalten werden:

Wir haben uns bisher die elterliche Sorge für unsere Kinder geteilt und werden das auch weiterhin tun. Deshalb möchten wir das gemeinsame Sorgerecht beibehalten. Die Kinder werden bei der Mutter wohnen. Wir werden beide Zugang zu den schulischen, medizinischen und sonstigen wichtigen Unterlagen der Kinder haben.

Auch wenn der Wohnsitz der Kinder bei einem Elternteil ist, liegen die Entscheidungen über die Entwicklung und Erziehung weiterhin bei beiden.

Alleinige elterliche Sorge bedeutet, daß ein Elternteil alle Entscheidungen bezüglich des Kindes trifft und der andere lediglich das Recht zum persönlichen Umgang mit dem Kind hat.

Auch bei alleiniger elterlicher Sorge können die Eltern miteinander bestimmte Vereinbarungen treffen, die eine stärkere Beteiligung des

141

nicht-sorgeberechtigten Elternteils ermöglichen. Beispielsweise kann die elterliche Sorge auf die Mutter übertragen werden, in deren Haushalt das Kind ständig lebt. Gleichzeitig kann sich die Mutter damit einverstanden erklären, daß der (nicht-sorgeberechtigte) Vater Auskünfte über das Kind einholen darf (z.B. bei der Schule oder beim Arzt). Sie kann sich ferner dem Vater gegenüber verpflichten, wichtige Entscheidungen nicht ohne seine Mitwirkung zu treffen. Diese Verpflichtungen können sich auch auf genau bestimmte Lebensbereiche der Kinder (z.B. Schul- und Ausbildung, religiöse Erziehung, gesundheitliche Fragen, Vermögen) beziehen und schriftlich in der Mediationsvereinbarung festgehalten werden (ein Beispiel für eine solche Vereinbarung findet sich bei Fthenakis 1991, S. 29-30).

Auch in Hinblick auf den häuslichen Aufenthalt lassen sich andere Regelungen als der häufig vereinbarte vierzehntägige Kontakt finden: Wenn die Eltern in Nachbarschaft wohnen, können die Kinder ihre Zeit teils in der Wohnung des einen, teils in der Wohnung des anderen Elternteils verbringen.

Ein entscheidendes Hindernis bei der Regelung des Sorgerechts (der elterlichen Sorge) ist es, daß dieses häufig wie ein Eigentumsrecht aufgefaßt wird. Charakteristisch dafür ist die Frage: »Wer von uns bekommt das Sorgerecht?« Statt dessen sollte die Frage im Vordergrund stehen: »Wie üben wir in Zukunft unsere elterliche Verantwortung für die Kinder aus?« Ein wesentlicher Teil der Gespräche in der Mediation beschäftigt sich damit, die Eltern von der in der ersten Frage zum Ausdruck kommenden Haltung zu der Haltung der zweiten Frage zu bewegen.

In der Mediation wird dem Ehepaar dabei geholfen, den Hauptwohnsitz der Kinder festzulegen und zu besprechen, welche Zeiten die Kinder bei dem jeweils anderen Elternteil verbringen. Die elterliche Kooperation wird häufig dadurch erleichtert, daß in der Mediation von den besonderen Verantwortlichkeiten der Elternteile für bestimmte kindliche Lebensbereiche ausgegangen wird. Die Kinder können etwa bei der Mutter leben und mit dem Vater ihre sportlichen Aktivitäten pflegen. In dieser Situation sind die Kinder immer dann bei ihrem Vater, wenn sie Sport treiben, und er ist dafür verantwortlich, sie dort hinzubringen und von dort wieder abzuholen.

Während der Ehe haben viele Eltern die Verantwortung für bestimmte Lebensbereiche der Kinder gemeinsam getragen. Sie können diese »Zuständigkeiten« auch nach der Scheidung untereinander aufteilen und damit auf einer höheren Ebene gemeinsame Verantwortung für ihre Kinder ausüben. Wenn dies aus praktischen Gründen schwierig oder unmöglich ist, lassen sich wahrscheinlich andere Verantwortungsbereiche finden, die zwischen den Eltern neu vereinbart werden. Für den sorgeberechtigten Elternteil, z.B. die Mutter, bedeutet die Verantwortungsaufteilung eine erhebliche Entlastung von den alltäglichen Aufgaben. Der nicht-sorgeberechtigte Elternteil, z.B. der Vater, profitiert ebenfalls davon, da er seinen Kontakt zum Kind weiterhin intensiv pflegen kann.

In Langzeituntersuchungen an Kindern aus Scheidungsfamilien wurden eine Reihe von Bedingungen gefunden, die für die psychosoziale Entwicklung der Kinder förderlich sind. Fthenakis (1991, S. 13-15) faßt die Ergebnisse in vier Punkten zusammen. Für die Kinder förderlich ist es,

– wenn die Eltern fähig sind, ihre Konflikte miteinander zu lösen oder wenigstens nicht weiter »auszuleben«;
– wenn beide Eltern – oder der sorgeberechtigte Elternteil – angemessen auf die kindliche Reaktion auf die Scheidung reagieren und das Kind bei der Bewältigung der Trennungssituation unterstützen;
– wenn das Kind sich von dem nicht-sorgeberechtigten Elternteil weiterhin angenommen fühlen und kontinuierlichen Kontakt mit ihm halten kann;
– wenn ein soziales Netzwerk und angemessene soziökologische Bedingungen zur Verfügung stehen.

2.2 Vereinbarungen über den persönlichen Umgang zwischen Eltern und Kindern

Die Vereinbarungen über die Kontakte der Kinder zum getrennt lebenden Elternteil stellen ein wesentliches Element der Mediation dar. Viele Eltern haben Schwierigkeiten mit einer angemessenen

Gestaltung dieser Kontakte. Dies ist natürlich auch darauf zurück-
zuführen, daß die Eltern durch die notwendige Koordination der
elterlichen Aufgaben immer wieder miteinander sprechen müssen
und dabei die zwischen ihnen bestehenden Konflikte nicht immer
ausgeklammert werden können. Außerdem sind die Lebensbedin-
gungen beider Eltern nach der Trennung und Scheidung sehr unterschiedlich: Derjenige Elternteil, der mit dem Kind zusammen
wohnt, ist oft völlig zugeschüttet von den alltäglichen Problemen,
Sorgen, Krankheiten der Kinder und der Organisation des Alltags.
Der andere Elternteil vermißt dagegen häufig gerade den alltäglichen Kontakt und muß die Beziehung zum Kind unter begrenzten
Rahmenbedingungen pflegen. Hetherington, Cox & Cox (1982,
1985) berichteten, daß sich alleinerziehende Elternteile (zu stark)
»in die Welt des Kindes eingeschlossen«, nicht-sorgeberechtigte
Eltern dagegen »aus der Welt des Kindes ausgeschlossen« fühlten.
Eltern beneiden dann häufiger den anderen um dessen »Vorteile«
und beklagen ihre eigenen »Nachteile« im Umgang mit den Kindern. Die Mediation ist ein hervorragendes Medium, ein besseres
Verständnis für die eigene Situation und die des anderen zu entwickeln, da sich hier beide Eltern oft zum ersten Mal über ihre
jeweiligen Schwierigkeiten austauschen.
In der Mediation werden die Vereinbarungen über den persönlichen
Umgang des Kindes mit dem nicht-sorgeberechtigten Elternteil
(bzw. mit dem Elternteil, bei dem das Kind nicht ständig wohnt)
sehr konkret und detailliert besprochen und dann in einer Vereinbarung festgehalten. Dadurch werden die Eltern aufgefordert, eine
konkrete Lösung für die Treffen mit dem Kind vorzuschlagen –
und gleichzeitig daran gehindert, sich mit Beschuldigungen und
Vorwürfen gegenseitig anzuklagen.

Die Regelung des elterlichen Kontaktes betrifft folgende konkreten
Punkte:
(a) die Gestaltung der regelmäßigen Kontakte;
(b) Regelungen für größere Feiertage (Weihnachten, Ostern, Pfing-
    sten);
(c) Urlaubsregelungen;

(d) Regelungen für die Schulferien, für schulfreie Tage und Krankheitstage;
(e) Kontakte zu Verwandten;
(f) die schulische Betreuung und Entscheidungen über die Ausbildung;
(g) Vereinbarungen über die religiöse Erziehung;
(h) die Gesundheit der Kinder;
(i) Entscheidungsfindung.

a) Die Gestaltung der regelmäßigen Kontakte
In der Mediation wird mit den Eltern ein wöchentlicher oder monatlicher Zeitplan für den Umgang der Kinder mit den beiden Eltern ausgearbeitet, in dem die Zeit festgelegt wird, die sie mit ihnen verbringen werden.
Die Zeitpläne können je nach den Möglichkeiten und Bedürfnissen der Beteiligten sehr unterschiedlich aussehen: Eine Art »Standardregelung« ist es, daß die Kinder jedes zweite Wochenende bei dem Elternteil verbringen, bei dem sie nicht leben. Ergänzt wird diese Vereinbarung häufig noch durch einen weiteren Abend (oder Nachmittag) an einem Werktag während der Woche. Natürlich sind auch ganz andere Regelungen möglich. In einem Fall hat ein Ehepaar mit drei Kindern einen Kalender ausgearbeitet, der es jedem Kind ermöglichte, alleine Zeit mit jedem Elternteil zu verbringen. Darüber hinaus sah der Zeitplan auch Zeiten vor, in denen alle drei Kinder gleichzeitig bei einem Elternteil waren. Ein Zeitplan, der ein abwechselndes Wochenende und einen festen Wochentag vorsieht, wäre von dieser Familie nicht akzeptiert worden.
Zur Vorbereitung einer Vereinbarung bereiten die Mediatoren einen leeren Kalender für einen Zeitraum von vier Wochen auf der Flipchart vor. Sobald sich das Ehepaar an einem Punkt geeinigt hat, tragen sie ihn auf dem Kalender ein. Diese visuelle Unterstützung ist sehr hilfreich, da das Ehepaar auf die Aufgabe konzentriert bleibt, wie die Kontakte organisiert werden sollen. Gleichzeitig veranschaulicht die Darstellung die Auswirkungen, die ihre Entscheidungen auf ihr eigenes Leben und auf das ihrer Kinder haben.

Man kann den Kalender auch dazu benutzen, eine unfaire Position optisch sichtbar zu machen. Manchmal stellt sich ein Elternteil, z.B. die Mutter, auf den harten Standpunkt, sie wolle, daß der Vater die Kinder nur am letzten Wochenende des Monats sieht. Während sie auf diesem Standpunkt beharrt, bleibt der Vater still und ist nicht in der Lage, seine Bedürfnisse zu äußern. Die Mediatoren tragen den Namen des Vaters in die Kästchen von Samstag und Sonntag der vierten Woche ein. Dann tragen sie den Namen der Mutter in alle anderen Kästchen ein. Wenn das erdrückende Übergewicht des Namens der Mutter auf der Tafel deutlich wird, bringt der optische Eindruck den Vater oft dazu, seine Interessen mit mehr Nachdruck zu vertreten, und kann auch die Mutter dazu bringen, ihren Standpunkt abzuschwächen. Der optische Effekt kann noch verstärkt werden, indem man für jeden Elternteil verschiedenfarbige Stifte verwendet.

Oftmals wird der elterliche Kontakt nicht immer genau nach einem Zeitplan zu regeln sein. Für die Eltern ist die Erkenntnis hilfreich, daß die Bedürfnisse ihrer Kinder manchmal ihren eigenen Bedürfnissen entgegenstehen werden. Die folgende Formulierung hilft, solche Situationen zu berücksichtigen:

Jeder Kontakt mit den Kindern richtet sich danach, wie deren schulischen und außerschulischen Aktivitäten geregelt sind. Für den Fall, daß die Kinder nicht in der Lage sind, eine vorgesehene Zeit mit ihrem Vater zu verbringen, vereinbaren wir, daß wir eine anderweitige gleichwertige Regelung finden werden.

Mit dieser Formulierung wird eine Situation vermieden, in der lediglich ein Elternteil bestimmt, wann die Kinder mit dem anderen Elternteil zusammen sein können und wann nicht. Ein Ausweichwochenende wird dann vereinbart, wenn der Elternteil, bei dem die Kinder wohnen, und/oder die Kinder entscheiden, daß sie wegen einer wichtigen Veranstaltung am Wochenende (z.B. der Geburtstagsfeier eines Freundes) nicht zum anderen Elternteil gehen können.

b) Regelungen für größere Feiertage

Die Vereinbarungen über die größeren Feiertage werden anhand eines zweiten Kalenders getroffen. Die Mediatoren bitten das Ehepaar, alle größeren Feiertage aufzuführen, die in ihrer Familie wichtig sind. Dann verzeichnen sie diese auf der Flip-chart und stellen eine der wenigen auf die Vergangenheit gerichteten Fragen: »Wie haben Sie diese Feiertage in der Vergangenheit gefeiert?« Diese Frage ist nicht so gefährlich, wie es scheint, da die meisten Familien die Feiertage nach festen Gewohnheiten gestalten und jedes Jahr den gleichen Tag mit Verwandten oder mit Freunden verbringen. In der Regel können daher die Ehepartner eine Aufstellung machen, wie die Feiertage in der Vergangenheit verbracht wurden; wenn diese Regelungen weiterhin auf einer gemeinsamen Grundlage zu stehen scheinen und in der Vergangenheit gut funktioniert haben, können die Mediatoren fragen, ob die Eltern diesen Zeitplan auch künftig beibehalten wollen.

Viele Ehepaare entwickeln jedoch einen neuen Zeitplan, um den veränderten Bedürfnissen beider Elternteile Rechnung zu tragen. Insbesondere Weihnachten ist eine Zeit, deren Gestaltung nicht immer konfliktfrei erfolgt. Die Mediatoren klären auch hier zunächst einmal, wie das Ehepaar diese Feiertage bisher verbracht hat. Oft haben sie bei der Familie des einen Elternteils den Heiligen Abend verbracht und bei der Familie des anderen Elternteils den ersten oder zweiten Weihnachtsfeiertag. Die Mediatoren können vorschlagen, daß die Eltern diese Regelung auch in Zukunft in Betracht ziehen, wenn sie bisher damit einverstanden waren. Wenn beide Elternteile den gleichen Tag für sich beanspruchen, bietet es sich zum Beispiel an, sich mit den Feiertagen abzuwechseln. Die Kinder verbringen dann den strittigen Tag in den geraden Jahren bei der Mutter und in den ungeraden Jahren bei dem Vater. Eine andere Möglichkeit besteht darin, einen Ausgleich zwischen Weihnachten und anderen Feiertagen (Ostern, Pfingsten) zu schaffen.

c) Urlaubsregelungen

Die Eltern entscheiden, wie sie den Urlaub aufteilen wollen. Für die meisten Eltern bestehen die Ferien aus einer Zeit mit den

Kindern und einer Zeit ohne sie. Wenn beide Eltern berufstätig sind, kann die Koordination der Urlaubszeiten allerdings recht schwierig sein, insbesondere, wenn die Eltern einen nur geringen Einfluß auf die Festlegung der Zeiten haben. Wenn die Urlaubszeiten beider Eltern nicht veränderbar sind und sich überschneiden, bleibt oft nur die Möglichkeit, sich diese Zeit mit den Kindern zu teilen. Hat ein Elternteil eine festgelegte Urlaubszeit und der andere kann sie frei wählen, so paßt sich der flexiblere dem Zeitplan des anderen an. Eine andere Möglichkeit besteht darin, einen Teil des Urlaubs im Sommer und einen Teil im Winter zu nehmen. Die Mediatoren helfen den Eltern dabei, zu bestimmen, wie sie entscheiden, was die Kinder in den Ferien machen. Die Abmachung über die Ferien kann dann folgendermaßen lauten:

Jeder von uns kann mit den Kindern mindestens zwei Wochen im Jahr in Urlaub fahren. Wir vereinbaren, daß wir uns mindestens einen Monat vorher davon unterrichten, wenn wir mit den Kindern verreisen wollen.

Manche Eltern bevorzugen auch bei der Urlaubsgestaltung klare Regeln. Diese Ehepaare können schon früh im Jahr einen Zeitpunkt festlegen, zu dem sie sich die gewünschten Urlaubstermine mitteilen. Sollten beide die gleiche Zeitspanne bevorzugen und beide flexibel sein, kann eine einfache Formulierung zur Lösung beitragen:

Wenn wir beide zur gleichen Zeit mit den Kindern in Urlaub gehen wollen, so werden die Kinder den Urlaub mit dem Elternteil verbringen, mit dem sie diese Zeit im vergangenen Jahr nicht zusammen waren.

Eine andere Formulierung, die Streitigkeiten über die Urlaubszeiten vermeiden hilft, ist:

Wenn wir beide die gleiche Urlaubszeit mit den Kindern verbringen wollen, so erklärt sich derjenige Elternteil, dessen Wahl in diesem Jahr berücksichtigt worden ist, dazu bereit, dem anderen Elternteil im nächsten Jahr die erste Wahl zu überlassen.

d) Regelung für die Schulferien, für schulfreie Tage
und Krankheitstage

Wenn beide Eltern berufstätig sind, müssen sie auch der Frage der Schulferien und der schulfreien Tage besondere Aufmerksamkeit schenken. Wenn die Eltern sich entschieden haben, daß die Kinder ihren Hauptwohnsitz bei einem Elternteil haben, so wird manchmal vorausgesetzt, dieser Elternteil sei allein für die schulfreien Tage verantwortlich. Das bereitet dann keine Probleme, wenn dieser Elternteil immer im Haus arbeitet oder im Schulwesen beschäftigt ist und daher einen ähnlichen Zeitplan wie die Kinder hat. Die Mehrheit der Eltern arbeitet jedoch in anderen Bereichen; die beiden berufstätigen Eltern müssen eine Vereinbarung finden, wie die Kinder betreut werden sollen, wenn beide Eltern bei der Arbeit und die Kinder nicht in der Schule sind.

Eine ähnlich Situation ergibt sich, wenn die Kinder krank sind und die Eltern sich um sie kümmern müssen. Soll der Elternteil, bei dem die Kinder wohnen, immer allein für die Kinder verantwortlich sein, wenn sie nicht in die Schule gehen können, oder teilen sich die Eltern dann diese Verantwortung? Die Antwort auf diese Frage hängt von der Art und Weise ab, wie die Eltern ihre Rollen in der elterlichen Sorge sehen und wie sie darin kooperieren können. Allerdings können auch die Mediatoren darauf einen gewissen Einfluß nehmen, wie die Rollen in Zukunft gestaltet werden. Betrachten sich die Ehepartner als Gegner und werden sie in dieser Rolle bestärkt, wird der Elternteil, der das Sorgerecht erhält, als »Gewinner« mit der ganzen Verantwortung für die Kinder allein gelassen. Wenn die Mediatoren die Gespräche jedoch im Sinne einer gemeinsamen Problemlösung führen, ist es wahrscheinlich, daß sie in den Verhandlungen das Gefühl der gemeinsamen Elternverantwortung stärken. Wird ein Elternteil in den Verhandlungen über das Sorgerecht an den Rand gedrängt, dann wird er auch in der Zukunft nur eine Randrolle spielen. Dies geschieht bei der Elternverantwortung heute noch meistens mit dem Vater. Wenn dagegen seine Rolle bei der elterlichen Sorge anerkannt wird, dann wird er seine Vaterrolle auch besser ausfüllen. Da das »gegnerische« System mit der Aufteilung der elterlichen Verantwortung dazu beiträgt, ihm eine periphere Rolle zuzuweisen, erhalten viele Mütter nach der Scheidung nur wenig Hilfe vom Vater. Im Gegensatz dazu wird in der Mediation davon ausgegangen, daß beide Elternteile ihre Elternrolle wahrnehmen wollen. Die Aufgabe besteht darin herauszufinden, wie diese Rollen künftig so gestaltet werden können, daß die Kinder die Sicherheit erhalten, eine gute und enge Beziehung zu beiden Elternteilen pflegen zu können.

e) Kontakte zu Verwandten
Die meisten Eltern übernehmen die Verantwortung dafür, daß das Weiterbestehen der Beziehung der Kinder zu ihren Herkunftsfamilien sichergestellt ist. Zusätzlich vereinbaren sie miteinander, daß die Kinder die Verbindung mit der Familie des anderen Elternteils behalten. Es darf nicht übersehen werden, daß auch die Kinder ein Anrecht darauf haben, die Beziehungen zu ihren Verwandten zu pflegen. Manchen Großeltern wird der Umgang mit ihren Enkeln verweigert, und sie kämpfen darum, daß ihre Rechte auch gesetzlich anerkannt werden. Außerdem versuchen sie, Streitigkeiten über den Umgang mit den Enkeln mit dem betreffenden Elternteil auf dem Weg der Mediation zu regeln (Haynes 1989). Wenn versäumt wurde, für den Fall des Todes eines Elternteils die elterliche Sorge zu regeln, kann das zu schmerzhaften Verlusten für die Kinder führen.

f) Schulische Betreuung und Entscheidungen über die Ausbildung
Mit der zunehmenden Bandbreite der Ausbildungsmöglichkeiten müssen die Eltern alle Aspekte der Schulbildung ihrer Kinder bedenken. Die Mediatoren helfen den Eltern, sich zu überlegen, wie sie künftige schulische Entscheidungen treffen werden. Wie werden sie entscheiden, in welche Schule die Kinder gehen werden? Sind irgendwelche Vereinbarungen über die Kosten der Ausbildung zu treffen?
Die heranwachsenden Kinder brauchen manchmal auch zusätzliche schulische Unterstützung, z.B. Nachhilfe durch die Eltern oder andere Personen. Wenn solche Schulprobleme auftreten, sollten die Eltern wissen, wie sie über die außerschulische Betreuung entscheiden werden. Wie werden sie den Nachhilfelehrer auswählen? Wie

werden sie ihn bezahlen? Wenn sie sich über die Bezahlung der Nachhilfe streiten, können sie z.B. folgende Vereinbarung treffen:

Wir werden uns die Ausgaben für die Nachhilfe so teilen, wie es dem Verhältnis unserer Bruttoeinkommen zu dem Zeitpunkt entspricht, zu dem die Ausgaben anfallen.

Damit wird in dieser Vereinbarung eine anpassungsfähige Lösung getroffen: Wenn sich das Einkommen der Eltern oder das Verhältnis ihrer Einkommen in der Zukunft ändert, wird der jeweilige Betrag von der dann bestehenden Einkommenssituation bestimmt. Um das Verhältnis der Einkommen zu bestimmen, kann das Bruttoeinkommen des vergangenen Jahres aus der Steuererklärung herangezogen werden. Den gleichen Wortlaut kann man verwenden, um die Beteiligung an den künftigen Studienkosten festzulegen. Jeder Elternteil erhält damit die Gewißheit, daß sie beide einen gerechten Anteil an den künftigen und noch nicht bekannten Kosten tragen werden.

g) Vereinbarungen über die religiöse Erziehung

Familien, für die Religion ein wichtiges Element ihres Lebens ist, müssen sich über die Gestaltung der religiösen Erziehung verständigen. Die meisten Erwachsenen sind sich einig, daß es nichts Lästigeres gibt, als ein widerwilliges Kind in den Religionsunterricht zu schicken. Indem sie die Verantwortung gemeinsam tragen, vermitteln beide Eltern den Kindern deutlich ihre Ansicht, daß sie den Religionsunterricht für wichtig halten. Sie können sich beispielsweise in dieser Aufgabe abwechseln oder eine vergleichbare Arbeitsteilung erarbeiten. Ein anderes Problem ist, wenn sich die Eltern über Art und Inhalt der religiösen Erziehung nicht einig sind. Dies ist häufig ein sehr konfliktträchtiges Thema und muß in der Mediation gesondert bchandelt werden.

h) Gesundheit der Kinder

Die Gesundheit ist in vielen Familien ein Hauptanliegen, oft im Hinblick darauf, wie die Gesundheitsversorgung bezahlt werden soll, wer dafür verantwortlich ist, daß die Kinder zum Arzt gebracht werden, und wie mit besonderen medizinischen Notfällen umgegangen werden soll.

In einer Zeit der steigenden Gesundheitskosten und dem aller Voraussicht nach steigenden Anteil der »Eigenbeteiligung« müssen sich die Eltern überlegen, wie sie die Krankenversicherung regeln und wie die darüber hinausgehenden Kosten abgedeckt werden sollen. In der Regel wird dies im Rahmen des Kindesunterhalts geklärt. Für ungedeckte Krankheitskosten sind eventuell weitere Vereinbarungen zu treffen, insbesondere, wenn die Kinder sehr krankheitsanfällig sind oder chronische Erkrankungen haben. In diesen Fällen treten natürlich auch große Anforderungen an die Pflege und Versorgung der Kinder auf; es muß also darüber verhandelt werden, wie diese Verantwortung wahrgenommen wird.

i) Entscheidungsfindung
Wie werden die Eltern die Entscheidungen hinsichtlich der Schule und Ausbildung, der Religion, der Gesundheit, der Kontakte zu Verwandten usw. treffen? Haben beide Eltern Zugang zu allen das Kind betreffenden schulischen und medizinischen Unterlagen sowie zu den Unterlagen anderer Fachleute? Sind beide Eltern in der Lage, im Notfall Entscheidungen über die ärztliche Behandlung des Kindes zu treffen, wenn es bei ihm/ihr ist?

2.3 Vorkehrungen für besondere Umstände

Wenn all diese Punkte besprochen sind, stellen die Mediatoren eine Reihe von »Was wäre wenn«-Fragen, um die Vereinbarungen gegen weitere Eventualitäten abzusichern. Dies ist vor allem dann wichtig, wenn bei einem oder beiden Elternteilen noch Unsicherheiten und Ängste bestehen, wie sich die Beziehung zu den Kindern in Zukunft gestalten wird.

a) Was wäre, wenn ein Elternteil wegzieht?
Die heutige Gesellschaft ist so mobil, daß es sich lohnt, über die Folgen eines Umzugs eines Elternteils nachzudenken. Das Problem besteht natürlich nicht darin, daß ein Elternteil umziehen will; das

Problem entsteht, wenn die Entfernung zwischen den künftigen Wohnorten so groß ist, daß sich die bisher getroffenen Vereinbarungen über den elterlichen Kontakt nicht mehr realisieren lassen. Da es unmöglich ist, für jede denkbare Veränderung der Wohnsituation Vorkehrungen zu treffen, können vorsorgliche Vereinbarungen ausgehandelt werden, die eine Vorlage für später zu treffende Entscheidungen sein können. Ein Übereinkommen, die sich bei vielen Familien bewährt hat, ist die folgende »Radius«-Formulierung:

Die Vereinbarungen über den elterlichen Kontakt beruhen auf der Voraussetzung, daß wir räumlich nahe beieinander wohnen. Für den Fall, daß ein Elternteil aus Frankfurt wegziehen will, werden wir die elterliche Sorge folgendermaßen ändern: Der Elternteil, der umzieht, setzt den anderen mindestens drei Monate vor dem Umzug davon in Kenntnis. In dieser Zeit werden wir die Vereinbarungen über die elterliche Sorge und den Umgang neu verhandeln, um (Name der Kinder einsetzten) einen großzügigen Umgang mit beiden Elternteilen zu ermöglichen. Wir gehen davon aus, daß die Kinder bei dem Elternteil wohnen bleiben, der nicht umzieht. Zu diesem Zeitpunkt werden wir den elterlichen Kontakt nach folgendem Plan regeln: Wenn der wegziehende Elternteil in einem Gebiet lebt, das von einem Kreis mit dem Radius der Entfernung bis Darmstadt begrenzt wird, so wird der Umgang mindestens einmal im Monat für ein ganzes Wochenende sein – an den schulfreien Wochenenden von Freitag nach der Schule bis Sonntagabend.
Wenn der wegziehende Elternteil in einem Gebiet lebt, das von einem Kreis mit dem Radius der Entfernung bis Stuttgart begrenzt wird, so wird der Umgang mindestens einmal im Vierteljahr sein und nicht weniger als einen ganzen Monat jeden Sommer. Wenn der wegziehende Elternteil jenseits dieses Kreises lebt, so wird der Umgang mindestens zweimal im Jahr sein und während der gesamten Sommerferien. Der wegziehende Elternteil wird zwei Drittel der Reisekosten der Kinder zahlen.

Dem wegziehenden Elternteil wird der größere Anteil an den Reisekosten der Kinder übertragen, weil dieser Elternteil zum Zeitpunkt seines Umzugs mit dem Arbeitgeber (oder einem neuen Ehepartner) aushandeln kann, daß diese zusätzlichen Ausgaben übernommen werden. Für den anderen Elternteil wäre es dagegen sehr schwierig, von seinem/ihrem Arbeitgeber eine Gehaltserhöhung zu erbitten, mit der Begründung, daß der Ex-Ehepartner weggezogen sei. Die meisten Eltern finden, daß diese Formulierung sich mit ihrem Gerechtigkeitsempfinden deckt.

Diese »Radius«-Formulierung wird dann akzeptiert, wenn nicht ein Elternteil (häufig der Vater) darauf besteht, daß die Kinder in der Nähe bleiben. Andere Familien vereinbaren miteinander, nicht über eine bestimmte Entfernung hinaus wegzuziehen. Wenn faktisch eine gemeinsame elterliche Sorge vereinbart wurde, schließt das normalerweise einen Umzug in weitere Entfernung aus, da dadurch die Verwirklichung der gemeinsamen elterlichen Sorge weitgehend hinfällig wird. Eine solche Absichtserklärung kann etwa lauten:

Wir beabsichtigen, nahe zueinander wohnen zu bleiben, während die Kinder heranwachsen, um die elterliche Sorge zu gleichen Teilen ausüben zu können, das heißt zumindest im gleichen Schulbezirk zu leben. Für den Fall, daß sich einer von uns doch entscheidet wegzuziehen und damit die gegenwärtige gemeinsame elterliche Sorge nicht mehr durchführbar ist, vereinbaren wir, daß der Umzug nicht stattfindet, bevor nicht eine überarbeitete Vereinbarung ausgehandelt ist. Für den Fall, daß ein Elternteil einseitig wegzieht, vereinbaren wir, daß die Kinder bei dem Elternteil wohnen bleiben, der im derzeitigen Schulbezirk bleibt.

Wenn die gegenwärtige wechselseitige Vereinbarung nicht fortgeführt werden kann oder eine neue ausgehandelt wird, so werden wir auch weiterhin voll und ganz die gemeinsame Sorge für die Kinder behalten. Wir werden dann dafür sorgen, daß der Elternteil, bei dem die Kinder nicht wohnen, einen großzügigen und angemessenen Umgang mit ihnen hat. Dies schließt Wochenenden und Feiertage ein, ist aber nicht darauf begrenzt. Zumindest gesteht der Elternteil, bei dem die Kinder das Schuljahr über wohnen, dem anderen Elternteil zu, daß die Kinder den Sommer über und während aller anderen Schulferien bei diesem wohnen.

b) Was passiert, wenn ein Elternteil wieder heiratet?

Wenige Leute sind sich bewußt, wie schwierig es ist, aus zwei bereits geschiedenen Familien eine neue Familie zu schaffen. Es besteht immer die Möglichkeit, daß bei einer erneuten Heirat des Elternteils, bei dem die Kinder wohnen, eines oder mehrere Kinder sich nicht in die neue Familie einfügen können. Vielleicht will dieses Kind dann lieber beim anderen Elternteil wohnen. Auch wenn nur wenige Eltern eine derartige Situation in einer speziellen

Vereinbarung regeln wollen, bereitet doch ein Gespräch über diese Möglichkeiten den Boden dafür, über diese Fragen nachzudenken, bevor sie irgendwann eine neue Ehe eingehen. Ein Gespräch darüber wird es den Eltern später wahrscheinlich leichter machen, das Problem zu verstehen, wenn es eintreten sollte.

Die Mediatoren können mit den Eltern über die verschiedenen Probleme reden, die auf Kinder zukommen, wenn ein Elternteil wieder heiratet. Sie erklären die je nach Alter und Geschlecht unterschiedlichen Reaktionen der Kinder. Die Eltern gewinnen dadurch mehr Bewußtsein dafür, welche Probleme sich für die Kinder bei einer Wiederheirat normalerweise ergeben.

c) Was passiert, wenn ein Elternteil stirbt?
Den Tod eines Elternteils im voraus zu bedenken, ist sicherlich belastend für die betreffenden Eltern. Andererseits erleichtert diese Vorstellung vielleicht die Bereitschaft zu einer Vorsorge, die in der Fixierung auf aktuelle Konflikte unter Umständen nicht möglich wäre. Der Tod eines Elternteils ist natürlich immer eine einschneidende Erfahrung. In der Scheidungsvereinbarung kann eine Bestimmung aufgenommen werden, daß der überlebende Elternteil die Verantwortung dafür übernimmt, daß die Kinder die Beziehung zu der Familie des verstorbenen Elternteils fortsetzen können. Das Gespräch über dieses Thema erinnert die Eltern auch daran, daß sie finanzielle Vorsorge für den Fall des Todes eines Elternteils treffen müssen.

Eine Checkliste über die in einer Mediation zu besprechenden Inhalte der elterlichen Sorge befindet sich im Anhang.

3. Zur Gestaltung und Überprüfung der Vereinbarungen

3.1 Die Entscheidung zwischen flexiblen und festen Vereinbarungen

Die Klienten kommen mit unterschiedlichen Vorstellungen in die Mediation, auf welche Art und Weise die Vereinbarungen festgehalten werden sollen. Die meisten Personen bevorzugen allgemeine

Regeln, die auf zukünftige Situationen angewandt werden können, sobald sich diese ergeben. Andere dagegen möchten Vereinbarungen treffen, die jeden Punkt genau festlegen. In zweiten Fall kümmern sich die Mediatoren um jeden Punkt und jedes Komma. Manchen Ehepaare reicht es aus, wenn sie miteinander vereinbaren, daß die Kinder jedes zweite Wochenende beim Vater verbringen. Andere legen genau fest, daß mit »Wochenende« die Zeit von Freitag 18 Uhr bis Sonntag 18 Uhr gemeint ist. Die zweite Alternative könnte man auch etwas flexibler definierten, indem man formuliert: »Die Zeit von Freitag nach der Schule bis zum Sonntagabend, eine Stunde bevor die Kinder normalerweise ins Bett gehen.« Diese Formulierung ist anpassungsfähiger, weil sie sich mit den Bedürfnissen der Kinder verändert: Wenn das Kind fünf Jahre alt ist, ist sein Zurückbringen um 18 Uhr in Ordnung; wenn es zwölf Jahre alt ist, wäre es eine zu große Einschränkung.

Je nach den Bedürfnissen der Eltern kann in der Mediation eine flexible oder eine stärker festgelegte Vereinbarung getroffen werden. Eine flexible Vereinbarung könnte so aussehen:

Wir haben uns durch eine wechselseitige Vereinbarung für einen flexiblen Umgang zwischen (Name des Elternteils) und (Name des Kindes) entschieden. Für den Fall, daß es zwischen uns zu Meinungsverschiedenheiten kommt, werden die Kinder mindestens einen Abend während der Woche und jedes zweite Wochenende von Freitagabend bis Montagmorgen bei (Elternname) verbringen. (Elternname) übernimmt die Verantwortung, daß die Kinder morgens in die Schule gebracht werden, wann immer sie bei (Elternname) übernachten. Je nach wechselseitiger Übereinkunft werden wir die größeren Feiertage und alle verlängerten Wochenenden aufteilen. Wenn es Uneinigkeiten gibt, verbringen die Kinder das Wochenende bei dem Elternteil, bei dem sie das gleiche Wochenende im Vorjahr nicht verbracht haben. Wir vereinbaren, daß jeder von uns die Kinder bis zu zwei Wochen im Jahr in den Urlaub mitnehmen kann, jedoch nicht länger als eine Woche am Stück. Wenn das jüngste Kind fünf Jahre alt geworden ist, steht es jedem von uns frei, die Kinder für zwei Wochen am Stück und bis zu vier Wochen im Jahr in den Urlaub mitzunehmen. Die Urlaubszeit werden wir durch wechselseitige Übereinkunft festlegen. Für den Fall, daß wir eine Meinungsverschiedenheit haben, werden die Kinder mit dem Elternteil in die Ferien fahren, mit dem sie die gleiche Zeit im Vorjahr nicht verbracht haben.

Wie Sie sehen, sorgt diese Formulierung für eine fortdauernde wechselseitige Entscheidungsfindung und sieht bestimmte Formeln vor, wie Meinungsverschiedenheiten zu regeln sind. Eltern, die eine strukturierte Regelung bevorzugen, wollen dagegen genau wissen, wann die Kinder an bestimmten Tagen bei ihnen sind. Eine solche fixierte Vereinbarung enthält mehr Einzelheiten:

Wir vereinbaren für die großen Feiertage folgendes: *Weihnachten:* In den ungeraden Jahren werden die Kinder Heiligabend bei Rolf verbringen, der sie nach der Christmette zu Beates Haus zurückbringt. In geraden Jahren wird Rolf die Kinder am ersten Feiertag mittags abholen und sie um 20 Uhr zurückbringen. *Ostern:* In geraden Jahren werden die Kinder den Ostervormittag von 10 bis 14 Uhr bei Rolf verbringen und den Nachmittag bei Beate. *Pfingsten:* Die Kinder werden Pfingsten in ungeraden Jahren bei Beate verbringen, in geraden Jahren bei Rolf. Pfingsten bezeichnen wir von Samstag 10 Uhr bis Montag 18 Uhr. Die Kinder werden den Muttertag und ihren Geburtstag bei Beate verbringen, den Vatertag und seinen Geburtstag bei Rolf. Die *Wochenenden* teilen wir folgendermaßen auf: Beginnend mit dem ersten Wochenende im Jahr wechseln wir uns an den Wochenenden jeweils ab. Derjenige Elternteil, der in der ersten Jahreshälfte die schulfreien Wochenenden zur Verfügung hatte, erhält nach den Sommerferien die Wochenenden, an denen Samstags Schule ist. Als schulfreies Wochenende soll die Zeit von Freitag 16 Uhr bis Sonntag 18 Uhr gelten, an Schul-Wochenenden von Samstag 15 Uhr bis Sonntag 18 Uhr.

Die Mediatoren arbeiten die Einzelheiten der mit den Eltern besprochenen Vereinbarung aus. Sie drängen dem Ehepaar keinesfalls ihre eigenen Maßstäbe von Flexibilität oder Strukturiertheit einer Vereinbarung auf. Zwar sollten sie die Eltern darauf aufmerksam machen, daß sich die Übereinkunft möglichst an die sich verändernden Bedürfnisse der Kinder anpassen kann; sie sollten jedoch auch damit einverstanden sein, wenn die Eltern jede Einzelheit festlegen wollen.

3.2 Die Vereinbarung zu einem Gesamtpaket
zusammenschließen

In unserer Darstellung haben wir den Prozeß der Scheidungsmediation als lineare Abfolge beschrieben. Wir stellten dabei nacheinander das Erstgespräch, den Unterhalt, die Vermögensaufteilung und die elterliche Sorge dar. Dennoch sind diese Bereiche eng miteinander verknüpft: Das Gespräch kehrt häufig zu einer früheren Vereinbarung zurück, wenn sich durch Informationen aus einem anderen Bereich ergibt, daß die Vereinbarung abgeändert oder erweitert werden muß. Die Mediatoren sind sich bewußt, daß die endgültige Vereinbarung als ein Gesamtpaket zu verstehen ist, das die verschiedenen Interessen des Ehepaars in allen Punkten sorgfältig ausbalancieren sollte. Mediation ist ein rekursiver und kein linearer Prozeß. Jeder Teil der Vereinbarung beruht auf den anderen Teilen. Eine Änderung in einem Abschnitt macht es oft erforderlich, daß auch eine bereits früher getroffene Vereinbarung abgeändert werden muß. Das Ehepaar unterschreibt zum Schluß ein Gesamtpaket; dieses Gesamtpaket muß letztendlich die Bedürfnisse beider Seiten befriedigen.

Eine solche Verknüpfung einzelner Teile der Vereinbarung besteht z.B. in der gegenseitigen Abhängigkeit von der Regelung der elterlichen Sorge und der Vereinbarung des Kindesunterhalts.

Beispielsweise können die Klienten die Ausgaben für den Nachhilfeunterricht in ihren Haushaltsplänen ausgelassen haben. Bei nochmaligem Durchgehen der Punkte sollte dieses Versehen entdeckt und korrigiert werden. Die geänderte Vereinbarung wird dann einerseits die Ausgaben für den Nachhilfeunterricht regeln, andererseits auch bestimmen, wer den Unterricht mit den Kindern organisiert.

Manchmal fällt es den Eltern leichter, einige der die Kinder betreffenden finanziellen Fragen zu dem Zeitpunkt zu besprechen, zu dem sie auch die Regelungen über die elterliche Sorge vereinbaren. Die Mediatoren gehen dann mit ihnen alle noch ungelösten finanziellen Fragen durch, und zwar:

Kindesunterhalt (vgl. auch Kap. 3)
- Wieviel ist nach den Richtlinien für Kindesunterhalt zu zahlen?
- Werden die Unterhaltszahlungen dem Alter der Kinder und den Lebenshaltungskosten angepaßt?
- Gibt es eine zeitliche Begrenzung der Unterhaltszahlungen?

Krankenversicherung
- Ist zwischen den Eltern geregelt, bei wem die Kinder krankenversichert sind?
- Wer kommt für Krankheitskosten auf, die nicht von der Versicherung gedeckt sind?
- Ist z.B. für kieferorthopädische Maßnahmen Vorsorge getroffen worden?

Ausgaben aus religiösen Gründen
- Wie wird der gesellschaftliche Teil größerer Feierlichkeiten (z.B. der Konfirmation) bezahlt?

Aktivitäten außerhalb der Schule
- Wie legen die Eltern z.B. fest, welche Musikstunden die Kinder nehmen, an welchen sportlichen Aktivitäten und an welchen Ferienlagern sie teilnehmen?
- Wie werden diese Aktivitäten finanziert?

Schule, weitere Ausbildung und/oder Universität
- Wie werden die Eltern die Entscheidungen treffen, auf welche Schule das Kind gehen wird und wie die damit eventuell verbundenen Kosten verteilt werden?

3.3 Überprüfen der Vereinbarungen zusammen mit den Kindern

Viele Eltern begrüßen die Möglichkeit, die Kinder in einer Sitzung mit den Mediatoren hinzuzuziehen, um ihnen so die Vereinbarungen mitteilen zu können. In dieser Sitzung treten die Mediatoren als Sprecher der Familie und Fürsprecher der Vereinbarungen auf und fördern gleichzeitig ein offenes Gespräch, in dem der Standpunkt der Kinder zu Gehör kommen und Verständnis finden kann. Es ist wichtig, daß diese Sitzung nur dann stattfindet, wenn sich die Eltern ausdrücklich vorher bereit erklären, die Vereinbarung gegebenenfalls abzuändern, wenn sie berechtigten Interessen der Kinder anzupassen ist. Es wäre den Kindern gegenüber unfair, sie einzuladen, um sie vor vollendete Tatsachen zu stellen.

Familien haben verschiedene Arten, zu Entscheidungen zu kommen. In manchen Familien werden die Kinder schon in jungen Jahren in die meisten der sie betreffenden Entscheidungen einbezogen. In anderen werden sie selten nach ihren Wünschen gefragt. In der Mediation wird akzeptiert, daß sich die Familie hinsichtlich ihrer Art, Entscheidungen zu treffen, nach der Scheidung höchstwahrscheinlich nicht ändern wird.

Mit ihrem Heranwachsen beanspruchen die Kinder jedoch ein größeres Mitspracherecht bei Entscheidungen, die sie betreffen. Dieses Thema sollte in der Mediation angesprochen werden, auch mit dem Ziel, die Eltern auf künftige Veränderungen vorzubereiten und sie daran zu erinnern, daß sie durch das Heranwachsen der Kinder in der Zukunft ihre Vereinbarungen gemeinsam verändern müssen.

Die Mediatoren eröffnen die gemeinsame Sitzung mit den Kindern etwa in folgender Weise:

Ich freue mich, daß ihr gekommen seid. Ich weiß, daß das hier kein angenehmer Ort ist, und ich bin genauso dankbar, daß ihr gekommen seid, wie eure Mutter und euer Vater euch dafür dankbar sind. Wie sie euch erzählt haben, haben wir die letzten Wochen zusammen daran gearbeitet, ihre Trennungs-(Scheidungs-)Vereinbarung auszuhandeln. Im Mittelpunkt dieser Gespräche seid meistens ihr gestanden, weil eure Eltern versucht haben, soweit wie möglich euren Bedürfnissen entgegenzukommen. Wir haben die meiste Zeit darüber geredet, was für euch das Beste ist und wie man die Dinge so gestalten könnte, daß es für euch in Ordnung ist; denn eure beiden Eltern haben euch sehr lieb.

Bei der Begrüßung der Kinder ist es wichtig, ihre Bereitschaft anzuerkennen, an der Vereinbarung zwischen den Eltern mitzuwirken. Im Anschluß an die Einleitung werden die Mediatoren auf die folgenden relevanten Punkte zu sprechen kommen:

— *Eure Eltern lassen sich scheiden.* Wenn es angebracht erscheint, erklären Sie, was das bedeutet. Viele Eltern sind nicht in der Lage, jüngeren Kindern zu erklären, was es bedeutet, sich scheiden zu lassen. Wenn die Kinder nicht in vollem Umfang verstehen, wie die Scheidung ihr Leben beeinflussen wird, dann können sie auch nicht absehen, wie sich die vorgeschlagene Vereinbarung auf sie auswirken wird.

— *Ihr seid nicht der Grund für die Scheidung.* Es erleichtert die Kinder zu hören, daß es eine Entscheidung der Erwachsenen war, die zur Scheidung geführt hat. Die meisten Kinder glauben im stillen, sie hätten etwas getan, das die Scheidung verursacht oder zur Scheidung beigetragen hat. Indem man ihnen zu verstehen hilft, daß es eine Entscheidung der Ehepartner war, hilft man ihnen auch, sich von der Last dieser Verantwortung und den Schuldgefühlen zu befreien.

— *Weil das so ist, konntet ihr das Auseinanderleben der Eltern in der Vergangenheit nicht verhindern. Ihr werdet die Entscheidung der Eltern, nicht mehr zusammenzuleben, auch in der Zukunft nicht ändern können.* Wenn die Kinder glauben, sie hätten die Scheidung mitverursacht, dann werden sie auch meinen, daß sie helfen können, die Eltern wieder zusammenzubringen. Deshalb befreit es sie von dem Gefühl der Verantwortung und der Allmacht, wenn sie verstehen, daß die Entscheidung ihrer Eltern unwiderruflich ist. Wenn sie glauben, daß ihre Eltern wieder zusammenkommen werden, dann werden sie vielleicht Dinge unternehmen, um das zu bewerkstelligen, und sie werden fortwährend enttäuscht sein, wenn es nicht klappt.

— *Beide Eltern wollen, daß ihr wißt, daß sie euch jetzt noch genauso liebhaben wie immer und daß sich daran nichts ändern wird.* Die Eltern werden bestärkt, noch hinzuzufügen: »Ich werde immer eure Mutter sein« und »Ich werde immer euer Vater sein«.

In der Trennungs- und Scheidungssituation sind Kinder häufig durch das Auseinandergehen der Eltern irritiert. Wenn beide Elternteile gemeinsam ihre Liebe bekunden, hilft das den Kindern, die Angst zu vermindern, von einem Elternteil abgewiesen und im Stich gelassen zu werden.

Erklären Sie schließlich, daß die Kinder sich nicht zwischen den beiden Elternteilen entscheiden müssen. Weisen Sie darauf hin, daß die Eltern vielleicht auch in Zukunft Streit miteinander haben werden – das ist bei den meisten Erwachsenen so. Aber: »*Ihr müßt bei diesen Streitigkeiten nicht Partei ergreifen.*« Veranlassen Sie die Eltern, diesen Punkt noch zu unterstreichen. Die Mediatoren erklären dann die Einzelheiten der künftigen Wohnsituation und bitten die Kinder um ein Feedback. Die Mediatoren bereiten auf einem Flip-chart den Kalender vor, aus dem der Umgang für die nächsten drei Monate ersichtlich wird, damit die Kinder genau sehen können, wie das funktionieren wird. Sie tragen die nächsten größeren Feiertage ein und verzeichnen, wie diese aufgeteilt werden. Weiter sagen Sie den Kindern:

Eure Mutter und euer Vater haben mich gebeten, euch die Teile der Vereinbarung zu erklären, die euch betreffen, so daß ihr sie verstehen und etwas dazu sagen könnt. Wie ihr auf dieser Tafel (Flip-chart) sehen könnt, haben wir für die nächsten Wochen einen Kalender ausgearbeitet. Darin haben wir die Zeiten eingetragen, die ihr bei jedem Elternteil verbringen werdet (an diesem Punkt gehen Sie mit den Kindern den Kalender durch). Bevor ich jetzt zu den Feiertagen komme, möchte ich euch fragen, ob ihr irgendwelche Fragen bezüglich des normalen Kalenders habt.

Nachdem Sie den Kalender mit den Kindern besprochen, ihre Fragen beantwortet und sie ermutigt haben, ihre Meinung dazu zu sagen, wiederholen Sie diesen Vorgang mit dem Zeitplan für die Feiertage. Manche Mediatoren bereiten einen Kalender der nächsten 18 Monate vor, in dem alle Feiertage eingetragen sind und der anzeigt, wie sie aufgeteilt werden. Gehen Sie auf alles ein, was die Kinder sagen, schreiben Sie es auf die Flip-chart und fordern Sie die Eltern auf, dazu Stellung zu nehmen, wenn sich die Kinder geäußert haben.

Wenn die Eltern unterschiedlicher Meinung sind oder ein wesentlicher Bestandteil der Vereinbarung neu verhandelt werden muß, bitten Sie die Kinder, draußen zu warten, und helfen Sie den Eltern bei der Entscheidung darüber, was jetzt zu tun ist.

Die Kinder können oft nützliche Dinge zum Kalender beitragen. Der weiter vorn in diesem Kapitel beschriebene Fall des Ehepaars, dessen komplizierter Zeitplan für drei Monate im voraus detailliert ausgearbeitet wurde, ist ein gutes Beispiel dafür, wie wertvoll es ist, alles mit den Kindern durchzusprechen: Nachdem die Mediatorin den komplizierten Zeitplan erklärt hatte, wandte sich der älteste Sohn an seine jüngere Schwester und sagte: *»Großartig! So werden sie nie wissen, wo wir stecken.«* Als die Kinder ihre Meinungen dazu gesagt hatten, wurden sie gebeten, kurz draußen zu warten. Die Eltern waren sich schnell einig, daß sie zu jeder Zeit wissen sollten, wo die Kinder sich gerade aufhalten, und änderten den Kalender in einen einfacheren Zeitplan ab.

In einem anderen Fall hatte das Ehepaar zwei Kinder, einen zehnjährigen Jungen und ein zwölfjähriges Mädchen. Die Regelung sah so aus, daß der Vater die Kinder jeden zweiten Freitagabend abholen und sie für das Wochenende mit zu sich nehmen sollte. Nachdem die Mediatoren erklärt hatten, wie der Zeitplan funktionieren würde, wandte sich der Sohn an seinen Vater und sagte: *»Papa, wie komme ich am Samstagvormittag zum Fußballtraining?«* Der Junge spielte in dem örtlichen Fußballverein in der Nähe der Wohnung der Mutter. Es war ihm wahrscheinlich klar, daß er kaum für das Fußballtraining und die Fußballspiele zurück zur Mutter gebracht werden würde, wenn er einmal bei seinem Vater war. Die Eltern sahen einander an und gaben zu, daß sie daran nicht gedacht hatten. Vor den Kindern besprachen sie, wie er zu den Fußballspielen gebracht werden könnte, und einigten sich schließlich darauf, daß der Vater die Tochter am Freitagabend und den Sohn am Samstagnachmittag nach dem Fußball abholen würde.

Die Kinder tragen also meistens wichtige Gesichtspunkte zum Zeitplan bei; diese Beispiele können auch zeigen, daß die meisten Eltern bereit sind, den Zeitplan abzuändern, damit er den Bedürfnissen der Kinder entspricht.

Die Mediatoren stellen für die Sitzung mit den Kinder sehr klare Ziele und Parameter auf. Die Sitzung ist dazu bestimmt, es den Kindern zu ermöglichen, ihre Gefühle und Ansichten über die Regelungen der elterlichen Sorge einzubringen. Manchmal wollen die Kinder über Geld oder über andere Streitpunkte der Ehepartner sprechen. Wenn die Kinder einen Punkt ansprechen wie: *»Wird meine Mutter von meinem Vater genug Geld bekommen, daß es auch für mich gut reicht?«*, so beantworten die Mediatoren diese Frage und lassen keine Diskussion über diesen Punkt zu. Sie antworten dem Kind beispielsweise:

»Deine Eltern haben sich über die finanziellen Fragen und über den Unterhalt so geeinigt, daß die Bedürfnisse von allen berücksichtigt werden. Ich weiß, daß du dir darüber Sorgen machst, das geht den meisten Kindern in deinem Alter so. Das ist jedoch eine Frage, die deine Eltern zu klären haben. Sie sind dabei zu einer Vereinbarung gekommen, die die Bedürfnisse aller zufrieden stellt.«

Manche Kinder fragen, wie flexibel die Vereinbarung ist, z.B.: *»Muß ich unbedingt zu meiner Mutter (oder zu meinem Vater) gehen, wenn alle meine Freunde am Samstag auf eine Party gehen?«* Die Mediatoren können darauf erwidern:

»Wenn du etwas vorhast, das sich mit der Regelung überschneidet, und du bist an diesem Samstag bei deiner Mutter, dann besprichst du es mit ihr. Und wenn du an diesem Samstag bei deinem Vater bist, dann besprichst du es mit ihm. Du klärst das auf die gleiche Weise, wie du das bisher mit deinen Eltern geklärt hast.«

Das hilft den Kindern zu verstehen, daß sie auch in Zukunft, wie schon in der Vergangenheit, mit jedem Elternteil einzeln verhandeln müssen.

4. Schwierige Fälle in der Mediation elterlicher Sorge

Bis jetzt haben wir uns mit dem normalen Ablauf der Familienmediation über die elterliche Sorge beschäftigt. In den folgenden Abschnitten soll es um schwierige Fälle gehen, die durch ein hohes Konfliktniveau gekennzeichnet sind und bei denen beide Eltern jeweils für sich das alleinige Sorgerecht beanspruchen. Zunächst werden wir drei Strategien besprechen, um in diesen Fällen zu einer Einigung zu kommen, nämlich das Trennen von elterlicher und ehelicher Rolle, das Abbauen von Defensivität und das Schaffen von Dissonanzen. Das Vorgehen wird dann durch eine Falldarstellung veranschaulicht. Den Abschluß bilden einige Erläuterungen zum Vorgehen in Fällen, bei denen Anschuldigungen über Kindesmißbrauch vorliegen und solchen, bei denen psychische Störungen zu berücksichtigen sind.

4.1 Strategien für schwierige Fälle

a) Trennen von elterlicher und ehelicher Rolle
Erwachsene füllen viele Rollen aus. Die zwei wichtigsten Rollen
in der Familie mit Kindern sind die des Ehepartners und die elterliche Rolle. Im Normalfall verhalten wir uns als Eltern anders als
als Ehepartner und sind in der Lage, diese zwei Rollen auseinanderzuhalten. In Scheidungssituationen liegt jedoch ein Hauptgrund
für einen Streit um die Kinder in der Unfähigkeit der Ehepartner,
ihre eheliche und ihre elterliche Rolle auseinanderzuhalten. Nur zu
oft schlägt ein gekränkter Ehepartner zurück. »Er hat uns verlassen«, beklagen sich häufig Ehefrauen. Aber er hat nicht »uns«
verlassen, er hat »sie« verlassen und will weiterhin mit den Kindern
die Beziehung aufrechterhalten. Solange die Ehefrau jedoch die
Rolle der *Mutter* und die der *Ehefrau* miteinander vermengt, werden
sinnvolle Verhandlungen behindert. Eltern verstricken sich oft in
einen Kampf um »das Sorgerecht«, weil sie nicht in der Lage sind,
zwischen der Rolle des anderen Ehepartners als Elternteil und seiner
Rolle als Ehepartner zu unterscheiden. So wird die ganze Wut, die
sie als Ehepartner aufeinander haben, auf der Elternebene ausge-
tragen.
Eine Rollenkonfusion wird natürlich dann besonders leicht hervorgerufen, wenn in der elterlichen Situation Gefühle thematisiert
werden, die bereits in der ehelichen Situation ein Problem darstellten. So kann sich der Vorwurf des Ehemannes: »Sie vernachlässigt
unseren Sohn, sie kümmert sich nicht um ihn« ebenso auf sein
früheres Gefühl der Vernachlässigung durch die Ehefrau beziehen.
Der Vorwurf würde dann noch einen anderen Sinn machen, wenn
man in diesem Satz »mich« (den Ehemann) anstelle von »unseren
Sohn« und »ihn« einsetzen würde.
Die Aufgabe des Mediators ist es, diese Rollenkonfusion so weit
aufzulösen, bis die Eltern miteinander über die Wahrnehmung ihrer
elterlichen Verantwortung sprechen können. Ein wesentlicher
Punkt ist dabei, daß die Eltern sich gegenseitig als gute Eltern
anerkennen. Manche Scheidungspaare widersetzen sich dem hart-
näckig, weil sie damit bereits ein Stück weit die Rollenverklamme-

rung aufgeben würden. In diesem Zusammenhang können dann die Mediatoren die Bedürfnisse und Rechte der Kinder besonders herausstellen.

Wie in der Mediation den Eltern geholfen werden kann, ihre ehelichen Rollen von ihren elterlichen zu trennen, ergibt sich aus der speziellen Dynamik jedes einzelnen Paares. Zwei allgemeinere Strategien sind das Abbauen der Verteidigungshaltung und das Schaffen von Dissonanzen.

b) Abbauen der Defensivität

Die meisten Personen, die in die Mediation kommen, nehmen eine »Position« ein, die sie um jeden Preis glauben verteidigen zu müssen. Diese Position kann entweder darin bestehen, etwas zu »gewinnen« (z.B. das Sorgerecht zu erhalten) oder einen Verlust zu vermeiden. Die Angst vor einem Verlust kann im Beginn der Mediation vermindert werden, indem die Mediatoren das Ehepaar fragen: »Was ist für Sie das schlechteste Ergebnis, das wir hier erreichen könnten?«

Beide Elternteile äußern in der Regel eine verständliche, aber unbegründete Befürchtung. Der Mediator fragt dann die Eltern, ob sie vereinbaren könnten, daß sich die Angst des anderen Elternteils in der Mediation als unbegründet erweisen wird. Wenn beispielsweise beide Eltern fürchten, als schlechtestes Ergebnis der Verhandlungen das Kind oder die Kinder zu verlieren, bitten die Mediatoren jeden Elternteil zu versichern, daß der andere das Kind/die Kinder nicht verlieren wird.

Wenn das von jedem Elternteil verstanden und akzeptiert worden ist, ist es nicht mehr so notwendig, sich gegen diese Befürchtung verteidigen zu müssen. Jeder Elternteil kann statt dessen die Energie darauf verwenden, über neue Lösungen nachzudenken.

c) Das Schaffen von Dissonanzen

In den meisten spannungsgeladenen Streitigkeiten hat keine Partei ernsthaft versucht, den Standpunkt des anderen zu verstehen. Gewöhnlich schreibt jeder Elternteil dem anderen einen Standpunkt zu, der völlig wirklichkeitsfern ist. Der Mediator versucht, bei jedem Elternteil ein besseres Verständnis dafür zu erzeugen, was der andere Elternteil anstrebt und braucht. Er gibt ihnen Aufgaben, durch die sie sich darüber Gedanken machen müssen, was der andere wirklich denkt.

Als erster Zwischenschritt könnte jeder Elternteil die Aufgabe haben, darüber nachzudenken,

- was der andere Elternteil tun müßte, damit er/sie mit dessen Position einverstanden wäre.
- was er/sie dem anderen Elternteil anbieten könnte, damit dieser mit der eigenen Position einverstanden wäre.

Um über eine sinnvolle Antwort auf diese beiden Fragen nachzudenken, muß sich jeder Elternteil darüber Gedanken machen, was der andere wirklich will. Sie müssen tatsächlich »in die Haut des anderen schlüpfen«. Dabei geschieht zweierlei:

- Die berechtigten Aspekte der Position des anderen können nicht ignoriert werden, und
- wenn man den Standpunkt des anderen versteht, schafft das bei jedem Elternteil Dissonanzen, die nur dann aufgelöst werden können, wenn man entweder den Denkprozeß abbricht oder seine eigenen unrealistischen Ansichten über die Position des anderen verändert.

4.2 Ein Fallbeispiel von John Haynes

Harry und Mary lebten seit Ende der sechziger Jahre zusammen; als Mary schwanger wurde, heirateten sie. Keiner hatte eine feste Arbeit, und beide konnten sich die gleiche Zeit ihrem Sohn Mark widmen.

Die Ehe war nicht besonders gut, teils wegen der angespannten wirtschaftlichen Lage, teils wegen anderer Probleme in der Beziehung. Eines Tages riefen Harrys Eltern aus Seattle an und erzählten von einer Stelle als Expeditor (Abfertiger) in den Docks. Harry und Mary besprachen die Situation und entschieden, von Long Island nach Seattle zu ziehen. Harry glaubte, daß das die Gelegenheit wäre, auf die er gewartet hatte, und Mary sah es als eine Chance, ihrer Ehe in einer neuen Umgebung einen neuen Anfang zu geben.

Harrys Arbeit in den Docks machte es erforderlich, daß er achtzehn Stunden am Tag arbeitete, wenn ein Schiff im Hafen lag; danach hatte er drei Tage frei. An seinen freien Tagen behielt er seine enge Beziehung zu Mark als primärer Elternteil bei und beteiligte sich weiterhin in gleichem Maß an seiner Erziehung. Er genoß sein neues Leben.

Bei Mary jedoch war das anders. Sie war von ihrem sozialen Netzwerk an Freunden abgeschnitten, hatte keinerlei Interessen außerhalb ihrer vier Wände und fühlte sich in der Beziehung zunehmend bedrückt. Nach einem Jahr im Nordwesten entschied sie sich, wieder an die Ostküste zurückzukehren. Sie sagte Harry, sie wolle ihre Verwandten in Long Island besuchen und Mark dabei mitnehmen. Gegen Ende der ersten Woche in New York rief sie Harry an und sagte ihm, daß sie nicht nach Seattle zurückkommen und Mark bei sich behalten werde.

Harry war niedergeschmettert. Nachdem es ihm nicht gelungen war, sie zur Rückkehr zu bewegen, leitete er das Scheidungsverfahren im Bundesstaat Washington ein. Mary unterschrieb ähnliche Anträge in New York, und beide warteten, daß etwas passieren würde. Harry rief regelmäßig an und sprach mit Mark am Telefon.

Das Verfahren wurde zuerst in New York aufgenommen, und Harry flog an die Ostküste, um sich mit einem dortigen Rechtsanwalt zu besprechen. Der Fall wurde – natürlich – vertagt, und am Ende der ersten Woche mußte Harry wieder nach Seattle zurückkehren. Während der einen Woche in New York sah er Mark jeden Tag und verbrachte viel Zeit mit ihm. Am letzten Tag seines Besuchs wollte er sich von seinem Sohn verabschieden. Mary arbeitete als Kellnerin, und mit dem Babysitter war etwas schiefgelaufen – sie hatte angenommen, daß Harry noch ein paar Tage länger in New York bleiben würde.

Als nun Harry in Marys Wohnung erschien, um sich von Mark zu verabschieden, fand er seinen Sohn schlafend im Bett, ohne einen Babysitter. Er wickelte Mark in eine Decke, brachte ihn ins Auto, fuhr zum Flughafen und flog zurück nach Seattle. Als er wieder zu

Hause war, kümmerten sich Harrys Eltern um Mark, während er arbeitete, und an seinen freien Tagen widmete er sich wieder voll und ganz der Erziehung seines Sohns.

Als Mary entdeckte, was passiert war, war sie völlig aufgelöst, aber sie war ebenso hilflos, etwas zu unternehmen, wie es Harry gewesen war. Zwei Monate später war der Fall in Seattle vor Gericht. Es entschied, daß die Scheidungsverhandlungen in New York stattfinden und die Frage des Sorgerechts in Seattle geklärt werden sollte. Das Gericht in New York entschied in gleicher Weise. Jeder Elternteil fühlte sich durch das gerichtliche Vorgehen bedrängt, und jeder machte sich Sorgen, im Gerichtsverfahren des anderen zu verlieren.

Nach der gerichtlichen Anhörung holte Mary Mark bei Harrys Eltern ab, um mit ihm im Park spazierenzugehen. Sie gingen durch den Park zu ihrem Auto, setzten sich hinein, fuhren zum Flughafen und flogen zurück nach New York.

Mediation als Weg zu einer Vereinbarung

Als mein Telefon läutete, waren beide Eltern, die sich gerade zu einer weiteren Anhörung in New York aufhielten, am Apparat und gaben mir die grundlegenden Informationen. Ich hörte mir ihre Geschichte an und bemerkte, daß jeder die Informationen des anderen bestätigte. Sie baten um einen Termin, und ich sagte ihnen: »Ich kann Sie zweimal treffen, insgesamt für drei Stunden. Die erste Sitzung ist morgen, Freitagnachmittag, für eineinhalb Stunden, und dann noch ein zweites Treffen am Montagnachmittag. Bis dahin werden wir entweder zu einer Vereinbarung kommen, oder aber eine Vereinbarung wird nicht möglich sein.«

Ich vereinbarte diesen Zeitplan mit ihnen, weil sie mir erzählt hatten, daß sich diese Auseinandersetzung schon über ein Jahr hinzöge. Ich wollte ihnen damit klarmachen, daß die Mediation ein Weg ist, um das Problem zu lösen, und nicht, um den Streit fortzuführen. Wenn sich die Ehepartner an Auseinandersetzungen gewöhnt haben, brauchen sie einen festen zeitlichen Rahmen, damit unterstrichen wird, daß die Mediation ein anderer Weg ist, als der, den sie in der Vergangenheit gegangen sind. Wenn die Klienten einen Mediator davon informieren, daß sie schon bei zahlreichen Anwälten und/oder Therapeuten waren, dann zeigt dies, daß das Ehepaar sich nach einem Fachmann umsieht, der ihnen hilft, die Auseinandersetzung *fortzusetzen*, anstatt sie zu *regeln*. Durch einen klar bestimmten und kurzen zeitlichen Rahmen werden diejenigen, die die Mediation zur Regelung des Konflikts benutzen wollen, von denen getrennt, die die Mediation nur als einen weiteren Weg ansehen, um den Konflikt beizubehalten. Harry und Mary stimmten dem Zeitplan zu.

Die schlimmsten Ängste beseitigen
Ich sagte ihnen dann: »Bevor Sie zu mir kommen, möchte ich, daß Sie sich etwas überlegen. Was ist für Sie das schlechteste denkbare Ergebnis für unsere Zusammenarbeit? Beantworten Sie diese Frage nicht jetzt, denken Sie einfach bis morgen darüber nach, und wenn wir uns dann sehen, werde ich Sie nach Ihrer Antwort fragen.« Wir machten eine Zeit aus, und sie erschienen in der Praxis 15 Minuten vor der Zeit.

Mit der Frage nach dem schlechtesten denkbaren Ergebnis wollte ich herausfinden, vor welcher Lösung sie am meisten Angst hatten. Es ist meine Erfahrung, daß in solchen Fällen die Ehepaare durch Angst zur Mediation gebracht werden: ihre Angst vor einer gerichtlichen Lösung ihres Streits und ihre Angst, daß das für sie schlechteste Ergebnis herauskommen könnte, wenn sie einen anderen Lösungsweg einschlagen würden (vgl. auch das nächste Kapitel). Wir verwenden enorme Anstrengungen, uns gegen schlimmste Befürchtungen zu wehren. Wenn diese Ängste frühzeitig in der Sitzung geäußert und besprochen werden, dann können die Parteien ihre Kräfte darauf konzentrieren, das Problem zu lösen, anstatt sich gegen ihre Befürchtungen zu wehren.

Vermischung der Paar- und der Elternrolle
Ich eröffnete die erste Sitzung, indem ich die wesentlichen Fakten zusammenstellte und mir die Informationen, die sie am Telefon gegeben hatten, noch einmal bestätigen ließ. Im Verlauf der Sitzung

wurde deutlich, daß dieses Paar die elterliche und die eheliche Rolle nicht auseinandergehalten hatte. Harry beklagte, daß Mary sich nicht genug um Mark kümmere, sie bemuttere ihn nicht genug. Er erzählte erneut die Geschichte, daß er seinen Sohn unbeaufsichtigt in der Wohnung vorgefunden habe, während sie bei der Arbeit war. Harry beklagte sich auch darüber, daß Mary sich um ihn als ihren Ehemann zu wenig gekümmert habe. Während ich ihm zuhörte, ersetzte ich jedesmal, wenn Harry über seine Ehe sprach, den Namen Mark durch den Namen Harry und erkannte, daß er sich in Wirklichkeit darüber beklagte, daß er während der Ehe von Mary nicht genügend bemuttert worden sei.

Mary beklagte sich über Harrys dominante Art. Sie sagte, daß Harry während der Ehe geglaubt habe, man könne jedes Problem lösen, indem man darüber redet, »solange er allein darüber redet«. Mary klagte, daß Mark schon anfinge, wie sein Vater zu werden, daß er Frauen dominiere und glaube, daß alles in Ordnung käme, wenn nur er das Wort führe. Beim Zuhören wurde mir klar, daß Mary sich über Harrys *eheliches*, nicht über sein *elterliches* Verhalten beklagte.

Ich entschied mich herauszufinden, ob beide die Fähigkeit des anderen bei der elterlichen Verantwortlichkeit anerkennen könnten. Aber alle meine Versuche blieben erfolglos; ich konnte Mary genausowenig dazu bringen, Harrys elterliche Fürsorge anzuerkennen, wie ich Harry dazu bringen konnte, Marys elterliche Verantwortlichkeit anzuerkennen. Sie blieben in ihren Rollen als Ehepartner und in ihrer ehelichen Auseinandersetzung stecken. Jede Bewegung in der Frage der elterlichen Sorge würde zur Voraussetzung haben, daß sie sich davon lösen.

Die »schlechtesten Alternativen«[10] äußern

Ich wandte mich nun der Frage zu, die ich schon beim Telefongespräch an sie gestellt hatte, und bat jeden um seine Antwort auf die Frage: »Was ist für Sie das schlechteste denkbare Ergebnis bei unserer Zusammenarbeit?« Harry sprach zuerst: »Ich glaube, das schlechteste Ergebnis wäre, wenn ich Mark verlieren würde. Er ist mein einziges Kind, und ich weiß nicht, was ich tun würde, wenn ich ihn verlieren würde. Der Gedanke daran ist unerträglich.«

Ich antwortete: »Das wäre für Sie ein furchtbares Ergebnis und Ihre Angst ist vollauf verständlich. Und Sie, Mary, wie ist das bei Ihnen?« Mary antwortete: »Ich habe viel darüber nachgedacht und glaube, das schlechteste Ergebnis wäre, wenn ich Mark verlieren würde.« Wiederum sagte ich: »Das wäre für Sie sicher ein furchtbares Ergebnis und Ihre Angst ist vollauf verständlich. Da Sie beide das gleiche Ergebnis fürchten, könnten wir uns nicht darauf einigen, daß ein Ergebnis, bei dem einer von Ihnen Mark verlieren würde, unannehmbar ist? Harry, könnten Sie zustimmen, daß das Ergebnis dieser Verhandlungen nicht sein darf, daß Mary Mark verliert? Mary, könnten Sie zustimmen, daß das Ergebnis dieser Verhandlungen nicht sein darf, daß Harry Mark verliert?«

Beide bejahten die Frage, und so waren wir zu einer weiteren Vereinbarung gekommen. Es war ihre dritte; sie hatten schon vereinbart, in Mediation zu gehen, sie hatten vereinbart, daß ich ihr Mediator sein würde, und jetzt vereinbarten sie, daß keiner Mark verlieren sollte. Ich dachte, daß ich nun wieder auf die Frage der Vermischung der Paar- und der Elternrolle zu sprechen kommen könnte. Auch wenn die Atmosphäre im Raum infolge der Vereinbarung, die beide von ihren schlimmsten Befürchtungen befreit hatte, nicht mehr so bedrückend war, war doch kein Elternteil bereit, die Fähigkeit des anderen zur elterlichen Verantwortlichkeit anzuerkennen. Jeder schien zu glauben, daß man den Streit um Mark verlieren würde, wenn man die elterliche Fürsorge des anderen anerkennen würde.

Ich stellte dann heraus, daß wir nun nicht mehr darum verhandelten, *ob* der eine oder der andere Mark verlieren könne, sondern darum, *wie* man die Zeit mit ihm aufteilen könne. Wegen seines Alters von fast fünf Jahren müsse er bald das Schuljahr über bei einem Elternteil leben, damit er die Schule regelmäßig besuchen könne. Da die Zeit der ersten Sitzung jedoch knapp wurde, gelang es mir nicht, daß sich einer von ihnen in dem Punkt wesentlich bewegte, die elterliche Verantwortlichkeit des anderen anzuerkennen. Deshalb kam ich auf das kommende Wochenende zu sprechen. Sie sagten mir, Mark sollte den Samstag mit seinem Vater und den Sonntag mit seiner Mutter verbringen.

Dissonanz hervorrufen
Zum Abschluß der Sitzung gab ich ihnen eine neue Aufgabe. Ich sagte: »Ich möchte, daß sich jeder von Ihnen Gedanken macht, wie wir zu einer annehmbaren Vereinbarung kommen könnten. Ich möchte, daß Sie beide über folgendes nachdenken: Harry, was würden Sie von Mary als Gegenleistung dafür verlangen, daß Sie mit ihrer Position einverstanden wären, daß Mark in erster Linie bei ihr lebt? Mary, was würden Sie von Harry als Gegenleistung dafür verlangen, damit Sie mit seiner Position einverstanden wären, daß Mark in erster Linie bei ihm lebt? Und während Sie sich diese Frage durch den Kopf gehen lassen, möchte ich, daß Sie noch über eine zweite Frage nachdenken: Was könnten Sie dem anderen anbieten, damit er mit Ihrer Position einverstanden ist? Mary, was könnten Sie Harry anbieten, damit er mit Ihrer Position einverstanden ist? Harry, was könnten Sie Mary anbieten, damit sie mit Ihrer Position einverstanden ist? Antworten Sie auf diese Fragen nicht jetzt. Denken Sie darüber nach; wir werden im Lauf unserer Sitzung am Montag darüber sprechen.«
Der Zweck dieser beiden Fragen war es, sie dazu zu bringen, »in die Rolle des anderen zu schlüpfen«. Ich wußte, daß ich sie aus der Vermischung der Paar- und der Elternrolle lösen mußte und daß eine Möglichkeit, um das zu erreichen, ihr berechtigtes Eigeninteresse war. Bewegung würde nur dann entstehen, wenn jeder verstand, was der andere wirklich wollte, anstatt weiter von den Motiven auszugehen, die sie sich gegenseitig zugeschrieben hatten. Zu diesem Zeitpunkt glaubte jeder, daß das Motiv, das den anderen antrieb, ein eheliches Motiv war: »Sie hat sich nicht um mich gekümmert« und »er war immer so dominierend«. Beide glaubten, der andere wolle an dieser Position festhalten.
Es würde sich eine Lösung ergeben, wenn jeder sehen könnte, was der andere wirklich wollte: eine bedeutungsvolle, ausgefüllte und sorgende Rolle als Mutter oder Vater von Mark. Um eine Vereinbarung über die zukünftige elterliche Sorge für Mark zu erzielen,

mußten sie die Position des anderen besser verstehen. Um ihnen zu helfen, sich aus der Paarrolle zu lösen und zu verstehen, was jeder wollte, mußte ich sie dazu bringen, darüber nachzudenken, was der andere als *Elternteil* wollte und brauchte.

Bei schwierigen Ehepaaren bringe ich diese also dazu, darüber nachzudenken, was der andere als Elternteil will und braucht. Hoffentlich ist das, was sie dann sehen, nicht so bedrohlich wie das, was sie jeweils im anderen als Ehepartner sehen. Der Zweck der ersten Frage: »Was würden Sie vom anderen als Gegenleistung haben wollen, damit Sie mit seiner Position einverstanden sind?« ist es, daß sie sorgfältig darüber nachdenken, was jeder wirklich will und was der andere zu geben in der Lage ist. Um diese Frage zu beantworten, müssen sie das Problem vom Standpunkt des anderen aus betrachten. Damit sie dieses Ziel erreichen können, müssen sie ihre Position ändern, da sie (a) (statt der angenommenen ehelichen Motive) die elterlichen Bedürfnisse des anderen anerkennen und (b) den Standpunkt des anderen verstehen müssen.

Den Standpunkt des anderen zu verstehen, ist der erste Schritt zu einer Vereinbarung. Um eine Änderung zu bewirken, läßt sich die Dissonanz-Theorie heranziehen. Die Dissonanz-Theorie besagt, daß eine Person innerlich zu einer Einstellungsänderung gezwungen wird, wenn sie zwei miteinander unvereinbare Positionen vertreten möchte. Wenn zwischen den beiden Positionen ein solcher Widerspruch besteht, wird sich die Person darum bemühen, diese Dissonanz zu verringern, indem sie die eine oder die andere Position verändert (vgl. Cohen 1984). Wenn das Paar in der Mediation seine ursprünglichen Positionen verändert, kann eine Vereinbarung erreicht werden.

Nicht alle Leute sind jedoch bereit, die erste der gestellten Fragen zu beantworten. Deshalb stelle ich gleichzeitig die zweite Frage, die eine Variante der ersten Frage ist und dabei das Eigeninteresse stärker betont. »Mary, was könnten Sie Harry anbieten, damit er mit Ihrer Position einverstanden ist?« Das erfordert von Mary, daß sie darüber nachdenkt, was Harry will, und erfüllt den gleichen Zweck wie die erste Frage. Um zu erfahren, was Harry will, muß sie seine Position verstehen. Wenn jeder Ehepartner die Position des anderen versteht, tritt anstelle des unterstellten Motivs das Verständnis für die Bedürfnisse des anderen. Viele Klienten vermeiden es, sich mit der ersten Frage zu beschäftigen – vielleicht aus dem Grund, weil das einen Verlust oder ein Aufgeben anspricht. Fast alle Klienten beantworten jedoch die zweite Frage (wahrscheinlich, weil darin ihr Gewinn angesprochen wird). In jedem Fall tauchen Dissonanzen auf, sobald jeder Elternteil darüber nachdenkt, was der andere Elternteil will.

Anerkennen der elterlichen Fürsorge und Verantwortlichkeit
Als sie am Montag wiederkamen, sahen beide müde und abgespannt aus. Ich begann die Sitzung mit der Frage, was jeder das Wochenende über getan habe. Harry fing an: »Mark und ich sind zum Strand gegangen. Es war ein einsamer Strand, nur wenige Leute waren da, und wir haben einen Drachen steigen lassen, Sandburgen gebaut und Hot dogs gekauft. Wir beide waren ganz für uns und haben uns großartig verstanden.« Harry erzählte von seinem Tag mit Mark, und ich ermutigte ihn, weiterzuerzählen und jede Einzelheit des Tages zu schildern. Seine Schilderung ließ das Bild einer sehr persönlichen Zeit des Vaters mit dem Sohn entstehen. Gleichzeitig entwickelte sich im Raum eine bessere emotionale Atmosphäre.
Als Harry geendet hatte, wandte ich mich an Mary und fragte nach ihren Erlebnissen vom Sonntag. »Oh, wir hatten sehr viel Spaß mit einer Menge meiner Freunde«, antwortete sie. »Wir sind in den Park gefahren und hatten ein Picknick. Wir waren etwa zu zwölft und haben den ganzen Tag über Volleyball und Frisbee gespielt. Dann haben wir noch kräftig gesungen; meine Freundin Sally hatte ihre Gitarre mitgebracht. Wir grillten Hamburger und Hot dogs, und Mark hat sich großartig mit allen meinen Freunden verstanden.« Während Mary von ihrem Tag mit Mark erzählte, ermutigte ich sie, weiterzuerzählen und jede Einzelheit des Tages zu schildern. Es entstand das Bild eines geselligen und gemeinschaftlichen Tages der Mutter mit dem Sohn. Es entwickelte sich im Raum eine noch bessere emotionale Atmosphäre.
Nachdem sie beide erzählt hatten, lehnte ich mich nach vorne und sagte: »Wissen Sie, Mark hat schon Glück. Er bekommt von Ihnen

beiden das beste aus beiden Welten. Von Ihnen, Harry, bekommt er die ganz persönliche Aufmerksamkeit, sehr viel Zuwendung, und er kann die Dinge tun, die am besten nur Sie beide zu zweit machen können. Und wenn er bei Ihnen ist, Mary, dann bekommt er die Gelegenheit, mit anderen zusammen zu sein, gesellig zu sein, er bekommt sehr viel persönliche Zuwendung und kann die Dinge tun, die man am besten in einer Gruppe machen kann. So verschieden Sie beide als Ehepartner sind, so bekommt Mark auch von jedem von Ihnen als Elternteil verschiedene Dinge. Alles, was er von Ihnen bekommt, ist wichtig, und er braucht beides, wenn aus ihm der junge Mann werden soll, den Sie sich vorstellen. So gesehen, ist er sehr beneidenswert.«

Ich stand nun vor der Wahl, diesen Gedanken »was ist bei ihnen gemeinsam und was verschieden?« weiterzuverfolgen, oder meine Fragen vom vorigen Termin aufzugreifen. Ich hatte das Gefühl, daß ich beiden genug Anerkennung gezeigt hatte, so daß sie beide ihre Elternrolle nicht verteidigen mußten und an diesem Punkt auch keine weitere Arbeit notwendig war. Ich wandte mich deshalb den Fragen zu, die ich ihnen mit nach Hause gegeben hatte.

»Sagen Sie mir bitte, was Ihnen beim Nachdenken über die beiden Fragen, die ich Ihnen am Freitag gestellt habe, eingefallen ist. Ich nehme an, daß Sie sich darüber Gedanken gemacht haben.« Mary antwortete zuerst: »Oh ja, ich habe viel darüber nachgedacht. Es war sehr schwierig, meine Gedanken auf diese Fragen zu konzentrieren.« »Für mich war es auch furchtbar«, sagte Harry. »Eigentlich lag ich die ganze letzte Nacht wach und habe darüber nachgedacht. Aber schließlich habe ich eine Antwort gefunden, und ich würde sie Dir gerne mitteilen.« Ich erwiderte: »Okay, Harry, fangen Sie doch einfach an.«

»Nun«, begann Harry und holte tief Luft, »Ich habe lange darüber nachgedacht«, platzte es aus ihm heraus, als ob er Angst hätte, die Worte könnten uns nicht erreichen. »Wenn Du mir erlaubst, daß ich Mark bis zum 1. Januar mit mir nach Seattle nehme, dann werde ich ihn wieder nach New York bringen, und er kann das Schuljahr über bei Dir wohnen und die Sommer- und die Weihnachtsferien jedes Jahr mit mir verbringen.«

Die Sitzung fand Ende Mai statt, und Mark sollte im Herbst in den Kindergarten kommen. Harrys Vorschlag bedeutete, daß Mark das erste halbe Jahr des Kindergartens verpassen würde. Ich sah zu Mary hinüber, die mich verdutzt ansah. Ich stand auf und schrieb den Vorschlag auf das Flip-chart. »Stimmt das so?«, fragte ich Harry. »Ja«, erwiderte er. »Was halten Sie davon, Mary?«

Mary prüfte die Worte und zeigte dann ihr Einverständnis, indem sie langsam mit dem Kopf nickte. »Sie wären also mit Harrys Vorschlag einverstanden?«, fragte ich. »Ja«, antwortete Mary.

Ich werde oft gefragt, warum ich Mary nicht auch um ihre Antwort zu der ihr gestellten Frage gebeten habe. Ihr ursprüngliches Zögern, die Frage zu beantworten, und ihre Zustimmung zu Harrys Vorschlag wiesen jedoch darauf hin, daß es wahrscheinlich nur komplizierter geworden wäre, wenn man sie gebeten hätte, ihrerseits einen Vorschlag zu machen. Ich glaube, daß sie an dieser Stelle einen Vorschlag gemacht hätte, wenn sie eine für sie bessere Alternative gesehen hätte.

Die grundlegende Übereinkunft war nun getroffen. Ich wies darauf hin, daß Mary ohne eine schriftliche Vereinbarung nicht zulassen könnte, daß Harry Mark zurück nach Seattle mitnimmt. Ich machte das Angebot, das Mediationsprotokoll für sie an diesem Nachmittag auszuarbeiten, so daß sie beide je ein Exemplar ihrem jeweiligen Anwalt geben konnten, um es zu überprüfen und in die rechtskräftige Vereinbarung aufzunehmen. Sie fingen an, miteinander über den Unterhalt und einige andere finanzielle Streitpunkte zu sprechen, die sie bis dahin noch nicht erwähnt hatten, und kamen schnell zu einer fairen Unterhaltsregelung. Wir vereinbarten, eine Bestimmung mit aufzunehmen, daß sie bei irgendeiner Verletzung der Vereinbarung zur Mediation und Verhandlung zurückkehren würden, und beendeten die Sitzung.

Die Eltern haben mich zweimal angerufen, seit wir die Vereinbarung abgeschlossen hatten, um zu sagen, daß sie gut funktioniert. Ich habe sie beide darauf aufmerksam gemacht, daß die Vereinbarung eventuell überdacht werden müßte, wenn Mark etwa neun oder zehn Jahre alt wäre und sein Freundeskreis für ihn an Bedeutung gewinnen würde.

Ein Nachwort zu diesem Fallbericht:

In dieser Fallstudie habe ich gezeigt, wie in einer schwierigen Konstellation von den »schlechtesten Alternativen« ausgegangen werden kann. Wenn diese Befürchtungen in den Gesprächen ausgeschaltet werden können, werden kreative Energien für Lösungen freigesetzt. Ich half dem Ehepaar, ihre Paar- und ihre Elternrolle zu trennen, in der Überzeugung, daß es akzeptabel ist, jemanden als Ex-Ehepartner nicht leiden zu können, nicht aber als Mutter oder Vater des eigenen Sohns. Erreichbar war dies dadurch, daß ich ihnen half, ihre Verteidigungshaltung abzubauen, ihre kognitive Dissonanz zu nutzen und indem ich ihnen half, zu verstehen, was jeder von ihnen wirklich erreichen wollte. Schließlich haben wir herausgearbeitet, daß jeder von ihnen die elterliche Beziehung zu ihrem Sohn sehr gut wahrnehmen und daß jeder Mark etwas ganz besonderes geben kann. Diese Kombination von Strategien half dem Ehepaar, die »Entführung« hinter sich zu lassen und anzufangen, gemeinsam die elterliche Sorge für ihr einziges Kind auszuüben.

Diese Strategien und Techniken halfen mir auch zu vermeiden, daß ich mich mit der Vielzahl emotionaler und psychologischer Konfliktpunkte beschäftigte, die hinter ihrem Verhalten steckten. Indem ich die Strategien der Mediation anwendete, war ich in der Lage, die Rolle des Mediators beizubehalten und mich davor zu bewahren, bei einem hoch emotionalen Ehepaar in die Rolle eines Therapeuten gelockt zu werden.

4.3 Mediation bei Kindes- oder Ehegattenmißbrauch

Wenn ein Elternteil behauptet, daß der andere ein Kind mißbraucht, dann müssen Mediatoren diese Behauptung sehr ernst nehmen. Zunächst sollte versucht werden, den Wahrheitsgehalt der Anschuldigung zu ermitteln, da eine solche Behauptung auch aufgestellt werden kann, um sich selbst einen Verhandlungsvorteil zu sichern oder um den Partner »unmöglich« zu machen. Eine hervorragende Quelle für solche Befragungen ist das Buch von Gardner (1987). Wenn die Mediatoren bei dieser Befragung nicht weiterkommen, sollten entsprechende Fachleute zu Rate gezogen werden, die entweder über die Jugendämter, örtliche Kinderschutzzentren oder den Kinderschutzbund zu erreichen sind. Diese können dann entweder gemeinsam mit den Mediatoren oder unabhängig von ihnen den Mißbrauchsvorwurf abklären.

Aber unabhängig davon, zu welchem Ergebnis diese Abklärung führen wird, wird sich die künftige Beziehung der Eltern extrem schwierig gestalten. Auch bei Gewalttätigkeiten in der Ehe werden die Verhandlungen durch berechtigte und unberechtigte Ängste, durch latente und offene Drohungen und durch ein tief begründetes Mißtrauen äußerst erschwert oder sogar unmöglich gemacht. Wenn in solchen Fällen eine Mediation versucht wird, sollten mehrere Rahmenbedingungen gewährleistet sein: ein Mediationsvertrag mit dem Paar, in dem die Möglichkeit des Abbruchs der Verhandlungen für den Fall angekündigt wird, daß einer der Partner von dem anderen bedroht wird; Durchführung der Mediation als Co-Mediation (also mit zwei Mediatoren, vgl. Kap. 7); unmittelbare Verfügbarkeit von Supervision, um die Mediation professionell zu begleiten.

4.4 Mediation bei psychischen Störungen eines oder beider Partner

Psychische Störungen eines Elternteils (oder beider Eltern) werfen ähnlich schwierige Probleme für die Mediation auf, da das Paar dann in der Regel nicht voll verhandlungsfähig ist. Das erste Problem liegt auch hier in der Identifikation der psychischen Beeinträchtigung einer der beiden Personen, die von dieser häufig nicht als solche wahrgenommen wird. Zum anderen können die psychischen Schwierigkeiten auch durch die eheliche Interaktion bedingt sein und durch die Auseinandersetzungen im Zuge der Trennung und Scheidung noch verstärkt worden sein. Drittens hat eine therapeutische Empfehlung an einen der beiden Gesprächspartner unweigerlich Folgen für die Zuschreibung der Gründe, warum die Mediationsverhandlung nicht erfolgreich verläuft. Für die Mediation läßt sich eine allgemeine Verhaltensregel hierzu kaum geben.

In unserer Mediationspraxis kommt es zwar häufiger vor, daß wir – oft auch auf Nachfrage – eine therapeutische Empfehlung aussprechen. Aber das geschieht vornehmlich dann, wenn einer der Partner die Trennungssituation nicht gut bewältigt.

Wenn die Mediatoren glauben, daß der Konflikt auf dem Verhandlungsweg gelöst werden kann, das heißt, wenn es brauchbare Lösungen gibt, um den Konflikt zu regeln, wenden sie die im nächsten Kapitel als »Verhandlungsstrategien« beschriebenen Methoden an. Mit diesen wird den Klienten geholfen, Stagnationen in den Verhandlungen zu überwinden und eine Vereinbarung zu erreichen, die für jeden von ihnen und für ihre Kinder am besten ist. Das nächste Kapitel behandelt den Prozeß der Verhandlung und die Rolle des Mediators dabei.

6 Verhandlungsverhalten und Verhandlungsführung

In diesem Kapitel wird zunächst das Verhandlungsverhalten von Mediationsklienten dargestellt. Dabei werden Grundzüge aus der Verhandlungsforschung aufgegriffen. Zunächst werden Parallelen zwischen dem Verhandlungsverhalten von Mediationsklienten und dem strategischen Vorgehen von Beteiligten in anderen Verhandlungssituationen erläutert. Dabei wird diskutiert, welchen Einfluß die Wahrnehmung der bestehenden Alternativen zur Mediation auf die Verhandlungsstrategien der Klienten haben kann. Die Mediation wird als ein Prozeß beschrieben, in dem Klienten ihre Konflikte qualitativ verändern und redefinieren, so daß sie in der Folge nicht nur ihre Verhandlungsstrategien verändern können, sondern auch andere und neue Lösungsstrategien zur Verfügung haben. Im zweiten Teil des Kapitels werden spezielle Techniken, Interventionen und Strategien beschrieben, mit denen Mediatoren diesen Veränderungsprozeß unterstützen können.

In Verhandlungen verfolgen die meisten Menschen das Ziel, zu einem möglichst vorteilhaften Abschluß zu kommen. Um das zu erreichen, glauben sie, mehr verlangen zu müssen, als sie haben wollen, oder weniger bieten zu müssen, als sie ausgeben wollen. Oft führt ein derartiges Verhandlungsverhalten zwar zu dem gewünschten Ergebnis, es stellt allerdings kaum einen Weg dar, um in einer vertrauensvollen Atmosphäre zu einer Verhandlungsvereinbarung zu kommen. John Haynes verdeutlicht anekdotisch dieses »übliche« Verhandlungsverhalten:

Auf der Suche nach einem Teppich auf einem Markt in Mexiko war J.H. klar, daß zum Kauf dort auch Feilschen gehören würde, sogar erwartet wurde. Er schaute sich daher zunächst eher beiläufig um, betrachte, ohne sich sein Interesse anmerken zu lassen, den Berg von Teppichen an einem Stand (in dem er längst den Teppich erblickt hatte, den er wollte), tauschte mit dem Verkäufer zunächst einige Höflichkeiten aus und fragte schließlich nach dem Preis des einen, besonderen Teppichs. Der Verkäufer eröffnete das Spiel mit dem Ausruf: »Ah, Señor, da haben Sie sich einen sehr guten ausgesucht. Er kostet Sie nur 150 Dollar.«

»Was!«, entrüstete sich J.H., den Regeln des Spiels folgend, »dieser Teppich kostet auf dem nächsten Markt nur 35 Dollar.« »Schon, Señor, aber das hier ist gute Qualität, keine Fabrikware. Wenn Sie den Teppich wirklich haben wollen, könnte ich ihn vielleicht für 100 Dollar verkaufen.« »O nein, er ist nur 60 Dollar wert.« »Aber Señor, ich habe eine Familie zu ernähren. Aber weil Sie es sind, werde ich Ihnen den Teppich für 75 Dollar geben.« Das war schließlich der Preis, auf den sich beide einigen konnten.

Diese Art der Verhandlung enthält eine Reihe von Elementen, die sich in verschiedenen Verhandlungssituation finden lassen, ganz gleich, in welchem Kontext verhandelt wird. Sie finden sich auch in der Mediation:

- Die Verhandlungspartner (oder Kontrahenten) treten strategisch auf; sie beginnen die Verhandlungen mit übertriebenen Forderungen, um sich einen möglichst großen Verhandlungsspielraum zu schaffen.

Im obigen Beispiel täuschte der potentielle Käufer zunächst geringeres Interesse am Teppich vor, als er tatsächlich hatte und bot einen niedrigeren Preis, als er zu zahlen bereit war.
Der Händler wiederum verlangte zunächst einen wesentlich höheren Preis, als er in Wirklichkeit zu akzeptieren bereit war. Über gegenseitige Zugeständnisse kamen sie zu einem Preis, der für beide Parteien annehmbar war.

- Die Verhandlung erfolgt nach – oft impliziten – Regeln, die allen Beteiligten bekannt sind; im Beispiel ist eine Regel die, daß Preisvorschläge mit – möglichst dramatisch vorgetragenen – Argumenten untermauert werden müssen (etwa der Hinweis auf die zu ernährende Familie).
- Das Verhalten der Parteien in der Verhandlungssituation wird von verschiedenen Faktoren bestimmt: Sie haben ein bestimmtes und konkretes *»Ziel«*, einen Abschluß, den sie anstreben (etwa

einen Gegenstand zu einem akzeptablen Preis zu erwerben). Wenn im folgenden von einem »Ziel« eines Teilnehmers in einer Verhandlung die Rede ist, so ist damit also ausschließlich sein erhoffter Abschluß gemeint. Um ein derartiges Ziel zu erreichen, stellt jeder Partner bestimmte Forderungen oder macht *Angebote*. Die Verhandlungspartner haben weiter eine merkliche Spanne zwischen Ziel und eventuell überhöhtem Angebot, man nennt das allgemein den *»Aufschlag«* (›Add on‹). Sie vergrößern also ihren Verhandlungsspielraum taktisch, in dem sie (als Verkäufer) einen höheren Preis ansetzen, als den, den sie tatsächlich erzielen wollen; als Käufer nennen sie einen niedrigeren Preis, als den, den sie zu zahlen bereit sind. Der Terminus »add on« kann fälschlicherweise die Annahme nahelegen, es sei nur die Erhöhung einer Summe gemeint; aus der Sicht des Käufers verringert der Aufschlag jedoch den genannten Preis. Die Verhandlungspartner haben daneben *Grenzen* oder *»Limits«* ihrer Verhandlungsbereitschaft (der Höchstpreis, den der Käufer zahlen will; der niedrigste Preis, auf den sich der Verkäufer herunterhandeln lassen will). Schließlich haben sie hinter ihren *Positionen* in der Verhandlung liegende *Interessen*, die oft darauf Einfluß nehmen, wie viele Zugeständnisse sie machen werden (das Interesse, die Wohnung mit einem besonderen Teppich zu verschönern, legt möglicherweise einen anderen Verhandlungsspielraum nahe als das Interesse, jemandes Herz mit einem besonderen Geschenk zu gewinnen).

In dem geschilderten Beispiel endet die Beziehung von Verkäufer und Käufer nach dem Handel. Auch durch ein riskantes Verhandlungsverhalten kann im allgemeinen kein größerer Schaden angerichtet werden.
Anders dagegen ist dies in Verhandlungssituationen, in denen die Beteiligten auch nach Abschluß der Verhandlung noch miteinander konfrontiert sind. Bei der Scheidung eines Elternpaares werden die Partner auch künftig wegen ihrer Kinder miteinander kooperieren müssen. In dieser Situation müssen die Konfliktparteien auf eine Art und Weise zu einer Vereinbarung kommen, die ihre zukünftige

Beziehung schützt. Dieses sicherzustellen, ist eine Aufgabe der Mediation. Es macht keinen Sinn, Verhandlungen auf Kosten des anderen zu gewinnen, wenn der Preis dafür die Zerstörung einer möglicherweise tragfähigen Beziehung ist.

Zwei Größen, die das Verhandlungsverhalten beeinflussen – ohne daß sie allen Beteiligten genau bekannt sein müssen – sind bereits genannt worden: Die *Ober-* und *Untergrenze* der Verhandlungsbereitschaft.

Im Unterschied zum obigen Beispiel werden sie in der Mediation dadurch zusätzlich bedeutsam, daß die Verhandlungspartner neben der Mediation einen alternativen Weg kennen: Den Weg der gerichtlichen Entscheidung. In der Terminologie von Fisher und Ury (1984) wird statt von Unter- und Obergrenzen von der »besten Alternative zu einer Verhandlungsübereinkunft« und der »schlechtesten Alternative zu einer Verhandlungsübereinkunft« gesprochen. Hiervon soll im folgenden die Rede sein.

Was ist die »bessere Alternative« bei einer Verhandlung?

Die Untergrenze der Verhandlungsbereitschaft wird durch das erwartete Verhandlungsergebnis gebildet, das bei einer anderen Art der Konfliktlösung vermutlich erzielt würde. Fisher und Ury (1981, deutsch 1984, S. 141 ff) verwenden dafür den Ausdruck »beste Alternative zu einer Verhandlungsübereinkunft« – »better alternative to a negotiated agreement«, als Akronym »BATNA«: Jede Person hat bei einem Streit eine Vorstellung davon, ob sich auf einem anderen Weg eine bessere Übereinkunft erreichen ließe. Im folgenden werden wir in Abwandlung dieses Begriffs von der »besseren Alternative« sprechen, da das diese Erscheinung besser beschreibt als der Ausdruck »Untergrenze«. Die Begriffe »Untergrenze« bzw. »Obergrenze« bezeichnen in der Regel einen Zahlenwert, der Begriff »BATNA« bezeichnet einen eher motivationalen Fak-

184

tor, der diese Werte beeinflußt. Zwischen den drei Begriffen besteht folgender Zusammenhang: Für den Partner (z.B. in einer Unterhaltsverhandlung), der an den anderen *geben* wird, bestimmt seine »BATNA« die *Obergrenze* dessen, was er zu zahlen bereit ist. Für denjenigen Partner, der vom anderen etwas *erhält*, bestimmt seine »BATNA« die *Untergrenze* dessen, was er erhalten möchte. Im allgemeinen nimmt die Verhandlungsbereitschaft eines Partners in der Scheidungsmediation um so mehr ab, je mehr er glaubt, ein besseres Ergebnis vor Gericht erreichen zu können. Die Bereitschaft, beispielsweise über die Verteilung des Unterhalts zu verhandeln, nimmt also bei einem Partner um so stärker ab, je näher die zur Diskussion stehenden Beträge an seiner »BATNA« liegen. Die Verhandlungsspielräume zwischen »Ziel«, »Aufschlag« und »BATNA« lassen sich in einem konstruiertem Beispiel graphisch veranschaulichen:

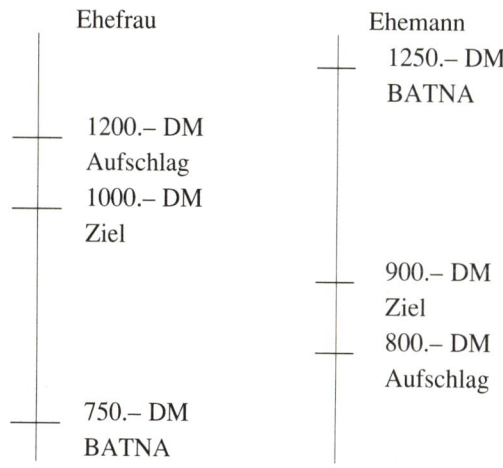

In diesem Beispiel ist es das Ziel des Ehemanns, 900.- DM an Ehegattenunterhalt zu zahlen. Zunächst bietet er 800.- DM an (dies enthält seinen Aufschlag). Unter Umständen ist er bereit, mehr als 900.- DM zu bezahlen, jedoch auf keinen Fall mehr als 1250.- DM. Dies ist sein oberstes Limit. Ein schlechteres Ergebnis wird er nicht akzeptieren, da er davon ausgeht, vor Gericht auf keinen Fall schlechter abzuschneiden.

185

Das Ziel der Ehefrau ist es, einen Ehegattenunterhalt von 1000.- DM zu erhalten. Sie fordert zunächst vorsichtshalber 200.- DM mehr, »um sich Verhandlungsspielraum zu schaffen«. Wenn sie sich herunterhandeln läßt, wird sie als Untergrenze mindestens 750.- DM fordern. Eine Mediationsregelung von weniger als 750.- DM wäre für sie unannehmbar, und sie würde dann eher vor Gericht gehen.

In diesem Beispiel lohnt es sich für beide Partner zu verhandeln, da ein positiver Verhandlungsspielraum besteht. Der Verhandlungsspielraum bildet sich aus der Differenz der beiden »Limits« bzw.» BATNAs«. Die Obergrenze des Ehemannes liegt bei 1250.- DM, die der Ehefrau bei 750.- DM. Der Verhandlungsspielraum – als Differenz zwischen diesen beiden Grenzen – beträgt 500.- DM. Jedes erzielte Verhandlungsergebnis, das innerhalb dieses Spielraums getroffen wird, stellt für beide Partner einen *Gewinn* gegenüber den jeweiligen Alternativen dar; daher spricht man auch von einem positiven Verhandlungsspielraum. Für beide Partner ist die Verhandlung also günstiger als eine gerichtliche Entscheidung; sie werden bei einer Vereinbarung innerhalb ihrer »Limits« beide das Gefühl haben, eine befriedigende Übereinkunft getroffen zu haben und gegenüber dem möglichen Resultat einer Gerichtsentscheidung gewonnen zu haben.

Anders wäre folgender Fall: Der Ehemann ist höchstens zu einer Unterhaltszahlung von 800.- DM bereit, die Ehefrau wird keiner Regelung unter 1000.- DM zustimmen. In diesem Fall liegt jede Vereinbarung innerhalb der Differenz der »Limits« außerhalb der individuellen »Limits«, es besteht kein Verhandlungsspielraum. Das heißt, selbst wenn sich beide Partner aus irgendwelchen Gründen auf eine Zahlung von 900.- DM einigen würden, so wäre dieses Ergebnis für beide Partner unbefriedigend, da jeder Partner das Gefühl hat, durch die Verhandlung verloren zu haben.

Eine Vereinbarung ist für jeden Partner um so attraktiver, je höher sie über der jeweiligen »BATNA« liegt. Je näher an der jeweiligen »BATNA« verhandelt wird, desto eher besteht die Gefahr des Abbruches der Verhandlung.

Man kann die Bereiche in der Nähe der »BATNA« auch als *Defensiv-Bereiche*, die Bereiche in der Nähe der Ziele als *Kreativ-Bereiche* bezeichnen. Dahinter steht die Vorstellung, daß ein Verhandlungspartner defensiv reagiert, wenn er sich gegen eine ungünstige Vereinbarung schützen muß und er deshalb wenig kooperativ sein wird. Je mehr im Kreativ-Bereich verhandelt wird, desto einfallsreicher, optimistischer und zufriedener kann sich ein Partner verhalten.

Im genannten Beispiel ist das Erreichen einer für beide Partner befriedigenden Vereinbarung sehr wahrscheinlich, da zum einen ein positiver Verhandlungsspielraum besteht und zum anderen die gegenseitigen Forderungen die jeweiligen »BATNAs« nicht überschreiten. Das heißt, die Forderung der Ehefrau liegt immer noch unter der »BATNA« des Ehemannes und umgekehrt.

In anderen Fällen können die Verhandlungen dann besonders schwierig oder sogar bedroht sein, wenn die Forderungen der Partner stark überzogen sind. Dies kann selbst bei einem positiven Verhandlungsspielraum der Fall sein, auch wenn die Ziele nicht einmal weit voneinander entfernt sind (siehe die folgende Abbildung).

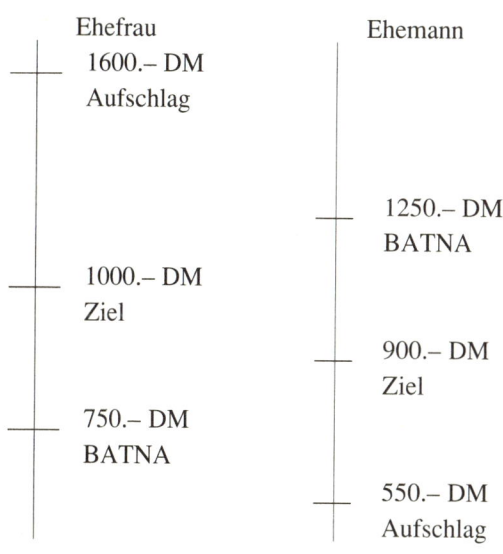

Ehefrau

1600.– DM
Aufschlag

1000.– DM
Ziel

750.– DM
BATNA

Ehemann

1250.– DM
BATNA

900.– DM
Ziel

550.– DM
Aufschlag

In diesem Beispiel bestehen der gleiche (positive) Verhandlungsspielraum und die gleichen Ziele wie im vorangehenden Beispiel. Dennoch riskieren beide Partner durch ihre Ausgangspositionen wesentlich eher einen Abbruch der Verhandlungen, denn die extremen Defensivbereiche sind besonders gefahrvoll. Beide Parteien beginnen mit unrealistischen Aufschlägen, so daß ihre jeweiligen Ausgangspositionen jenseits der »besseren Alternative« des anderen liegen. Wenn beide unrealistische Aufschläge haben und diese zu Anfang des Verfahrens äußern, werden beide schnell zu dem Schluß kommen, daß es nicht möglich sein wird, in den Bereich einer wechselseitigen Vereinbarung zu gelangen. Bei beiden Partnern könnte außerdem der Eindruck entstehen, eine Verhandlung lohne sich nicht, da das Ergebnis, das in der Verhandlung erzielt werden kann, wahrscheinlich schlechter ist als das Ergebnis, das vor Gericht erzielt werden könnte.

Zu Beginn einer Verhandlung, in der solche überzogene Forderungen gestellt werden, schweben den Partnern sehr ungleichgewichtige Lösungen vor: die Maximierung des Gewinns des einen minimiert den Gewinn des anderen. Ziel der Mediation ist es, eine Vereinbarung zu finden, die innerhalb des Kreativbereiches der beiden Kontrahenten liegt. Auf dem Weg dorthin können sich durch die Verhandlungsführung der Mediatoren die »Limits« der Beteiligten verändern und der Kreativbereich kann sich vergrößern. Zwei Regeln können Mediatoren dabei helfen zu verhindern, daß sich Verhandlungen in die Defensivbereiche hinein entwickeln, in denen die Gefahr eines Abbruchs der Gespräche droht:

– *Nicht die Untergrenzen explorieren:* Es birgt ein Risiko, wenn die Mediatoren die Untergrenzen der Beteiligten ausdrücklich erforschen. Wenn jede Partei die Untergrenze der anderen kennt, wird jede Seite möglicherweise Angebote machen, die gerade oberhalb der Untergrenze der anderen Seite liegen. Diese sind zwar attraktiver als die »BATNA«, aber nicht attraktiv genug, um eine für beide befriedigende Vereinbarung zu erreichen. Da die Beteiligten selten das gleiche Verhandlungsgeschick besitzen, ist das Wissen über die Untergrenzen für den geschickten Verhandler besonders vorteilhaft. Aus diesem Grund sollten die Mediatoren nicht versuchen, die Untergrenzen herauszufinden oder offenzulegen.

– *Verhindern von überzogenen Forderungen:* Um zu verhindern, daß überzogene Forderungen gestellt und damit die Verhandlungen insgesamt bedroht oder Positionen verhärtet werden, sollten zu Beginn der Mediation nicht vorschnell Lösungsvorschläge erbracht oder konkrete Ziele artikuliert werden. Statt dessen sollten zuerst einmal Fakten gesammelt werden. Im Fall von Unterhalts-Verhandlungen, in denen Klienten verfrüht Lösungsvorschläge machen, könnten Mediatoren so intervenieren: *»Jetzt ist es noch zu früh, um über einzelne Lösungsvorschläge zu verhandeln, denn ohne Kenntnis der vollständigen Fakten könnten Sie eventuell mehr anbieten, als Sie sich wirklich leisten können, oder Sie könnten weniger verlangen, als fair ist. Um Ihnen beiden gegenüber fair zu sein, sollten wir also keine Entscheidungen treffen, bis wir alle Fakten haben.«*

Alle Lösungsvorschläge sollten solange aufgeschoben werden, bis sämtliche Fakten zusammengestellt sind, das Problem wechselseitig definiert ist und alle Beteiligten sich im kreativen Bereich befinden. Die Kenntnis der konkreten Fakten kann dazu beitragen, daß keine allzu überhöhten Forderungen gestellt werden, weil unrealistische Aufschläge als solche durch die Fakten erkennbar werden. Erst wenn – unterstützt durch den Prozeß des Faktensammelns – auch wiederum die hinter den Positionen der Verhandlungspartner liegenden Interessen allen bekannt sind, ist es sinnvoll, konkrete Lösungsvorschläge für den Konflikt zu erarbeiten.

Was ist die »schlechteste Alternative« bei einer Verhandlung?

Als weiterer dynamischer Faktor muß in der Mediation berücksichtigt werden, was für jeden Klienten die »schlechteste Alternative zur Verhandlungsübereinkunft« darstellt. Der Erstautor verwendet für diesen Faktor die Bezeichnung »worst alternative to a negotiated agreement«, als Akronym »WATNA« (Haynes 1984). Dieser Faktor kann einen erheblichen Einfluß auf die Motivation der Klienten haben, überhaupt in die Mediation zu kommen. Aus seiner Kenntnis lassen sich ebenfalls Regeln für das Verhalten der Mediatoren ableiten.

Auch wenn einige Klienten die Mediation wegen der mit ihr verbundenen positiven Möglichkeiten wählen, entscheiden sich doch auch viele Menschen dafür, weil sie den Weg eines Rechtsstreits mehr fürchten als den der Mediation. Der eine Partner mag beispielsweise befürchten, daß seine geschäftlichen Aktivitäten dann vor Gericht untersucht werden könnten, eine andere Person, daß ihre früheren Affären allgemein bekannt werden. Manche Klienten schreckt der Gedanke, daß »über sie gerichtet wird«. Wieder andere erzählen Schreckensgeschichten von den Erfahrungen ihrer Freunde. Die meisten sorgen sich um den Einfluß einer Gerichtsverhandlung auf ihre Kinder. Was auch immer der Grund ist: Viele Klienten sind eher von der Furcht vor einer Gerichtsverhandlung als durch den Wunsch nach einer Mediation motiviert, die Scheidungsfolgen untereinander zu verhandeln.

Diese Angst vor der Alternative kann entscheidende Folgen für den Verlauf der Mediation haben. Wenn die Angst vor einem Rechtsstreit eine Person dazu gebracht hat, in Mediation zu gehen, dann wird sie eher bereit sein, in der Mediation unverhältnismäßig viele Zugeständnisse zu machen, um nicht vor Gericht gehen zu müssen. An diesem Ende der Skala befindet sich der Ehemann, der denkt, daß er vor Gericht keinen Erfolg haben würde: Er macht alle Konzessionen, um nicht die Mediation abbrechen zu müssen. Das versetzt ihn in der Mediation in eine verletzliche Position: die Ehefrau, die von seiner Angst weiß, könnte sich weigern, von ihren Forderungen auch nur minimalen Abstand zu nehmen. Wenn es scheint, daß ein Klient übermäßige Zugeständnisse aus Angst vor dem gerichtlichen Weg macht, sollten die Mediatoren eine juristische Beratung durch einen Rechtsanwalt vorschlagen, damit er seine Chancen vielleicht realistischer einschätzen kann.

Im allgemeinen wird ein Partner um so geringere Aufschläge auf sein eigentliches Ziel setzen und um so eher Zugeständnisse machen, je mehr er seine »schlechteste Alternative« fürchtet. Als Beispiel soll eine Situation dienen, in der ein Ehepaar über die Höhe des Ehegatten-Unterhalts verhandelt und die verfügbaren Geldmittel 2000.- DM sind. Bei den meisten Verhandlungen liegt der akzeptable Spielraum für beide Parteien zwischen 900.- DM und

1100.- DM. Wenn eine Partei eine Summe in diesem Bereich zugesprochen bekommt, wird sie sich in der Regel nicht allzu ungerecht behandelt fühlen. Die Angst vor der Alternative der Gerichtsverhandlung ist jedoch ein Faktor, der entscheidet, ob eine Partei mehr Zugeständnisse machen wird als die andere. Zu welchen einseitigen Zugeständnissen jeder Partner also bereit ist, hängt von der Art ihrer jeweiligen »WATNA« und der Intensität der Angst vor einer Gerichtsverhandlung ab. Wenn der Ehemann größere Angst hat als die Ehefrau, vor Gericht zu gehen, so wird der Faktor seiner Angst die vereinbarte Summe für die Ehefrau in die Höhe treiben – er wird dann vielleicht bereit sein, auch 1300.- DM an sie zu zahlen. Wenn die Ehefrau die größere Angst hat, wird sie ein niedrigeres Ergebnis erzielen.

Vermuten die Mediatoren, daß ein Klient stark durch die Furcht vor einer unangenehmeren Alternative zur Mediation motiviert wird, so haben sie verschiedene Reaktionsmöglichkeiten:

– In manchen Situationen läßt sich diese Furcht nützen, um die Bedingungen zu verbessern. Wenn etwa ein Ehemann fürchtet, den vollen Umfang seiner Vermögenswerte offenzulegen, können die Mediatoren ihm klarmachen, daß Mediation kein Weg sein kann, um die Verpflichtung zu Fairneß, Ehrlichkeit und Verantwortung zu vermeiden. Tatsächlich benutzen die Mediatoren also die Angst des Klienten, diese Informationen zu liefern, indem sie deutlich machen, daß die Mediation der am wenigsten öffentliche Weg ist, um die Informationen zu geben, die er in *jedem* Fall herausgeben muß.

– Wenn einer der Klienten eine *übermäßige* Angst vor dem gerichtlichen System zu haben scheint, und die Angst es ihm/ihr unmöglich macht, eine Vereinbarung auszuhandeln, die den eigenen Interessen entspricht, dann können die Mediatoren Strategien entwickeln, um den Klienten/die Klientin zunächst zu beruhigen. So könnten sie erklären, was der gerichtliche Weg realistischerweise bedeuten würde. Sie könnten auch ihn/sie ermutigen, einen beratenden Anwalt aufzusuchen, der über die tatsächlichen Risiken des juristischen Wegs aufklären und sie abwägen kann. Erst wenn dieser Klient dadurch eine bessere

Grundlage für die Wahrung der eigenen Interessen gewonnen hat, sollten die Mediatoren mit den Verhandlungen fortfahren.

Als Leitlinie zum Führen der Verhandlung gilt beim Umgang mit den »WATNAs« dasselbe wie im übrigen Prozeß: Mediatoren setzen Strategien zum Ausgleichen des Kräfteungleichgewichts zwischen den Parteien ein, indem sie sicherstellen, daß jede Person über das gleiche Maß an genauen Informationen verfügt. Mediatoren halten ein Gleichgewicht zwischen der Kontrolle des *Prozesses* und der Kontrolle der *Inhalte*. Indem sie die Prozeßkontrolle beibehalten, helfen sie den Klienten zu verstehen, wie man konstruktiv verhandeln kann; sie beseitigen damit Hindernisse, die einem ausgeglichenen Verfahren im Weg stehen. Sie vermeiden es jedoch, den Klienten zu sagen, wie sie sich inhaltlich entscheiden sollen.

Mediation als Verhandlung zwischen Käufer und Verkäufer

Die Strategien von Mediationsklienten ähneln oft denen der Verhandlungspartner in der eingangs geschilderten Situation vom Teppich-Kauf in Mexiko. Diese Parallele ist besonders deutlich bei den Verhandlungen über die *Vermögensaufteilung*, da hier über finanzielle Werte verhandelt wird. Die Person, die einen bestimmten Gegenstand will, verhält sich oft wie ein Käufer, der den Wert des Gegenstands – strategisch – unterbewertet. Der andere verhält sich oft wie ein Verkäufer, der den Wert des Gegenstands überbewertet. Für Mediatoren kann es hilfreich sein, sich die Klienten im Licht dieser Rollen vorzustellen, um ihre Strategien zu verstehen und zu modifizieren.

Ein Ehemann mag beispielsweise seine Briefmarkensammlung überbewerten, weil er stolz auf sein Hobby ist. Beim Ausfüllen des – im Kapitel 4 beschriebenen – Vermögens-Formulars kann sein Stolz sein Eigeninteresse überlagern, wenn er den Wert der Briefmarken überhöht darstellt. Hier können die Rollen von Verkäufer und Käufer durcheinander geraten, weil der »Verkäufer« ja den Gegenstand behalten will, er aber gleichzeitig den Wert überbewertet und sich damit in eine schlechtere Verhandlungsposition bringt, zumindest im Hinblick auf die Aufteilung des Gesamtvermögens; er handelt sich gewissermaßen selbst hoch. Mediatoren sollten auf einer unabhängigen Wertbestimmung bestehen (vgl. Kapitel 4), um sicherzustellen, daß die eigenen Interessen jeder der Parteien gewahrt bleiben. Damit wird verhindert, daß das Wechselspiel von Käufer und Verkäufer die Verhandlungen allzusehr bestimmt.

Ein Gegenstand kann aber auch für jeden der beiden Klienten gleichermaßen einen ideellen Wert besitzen und beide veranlassen, seinen Wert höher einzuschätzen, als dies ein Schätzer tun würde. Wenn etwa ein Biedermeier-Stuhl einen hohen ideellen Wert besitzt, weil mit ihm angenehme Erinnerungen an den Tag verbunden sind, als man ihn auf einer Auktion erstanden hat, so hat derjenige, der den Stuhl zugesprochen bekommt, genauso das Recht, diesen höheren Preis zu akzeptieren wie ein Käufer das Recht hätte, einen überhöhten Preis zu zahlen. In diesem Sinn sind die Verhandlungen der Marktwirtschaft nachempfunden: Angebot und Nachfrage bestimmen den Preis. Solange die Parteien eine angemessene Vorstellung von dem tatsächlichen Marktwert eines Gegenstands haben, greifen die Mediatoren nicht ein, wenn sie einvernehmlich diesen Gegenstand für einen höheren oder niedrigeren Preis als den ihnen bekannten hergeben oder erhalten wollen.

Manchen Klienten scheint es sogar möglich zu sein, finanzielle und emotionelle Belange gegeneinander aufzurechnen. Mediatoren sollten bereit sein, die besonderen Vereinbarungen zu akzeptieren, auf die diese Klienten sich einigen, auch wenn sie ihnen selbst unbefriedigend erscheinen. John Haynes schildert dazu ein Beispiel aus seiner Mediationspraxis:

In einem Fall verließ der Ehemann seine Ehefrau wegen einer jüngeren Frau. Die Ehefrau wollte die Scheidung nur widerwillig akzeptieren, die Verhandlungen kamen schleppend voran – bis sie bei den Vermögenswerten zum Segelboot kamen. Beide wollten das Boot haben, das etwa 30.000$ wert war. Die einzige Möglichkeit der Aufteilung schien zunächst, das Boot zu verkaufen und sich den Erlös zu teilen. Das Gespräch wurde spannungsgeladen und gefühlsbetont, da jeder in den Verhandlungen darauf aus war, das Boot zu behalten. Schließlich brach die Ehefrau in Tränen aus und sagte: »Du hast deine Freundin, ich will das Boot.« Der Ehemann dachte kurz nach und sagte: »In Ordnung.« Auch wenn die Ehefrau auf diese Weise einen größeren Anteil an den Vermögenswerten bekam, war es doch in den Augen dieses Paares eine gerechte Teilung. Von diesem Moment an verliefen die Verhandlungen reibungslos, der restliche Besitz wurde gleichmäßig aufgeteilt. J.H. betont, er habe in der folgenden Woche die Ernsthaftigkeit dieses Angebots nochmals überprüft. Der Ehemann war jedoch nach wie vor mit der Vereinbarung über das Boot zufrieden – wohl auch, weil es seine Schuldgefühle verminderte. Auch für die Ehefrau schien eine einvernehmliche Scheidung nunmehr möglich, und sie verhandelte im folgenden wesentlich kooperativer.

Der Austausch von Informationen im Verhandlungsprozeß

Charakteristisch für den Beginn von Mediationsgesprächen ist es, daß die Klienten oft nur in einem geringen Maß die Interessen ihres ehemaligen Partners beachten. Sie haben meistens ausgiebig darüber nachgedacht, was sie selber wollen und brauchen; sie haben ihre jeweiligen Zielvorstellungen entwickelt, ohne daran zu denken, daß sie zu einer gemeinsamen, integrativen Vereinbarung kommen müssen. »Eine Vereinbarung gilt in dem Maß als integrativ, in dem sie die Interessen der Parteien miteinander versöhnt und so beiden große Vorteile bringt« (Pruitt & Carnevale 1982). In der Sprache der Konflikttheorie ausgedrückt, gestalten die Verhandlungspartner ihren Konflikt zunächst in Form einer *»reinen Konfliktlösung«*, in dem die Maximierung des eigenen Gewinns den Gewinn des anderen reduziert. Bei einer *integrativen Konfliktlösung* hingegen werden die Interessen der Parteien nicht als total konträr angesehen, sie sind aber auch nicht total vereinbar. Dem Gewinn einer Partei entspricht nicht ein gleich großer Verlust der anderen. Die Aufgabe der Mediatoren ist es, die Verhandlungen so zu strukturieren, daß die Möglichkeit zu einer integrativen Lösung verbessert wird.

Um dies zu fördern, können Mediatoren zum einen die Klienten dazu bewegen, übergeordnete Ziele zu finden, die »hinter« den zunächst geäußerten liegen. Über diese ist eine integrative Vereinbarung viel leichter zu erreichen – die Mediatoren können also die Aufmerksamkeit der Klienten weg von ihren Positionen und hin zu ihren Interessen und übergeordneten Bedürfnissen lenken. Zum anderen können sie durch verschiedene Fragetechniken den Informationsaustausch zwischen den Klienten fördern. Indem die Klienten die Sicht des anderen immer besser kennenlernen, wird eine Veränderung ihrer Positionen immer wahrscheinlicher, so daß schließlich eine integrative Vereinbarung möglich wird. Dieser Prozeß soll im folgenden verdeutlicht werden.

In dieser Phase der Mediation (nach dem im Kapitel 1 vorgestellten Verlaufsmodell der Mediation ist dies der Schritt »Positionen darstellen und Fakten sammeln«) gewinnen die Beteiligten zunächst Informationen über Wert und Bedeutung eines Verhandlungsgegenstandes. Sie erfahren voneinander, welche zusätzlichen Faktoren möglicherweise den Wunsch bestimmen, einen bestimmten Gegenstand zu erhalten. Schließlich beginnen sie, ihre gegenseitige Bereitschaft zu Zugeständnissen »auszuloten«.

Als Beispiel soll angenommen werden, ein Paar streite sich darüber, wer das gemeinsame Haus behalten darf und was dieser Partner dem anderen dafür bezahlen muß. Ihre Positionen werden jeweils wieder ein Verhandlungsziel und einen Aufschlag beinhalten. Nach der Darstellung dieser Positionen findet der erste Austausch neuer Informationen statt, sobald die Kontrahenten ihre Schätzungen über den Wert des Hauses vorlegen (vgl. Kapitel 4). Von diesem Zeitpunkt an muß jeder Partner die Schätzung des anderen berücksichtigen – jeder Partner kann einerseits an der für ihn günstigen Ausgangsposition festhalten (sofern die Schätzung des anderen für ihn ebenfalls günstig ausfällt), andererseits kann ihn die Schätzung aber auch dazu bewegen, sich von der ursprünglichen Position zu lösen und erste Zugeständnisse zu machen.

Der Preis, den jeder erwägt, wird nun also zum einen durch die Stärke des Wunsches bestimmt, das Haus zu behalten, zum anderen aber auch durch die vorgelegten Schätzungen. Zusätzlich haben sie noch andere Interessen, derentwegen sie versuchen, das Haus zu bekommen. So hängt etwa der Betrag, den ein Partner zahlen will oder kann mit der Möglichkeit jeder Person zusammen, eventuell anstehende Hypothekenzahlungen zu leisten. Weitere – den Preis beeinflussende – Faktoren können der erwartete Preis für eine neue Wohnung sein, oder auch die wahrgenommene Notwendigkeit, die Frage des Hauses schnell zu regeln, um einen Ausweg aus den derzeit schwierigen Wohnverhältnissen zu finden. Der Wert, den jede Person dem Haus beimißt, ist das Ergebnis dieser verschiedenen, zum Teil gegenläufigen Interessen: Wenn der Wunsch, das Haus zu behalten, sehr stark ist, wird eher ein hoher Preis geboten; andererseits führen bestehende Hypotheken dazu, weniger zu bieten usw.

Indem die Partner in der Mediation von ihren gegenseitigen Interessen und Wünschen erfahren, werden sie sich ihrer eigenen Bedürfnisse und der Bedürfnisse des anderen bewußt. Die dadurch ausgelösten Prozesse sind oft überraschend, weil in der Regel angenommen wird, daß lange zusammenlebende Paare die Wünsche und Vorstellungen des anderen sehr genau kennen. Dies ist aber – besonders in der Situation der Trennung – häufig gar nicht der Fall, so daß durch den Austausch dieser Informationen oftmals entscheidende Veränderungen möglich werden. Durch die neuen Aspekte und Informationen, die in der Mediation bekannt werden, werden vor allem die Zielsetzungen der Klienten beeinflußt und können sich allmählich verändern.

Während des Informationsaustausches erfahren die Klienten auch, wie stark der andere an einer bestimmten Position festhält. Dadurch wird ihnen deutlich, wie wichtig dem anderen dieser Verhandlungspunkt ist. Wenn sie hören, mit welcher Festigkeit der andere eine bestimmte Position in den Verhandlungen verteidigt, ändern sie möglicherweise ihre eigene Position. Verschiedene Auswirkungen sind denkbar: Es kann sein, daß sie ihre eigenen Zielsetzungen verändern, es kann aber auch sein, daß sie die »beste Alternative« anders einschätzen (je deutlicher wird, daß die Mediation der beste Weg ist, die – nun bekannten – konträren Bedürfnisse zu vereinbaren, desto unattraktiver wird der gerichtliche Weg). Treten solche

Veränderungen auf, hat dies normalerweise wiederum Konsequenzen für die Kalkulation des eigenen Aufschlags (siehe Seite 200). In dieser Phase des Gesprächs können die Parteien auch beginnen, die Verhandlungsbereitschaft gegenseitig auszuloten und zu sondieren, welche Zugeständnisse der andere wohl machen wird. Beispielsweise könnte der Ehemann fragen, ob die Ehefrau damit einverstanden wäre, wenn er die Waschmaschine und den Trockner mitnehmen würde, wenn er in eine neue Wohnung ziehen müßte. Das übermittelt der Ehefrau die Botschaft, daß er an die Möglichkeit gedacht hat, auf das Haus zu verzichten. Die Ehefrau wiederum könnte den Ehemann fragen, ob er bereit wäre, ihr bei der Finanzierung eines neuen Hauses zu helfen, falls er das Familienhaus behalten würde. Der Ehemann könnte in dieser neuen Information einen Hinweis darauf sehen, daß die Position seiner Frau beweglich ist. Das könnte ihn seinerseits dazu bewegen vorzuschlagen, bei bestimmten Veränderungen zu helfen und Kosten zu übernehmen.

Für die Mediatoren enthält dieser Informationsaustausch wertvolle Hinweise darauf, wie unverrückbar oder veränderbar jeweils die beiden Positionen sind, und in welcher Richtung eine Vereinbarung zu suchen ist. Die Mediatoren können dem Paar durch ihre Gesprächsleitung einen Weg zeigen, den es einschlagen könnte, um zu einer Einigung zu kommen. Dazu konzentrieren sie das Gespräch darauf, wo und wie Bewegungen möglich sind.

Die Mediatoren können den Prozeß des Informationsaustauschens und -verstehens unterstützen, indem sie die Aufmerksamkeit wiederholt auf Sachinformationen fokussieren. Sie können dabei zugleich überprüfen, ob die andere Person das Verhandlungssignal des Partners auch wirklich als solches wahrgenommen hat (meistens werden Signale eher beiläufig ausgesandt und vom Adressaten gar nicht richtig als ein verstecktes Angebot wahrgenommen). Im obigen Beispiel stellte die Ehefrau beispielsweise vorsichtig die Frage nach einer Unterstützung bei der Wohnungsfinanzierung; der Ehemann reagierte darauf mit einer wütenden Bemerkung und erkannte nicht das darin enthaltene Verhandlungsangebot. An dieser Stelle können die Mediatoren unterbrechen und die Frage der Frau wiederholen oder beispielsweise auch den Ehemann direkt um eine Antwort bitten. Da die Anfrage nun von den Mediatoren kommt, wird sie eher gehört werden. Als Mediator oder Mediatorin sollten Sie sich in solchen Situationen nicht scheuen, häufig zu unterbrechen, um sicher zu stellen, daß jede Person gehört und verstanden hat, was der andere gesagt hat – *besonders in bezug auf Verhandlungsangebote und -vorschläge.*

Erfahrungsgemäß benötigt dieser Austausch von Informationen bei zerstrittenen Paaren viel Zeit. Daher müssen Mediatoren viel Zeit und Aufmerksamkeit aufbringen, um den Informationsaustausch zu begleiten und konstruktiv zu gestalten. Anfänglich beruhen die Ziele und Aufschläge der Klienten auf einem Denken in Kategorien nicht-integrativer Konflikte. Ziel des Austausches ist es, den Partnern zu helfen, dieses Denken zu verändern und ihre Positionen aufgrund neu hinzukommender Informationen zu überarbeiten. Die Mediatoren können von ihnen nicht erwarten, daß sie zu Beginn der Mediation bereits eine andere Lösung anstreben als die, mit der sie (in Form ihrer »Position«) in die Mediation gekommen sind. Die Partner haben vorher oft keine Gelegenheit gehabt oder wahrgenommen, die Position des anderen in Ruhe zu hören. Während die Partner Informationen über Fakten, Sichtweisen und über die Stärke ihrer Positionen austauschen, beginnt jeder, seine Position abzuändern, um sein ursprüngliches Ziel zu wahren. Wird eine Lösung zu diesem frühen Zeitpunkt angeboten, so wird sie wahrscheinlich von beiden Seiten abgelehnt. Schlägt man die gleiche Lösung vor, nachdem die Informationen ausgetauscht wurden, wird sie in der Regel positiver aufgenommen.

Eine andere Funktion der Mediatoren liegt darin, unnötige Verhandlungsschritte zu verkürzen und dadurch Zeit zu sparen. Beispielsweise könnte eine Ehefrau eine engagierte Position für eine Angelegenheit beziehen, an der der Ehemann nur ein geringes Interesse hat. Hier wäre es unnötig, Zeit damit zu verbringen, die Kompromißfähigkeit der Ehefrau zu verändern. Allerdings ist es sinnvoll, vom Ehemann zu erfahren, unter welchen Umständen er in der Lage wäre, das Anliegen der Ehefrau zu akzeptieren. Durch die Koppelung des Anliegens der Ehefrau mit einem anderen Anliegen des

Ehemannes, an dem dieser ein ausgesprochenes Interesse hat, läßt sich unter Umständen ein für beide befriedigender Kompromiß erzielen.

Während des Sammelns der Informationen können die Mediatoren in den Köpfen der Parteien Zweifel darüber säen, wie stichhaltig ihre Argumente und wie stark ihre jeweiligen Positionen sind. Dabei ist die Auswahl der Fragen, die die Mediatoren stellen, von entscheidender Bedeutung. Damit wird oft ein erster Schritt getan, um die Klienten dazu zu bewegen, ihre Positionen in Richtung eines Kompromisses zu ändern. Wenn etwa Mediatoren den Eindruck haben, daß ein Partner zuviel der Vermögenswerte beansprucht, die später als zusätzliche Alterssicherung dienen sollen (z.B. Grundbesitz), könnten sie fragen: »Wovon werden Sie beide leben, wenn Sie ins Rentenalter kommen?« Durch diese Frage werden die langfristigen Folgen der gegenwärtig geplanten Aufteilung angesprochen. Tonfall und Art der Frage bestimmen, ob die Frage suggestiv ist: das heißt, entweder verbirgt sie die Anspielung, daß der eine Partner zu viel fordert; oder sie dient dazu, Informationen einzuholen, die zum gemeinsamen Wissen beitragen. Im weiteren können die Mediatoren fragen: »Glauben Sie, daß Sie beide im Alter den gleichen Grad an Sicherheit haben sollten?« Diese Frage setzt das Problem vollständig in Beziehung zum Thema der Gerechtigkeit und problematisiert die der ursprünglichen Position zugrundeliegende Annahme.

Der *Prozeß der graduellen Veränderungen der Ziele* sei nochmals an dem oben beschriebenen Beispiel erläutert, bei dem das Paar darüber verhandelt, wer das gemeinsame Haus behält und wieviel dem anderen Partner dafür gezahlt werden soll. Während die Ehefrau Informationen sammelt, erfährt sie von den Kosten und der Verfügbarkeit anderer Häuser der Gegend. Sie erfährt, zu welchem Preis vergleichbare Häuser verkauft werden, sie erfährt auch, ob es überhaupt wahrscheinlich ist, daß sich Käufer finden werden. Weiter wird sie etwa die Frage klären, ob sie eine Wohnung finden kann, die näher an ihrer Arbeitsstelle ist. Auf der Grundlage dieser Fakten entscheidet sie, wie unnachgiebig sie auf ihrer Position beharrt bzw. welche Bandbreite von Wahlmöglichkeiten ihr offensteht, in welchem Maß sie in den Verhandlungen flexibel sein will und kann. Aus der Darstellung ihres Ehemanns erfährt sie noch weitere Fakten: Wie sehr will er das Haus? Ist er bereit, Zugeständnisse einzugehen, um das Haus zu bekommen? Sie bezieht die Informationen von ihrem Ehemann in ihre Überlegungen mit ein, einschließlich der Fakten, die dagegen sprechen, das Haus zu behalten (etwa hohe laufende Kosten, die beim Haus anfallen). Außerdem wird sie die Informationen aus ihren eigenen Erkundigungen über alternative Lösungen in ihren Erwägungen berücksichtigen. Sie beurteilt auch die Wirkung seiner Argumente und vergleicht sie mit ihren Argumenten.

Am Ende dieses Prozesses wird sie ihre Zielvorstellungen wiederholte Male geändert haben. Ihre Entschlossenheit, das Haus zu bekommen, wurde einige Male bestärkt und andere Male geschwächt. Der Ehemann durchläuft den gleichen Prozeß und nimmt ähnliche Änderungen seiner Position vor. Ändert eine Person in diesem Prozeß des gegenseitigen Austausches ihre Position, hat das meistens auch Änderungen ihres Aufschlags und ihrer »Besten Alternative« zur Folge.

In genannten Beispiel kann der Wunsch nach dem Haus bei der Ehefrau nachlassen, beim Ehemann dagegen wachsen. Das wird eine Reihe von Auswirkungen auf ihr Verhandlungsverhalten haben. Während sich ihr Interesse an dem Haus vermindert, steigt der Preis, den sie fordert (da sie das erstarkte Interesse beim Ehemann wahrnimmt). Der Ehemann bleibt sehr an dem Haus interessiert; beruhend auf den von seiner Frau übermittelten Informationen erklärt er sich einverstanden, einen höheren Preis zu zahlen, als er zu Beginn der Verhandlung im Sinn hatte. Die Taktik der Ehefrau ist also nicht mehr, das Haus zum niedrigst möglichen Preis zu behalten; jetzt will sie als Gegenleistung für den Verzicht auf das Haus die größtmöglichen Zugeständnisse vom Ehemann. Der Ehemann ändert seine Taktik dahingehend, daß er ein Paket von Vorschlägen entwickelt, die es seiner Frau erlauben, ihm das Haus zuzugestehen.

Die Mediatoren unterstreichen und spiegeln die Veränderungen jeder Partei wieder. Damit helfen sie den Partnern, sich auf ihre

eigenen Interessen und die Wege, diese eigenen Interessen durchzusetzen, zu konzentrieren.

Einige besondere Techniken und Strategien, die Mediatoren dabei
helfen können, sollen nun besprochen werden.

Spezielle Techniken und Strategien

Einige der beschriebenen Techniken finden ihre Anwendung in
bestimmten Schritten des in Kapitel 1 beschriebenen Mediationsprozesses (etwa das Bestimmen der Konfliktart), andere stellen eher
grundlegende Techniken dar, die über den gesamten Prozeß hinweg
verwendet werden (so die *Frageformen*). Im einzelnen werden hier
verschiedene Konfliktarten besprochen (a), die Mediation als ein
Prozeß des Konfliktlösens erläutert (b) sowie verschiedene Frageformen vorgestellt (c). Im weiteren wird diskutiert, wie durch die
Erstellung wechselseitiger Problemdefinitionen wechselseitige Zugeständnisse eingeleitet werden können (d); anschließend wird eine
Strategie für Situationen vorgestellt, in dem wenig Kompromißbe-
reitschaft vorhanden ist (e). Schließlich wird der letzte Schritt der
Mediationsverhandlungen beschrieben: die Überprüfung der Güte
der erzielten Ergebnisse (f).

a) Die Unterscheidung verschiedener Konfliktarten

Für die Mediatorin kann es nützlich sein, in der Anfangsphase einer
Verhandlung (in den Schritten 1 bis 3 des Mediationsprozesses,
siehe Kapitel 1) eine Hypothese darüber zu entwickeln, welche Art
von Konflikten die Partner miteinander austragen. Neben den bereits beschriebenen Konfliktarten (reiner Konflikt vs. integrativer
Konflikt) werden hier vier weitere Unterscheidungen von Konflikten vorgestellt.

1. Streit über ein Problem vs. Streit über den Weg der Problemlösung

Um das Mediationsgespräch auf die Konflikte zu fokussieren, die in der Mediation lösbar sind, sollte sorgfältig unterschieden werden zwischen Streitigkeiten über ein Problem und Streitigkeiten darüber, wie das Problem gelöst werden soll. Die meisten Ehepaare unterscheiden dazwischen *nicht*. Efran, Lukens & Lukens (1990, S.37) bemerken dazu: »Viele Meinungsverschiedenheiten zwischen Menschen sind in ihrer Wurzel Streitigkeiten darüber, nach welchen Regeln Punkte als vorrangig bestimmt werden sollen, wenn Fakten aus ungleichen Erfahrungsbereichen in Konflikt geraten.« Sie unterstreichen das noch: »Wenn Unterschiede miteinander in Konflikt geraten, sind es von unserem Standpunkt aus unweigerlich politische Diskussionen darüber, welche Unterschiede aufrechterhalten werden sollen, und welche nicht berücksichtigt werden sollen« (Efran u.a. 1990, S. 38). Bei der Mediation von Familienstreitigkeiten begegnen uns viele Fälle, in denen der Konflikt der Klienten nicht das Produkt von widersprüchlichen Zielen, sondern von widersprüchlichen Methoden für die Entscheidungsfindung ist.

Ein Ehepaar verlagerte beispielsweise im Streit darüber, wer die gemeinsame Wohnung behalten kann, ihre Auseinandersetzung darauf, ob der – prinzipiell auszugswillige – Ehemann eine Wohnung mit zwei Zimmern oder mit zweieinhalb Zimmern braucht. Sie stritten also nicht mehr über das Ziel (wer bleibt in der Wohnung, wer sucht eine neue Wohnung?), sondern über die Art und Weise, wie der Weg dahin festgelegt wird (wer darf bestimmen, welche Art Wohnung der Mann in Erwägung zieht?). Dahinter verbirgt sich leicht ein »Schattenthema« – der Streit dreht sich um eheliche Kontrolle. Diese Art von Konflikt kann nicht Thema der Mediation sein, sondern kann sie sogar gefährden (und in eine bedrohliche Eskalation münden), da er die Interessen des Ehemanns angreift, ohne für die Interessen der Ehefrau zu sorgen. Es ist ein Streit, bei dem es nur zwei Verlierer geben kann. Die Mediatoren fokussieren daher darauf, was der Ehemann seiner Aussage nach *braucht*, nicht auf das, was er mit seinem Geld *macht.* Mit anderen Worten, sie konzentrieren das Gespräch auf Bedürfnisse der Partner und verlagern damit die Diskussion von gegensätzlichen »Positionen« zu dahinterliegenden »Interessen«. Sofern sie ebenso die Bedürfnisse der Ehefrau einbeziehen, werden die Verhandlungen wieder zu einem Gespräch über die Koordination verschiedener Bedürfnisse – wenn auch ihre eigenen Interessen befriedigt werden, wird es ihr egal sein, wie der Ehemann seine Wohnung finanziert.

Je klarer die Mediatoren deshalb zwischen dem Problem und dem Prozeß unterscheiden, desto leichter ist es für sie, die Verhandlungen zu leiten. Sie kontrollieren den Prozeß und konzentrieren sich auf die Arten von Problemen, die überhaupt in einem Setting wie der Mediation lösbar sind. Das gibt den Parteien mehr Spielraum, sich auf die Inhalte der Konfliktlösung zu konzentrieren.

2. Konflikte als Resultat verschiedener Denkstile: Fokus auf Rahmen vs. Fokus auf Details

Durch verschiedene Denkgewohnheiten können Klienten unterschiedliche Kriterien haben, an denen sie erkennen können, ob sie auf dem Weg zu einer befriedigenden Problemlösung sind oder nicht. Wenn sich diese Kriterien stark unterscheiden, werden Partner im Mediationsprozeß auch sehr unterschiedlicher Ansicht darüber sein, wie nahe sie einer Lösung bereits sind. Der Erstautor unterscheidet zwei Denkweisen:

– Ein *induktiver* Denker nimmt die Bestandteile eines Problems und fokussiert auf die einzelnen Teile. Wenn er an einem Puzzle sitzt, sortiert der induktive Denker die Einzelteile nach Farben und bildet daraus die Bestandteile des Puzzles; das Gesamtbild entwickelt er dann aus den einzelnen Bestandteilen.

– Ein *deduktiver* Denker sucht dagegen nach dem größeren Rahmen eines Problems und setzt dann die Einzelteile in diesen Rahmen ein. Der deduktive Denker beginnt das Puzzle, indem er alle Teile mit einer geraden Kante zusammensammelt und den Umriß entwickelt, um einen Eindruck von dem Gesamtbild zu bekommen, bevor er sich den einzelnen Bestandteilen zuwendet.

Viele Streitfälle sind genauso das Produkt von unterschiedlichen Denkweisen wie von unterschiedlichen Bedürfnissen. Denkt ein Partner eher induktiv und der andere eher deduktiv, so werden beide recht unterschiedliche Vorstellungen darüber haben, wie sie ihren Streit lösen sollten. Die Mediatoren sollten die Denkmethoden ihrer Klienten erkennen können, um die Unterschiede zwischen den Klienten, aber auch zwischen sich selbst und jedem der Klienten zu verstehen. Wenn ein Mediator eher deduktiv denkt, ein Klient dagegen induktiv, wird die Kommunikation zwischen beiden schwierig sein. Hinzu kommt, daß der Mediator zum Mißbehagen des induktiven Denkers ein nicht erkanntes Bündnis mit dem deduktiven Denker eingeht.

Ein Ehepaar hatte beispielsweise Schwierigkeiten auszuhandeln, wie die Übergabe der Kinder organisiert werden sollte. Sie einigten sich auf einen Zeitplan, konnten aber nicht über den tatsächlichen Ablauf einig werden. Die Mutter wollte nicht, daß der Vater ihre Wohnung betrat, und sie stellte den Punkt so dar, als ginge es um Unabhängigkeit und Kontrolle über ihren eigenen Lebensraum. Sie dachte also eher deduktiv: das »Detail« des Betretens der Wohnung stand stellvertretend für die »Rahmen«-Themen Unabhängigkeit und Kontrolle. Es war anzunehmen, daß sie sich kaum auf Details einlassen würde, bevor diese Themen nicht zufriedenstellend geklärt wären. Der Ehemann konzentrierte sich jedoch ganz auf die Einzelheiten der Übergabe. Was wäre, wenn es regnen sollte? Könnte er dann zur Wohnungstür kommen, oder müßte er an der Haustür warten? Was wäre, wenn er zehn Minuten zu früh oder zu spät käme? Er bestand darauf, die Einzelheiten zu regeln, bevor er dem Grundprinzip zustimmen könnte. Die Ehefrau dagegen wollte, daß man sich über das Grundprinzip einigen sollte, bevor die Einzelheiten besprochen würden. Solange die Mediatoren sich wegen ihrer eigenen Denkweise eher mit dem einen der beiden identifizieren, stockte die Verhandlung.

Die Leitfrage von Mediatoren sollte in festgefahrenen Situationen immer sein: Was kann ich anders machen, um das Verfahren wieder in Gang zu bringen?

In diesem Beispiel könnte eine Mediatorin, wenn sie eher mit dem deduktiven Stil der Ehefrau identifiziert ist, ihren Denkansatz in einen induktiven ändern und dem Ehemann zu verstehen geben, daß sie seine

Wünsche an die Gestaltung der Lösung gehört und verstanden hat. (»Nun John, wenn ich es richtig verstehe, dann glauben Sie, daß Sie sich bereit erklären könnten, das Haus nicht zu betreten, um die Kinder abzuholen, wenn im einzelnen geklärt wäre, wie diese Treffen unter verschiedenen Umständen konkret ablaufen werden. Wenn das so ist, dann konzentrieren wir uns auf diese Einzelheiten, damit wir zu einer Vereinbarung kommen«.)

Der Ehemann weiß so, daß er gehört wurde; er kann sich mit seinen Bedürfnissen in bezug auf die Detailfragen beschäftigen, anstatt sich den Bedürfnissen seiner Frau in bezug auf das Grundprinzip zu widersetzen. Eine Folge ist möglicherweise eine erste Bewegung in seiner Position, die es wiederum der Ehefrau ermöglicht, sich mit den Einzelheiten befassen.

3. Streit über Ressourcen vs. Streit über Werte

In vielen Konflikten ist der Gegenstand leicht quantifizierbar, daher ist auch eine quantitative Lösung möglich – der Gegenstand ist teilbar, die Lösung besteht in einer Teilung, die Verhandlungen kreisen um die Konditionen und Proportionen der Teilung. Beispiele solcher aufteilbaren *Ressourcen* sind die hinlänglich besprochenen Verhandlungsthemen des Vermögens und Besitzes; aber auch Streitthemen wie das Maß der mit den Kindern verbrachten Zeit sind quantitativ lösbar und werden vom Erstautor daher zu den Ressourcen gezählt. Konflikte über *Wertvorstellungen* hingegen sind selten lösbar, da bei Wertvorstellungen nur selten Kompromisse akzeptiert werden. Daher ist es für Mediatoren wichtig, zwischen *Konflikten um Ressourcen* und *Konflikten über Wertvorstellungen* zu unterscheiden. Wenn deutlich wird, daß ein Konflikt über ein System von Werten besteht, kann versucht werden, quantitative Aspekte des Problems herauszuarbeiten, die dann wiederum aufteilbar sind. In diesem Fall wird versucht, das Problem in einer für beide Partner befriedigenden Weise umzudefinieren, um eine quantitative Lösung zu ermöglichen. Dieses Vorgehen soll wieder an einem Fallbeispiel aus der Praxis des Erstautors erläutert werden.

Die Eheleute gehörten unterschiedlichen Konfessionen an: der Ehemann war katholisch, die Ehefrau unitarisch. Bei der Heirat vereinbarten sie, ihre späteren Kinder katholisch zu erziehen. Als bei der Scheidung der einzige Sohn nun bei der Mutter lebte, wollte diese den Sohn nicht mehr jede Woche in den katholischen Gottesdienst bringen; sie nahm ihn statt dessen in eine gottesdienstliche Versammlung der Unitarier mit. Der Ehemann jedoch verlangte, daß der Sohn jedes Wochenende bei ihm verbringen sollte, so daß er die Messe besuchen könnte und er religiös so erzogen würde, wie dies bei der Heirat beschlossen worden war.

Der Konflikt lag hier in deutlich unterschiedlichen Wertvorstellungen. Für den Ehemann war der katholische Glauben und die Norm wichtig, daß der Ehevertrag eingehalten werden müsse. Für die Ehefrau stand ganz oben in der Hierarchie ihrer Wertvorstellungen der eigene Glauben und die Überzeugung, daß der Sohn in seiner Entwicklung davon profitieren könnte, wenn er andere Glaubensrichtungen kennenlernen würde. Der Konflikt wurde dadurch verschärft, daß die Ehefrau sich weigerte, den Sohn in den katholischen Gottesdienst zu bringen.

Der erste Schritt zu einer Lösung lag darin, den Konflikt in zwei Bereiche zu teilen (die zunächst für das Ehepaar nicht unterscheidbar waren). Der erste betraf die – vertraglich fixierte – Verpflichtung, den Sohn katholisch zu erziehen. Der Mediator entschied, daß es nicht angebracht wäre, zu verhandeln, ob die Ehefrau diese Vereinbarung brechen könnte, und fokussierte statt dessen auf den zweiten Punkt: die Frage, ob der Sohn *immer* in die katholische Messe gehen, und wer ihn dort hinbringen sollte.

Der Ehemann war unnachgiebig, was die katholische Erziehung des Kindes betraf, aber er war bereit, das Problem zu besprechen, wenn diese Grundlage nicht in Frage gestellt würde. Der Mediator verfolgte daher die Strategie, das Problem in ein quantifizierbares umzuwandeln (was nicht möglich war, wenn das Thema des Ehevertrags ebenfalls Gegenstand der Mediation gewesen wäre). Er fragte den Ehemann: »Ist es in der katholischen Kirche erlaubt, Gottesdienste einer anderen Glaubensrichtung zu besuchen?« Der Ehemann bejahte das. »Soll Ihr Sohn über seinen eigenen Glauben hinaus eine breite religiöse Erziehung über andere Glaubensrichtungen erhalten, sofern die grundlegenden Lehren seines Glaubens nicht in Frage gestellt werden?« Wieder eine bejahende Antwort. »Wie oft im Monat, glauben Sie, wäre es für Ihren Sohn angemessen, einen anderen Gottesdienst als eine Lernerfahrung zu besuchen, ohne daß sein Katholizismus wesentlich untergraben würde?« Diese Frage war schwieriger zu beantworten, da die Antwort sowohl positiv sein als auch eine konkrete Zahl angeben mußte. Der Ehemann erklärte aber, daß ein Besuch einer unitarischen Versammlung pro Monat akzeptabel wäre. Die Mutter war – wenn auch nach einigem Zögern – bereit, dem Vorschlag zuzustimmen, daß der Sohn weiterhin katholisch bleiben solle, aber einmal monatlich eine gottesdienstliche Versammlung der Unitarier besuchen könnte. Ihr Bedürfnis, den eigenen Glauben mit dem Sohn zu teilen, schien ihr damit ausreichend befriedigt. Die Eltern handelten dann aus, wie der Sohn jeden Sonntag in die Kirche gebracht werden sollte, und wie sie über den Kirchenzeitplan hinaus die Zeit mit ihm einteilen würden.

Ein Konflikt zwischen Wertvorstellungen ist im Rahmen der Mediation schlecht lösbar. Sobald jedoch Wertvorstellungen quantitativ bestimmbar sind, können die Bedürfnisse beider Seiten ausreichend befriedigt werden und es läßt sich eine Vereinbarung erzielen. Wenn die Klienten durch das Verhandeln der Mediatoren von Wertvorstellungen oder Prinzipien abgelenkt und hingelenkt werden zu der Art und Weise, wie sie diese Werte in ihrem täglichen Leben realisieren, verändert sich oft der Konflikt. Indem sich das Gespräch verschiebt, verschiebt sich auch die Bedeutung der besprochenen Themen, und Alternativen werden sichtbar.

4. Sachkonflikte vs. Beziehungskonflikte

Schließlich sollten Mediatoren die Informationen, die sie von den Klienten erhalten, auch im Lichte der Frage beurteilen, ob die Partner überhaupt einen für Mediationsverhandlungen geeigneten Konflikt miteinander austragen – einen Konflikt also, der am Ende durch eine Vereinbarung beigelegt werden kann –, oder ob sie die Mediation in zu starken Maße als Arena verwenden, um über einen alten Beziehungskonflikt zu streiten. In der Regel werden die Paare eine Mischung aus beiden Tendenzen mitbringen. Die Aufgabe der Mediatoren ist es dann, mit den hier beschriebenen Techniken auf den lösbaren Konflikt zu fokussieren oder den unlösbaren Konflikt in einen lösbaren umzuwandeln (s.o.). Wenn allerdings das Interesse der Streitenden an einem – möglicherweise bisher geheimgehaltenen – Konflikt aus der Beziehungsgeschichte allzusehr überwiegt, werden die Bemühungen von Mediatoren scheitern.
Ein Ehepaar bot zur Eröffnung als ihr Problem an, Thema des Streits seien die Umgangszeiten der Kinder mit ihrem Vater. Wenn ein Mediator diese Definition vorschnell akzeptiert und nicht überprüft, ob es noch ein »Schattenthema« gibt, kann er möglicherweise einen

wichtigen Konflikt übersehen. Es kann beispielsweise sein, daß das Paar verdeckt über einen ungelösten interpersonellen Konflikt streitet, über eine unaufgearbeitete Affäre etwa. Für das Thema »Umgangszeiten« wird solange eine Lösung unwahrscheinlich sein, wie beide Themen vermischt werden. Mediatoren könnten dann das Paar zur Aufarbeitung der Beziehungsgeschichte an einen Paartherapeuten vermitteln. Wenn ein Therapeut mit dem Paar über ihre Beziehung arbeitet, sind die übrigen Themen in der Mediation möglicherweise leichter zu behandeln.

b) Mediation als Prozeß des Problemlösens

Betrachtet man Mediation im Lichte des allgemeinen Problemlöseprozesses (vgl. z.B. Dörner 1976), so lassen sich wertvolle Anregungen für die Gesprächsführung finden.

1. Die Unterscheidung von Ziel und Mittel

In der Anwendung des allgemeinen Problemlösemodells ist eine wichtige Unterscheidung die zwischen dem Ziel und den Mitteln zur Zielerreichung. Das an diesem Modell orientierte Vorgehen wird zunächst den gegenwärtigen Zustand (den Ist-Zustand) mit dem angestrebten Zustand (dem Soll-Zustand) vergleichen. Wenn die Unterschiede zwischen der derzeitigen Situation und dem Ziel bestimmt worden sind, fängt man an, nach Mitteln zu suchen, um diese Lücke zu schließen. Während der Prozeß der Problemlösung voranschreitet, werden Ist-Zustand und Soll-Zustand immer wieder verglichen, um zu sehen, wie stark sich die beiden Situationen angenähert haben oder ob sie sogar schon zur Deckung gebracht werden konnten.

Gardner beschreibt diesen Prozeß (in der Fassung eines Computerprogrammes, des »General Problem Solvers«) so:

»Die Kunst des ›Allgemeinen Problemlösers‹ besteht in dem Verfahren, diese Entfernung (zwischen Ist und Soll, Anm. d. B.) zu verringern. Es wird eine Tabelle aufgestellt, die die Ziele des Systems mit Operatoren verknüpft, die zum Erreichen der Ziele von Nutzen sein könnten. Sobald die Differenz zwischen der gegenwärtigen Situation und dem Ziel berechnet ist, wählt das System einen Operator aus, der mit dieser Differenz verknüpft ist, und prüft, ob der Operator auf die gegenwärtige Situation anwendbar ist. Wenn man ihn anwenden kann, und er ein Ergebnis hervorbringt, das näher an dem angestrebten Endzustand ist, dann wird das noch einmal wiederholt. Wenn er sich als nicht anwendbar erweist, dann entwickelt das System ein untergeordnetes Ziel mit der Absicht, die Differenz zwischen der gegenwärtigen Situation und der Situation, in der der Operator angewandt werden kann, zu verringern. Dieses Verfahren wird einfach solange wiederholt, bis das Ziel erreicht ist, oder gezeigt wurde, daß das Ziel mit den gegebenen Informationen oder den in dem Programm verfügbaren Operatoren nicht erreicht werden kann.« (Gardner 1985, S. 149)

Seine Relevanz für die Mediation erhält dieses Modell unter anderem dadurch, daß viele Klienten Ziele und Mittel schlecht unterscheiden können; das kann dazu führen, daß sie, anstatt ihre Bedürfnisse zu klären bzw. zu artikulieren, im Streit um die Mittel stecken bleiben. Indem die Mediatoren diese Unterscheidung einführen, können sie den Klienten helfen, ihre Ziele klarzustellen und zu verstehen. Der Ehemann kann beispielsweise sagen: »Ich brauche einen neuen Mercedes.« Wenn die Ehepartner über das Für und Wider des Mercedes streiten, dann wird sich der Streit sehr schnell wieder in den Bereich der Beziehungsgeschichte verlagern. Mediatoren können durch Fragen klären, ob der Mercedes ein Mittel oder ein Ziel ist.

Wenn Klienten in einem Streit steckenbleiben, sollten sich Mediatoren fragen, ob die Klienten möglicherweise über ein Mittel für ein unzureichend geklärtes Ziel streiten; der Prozeß läßt sich oft konstruktiv verändern, wenn sie mit den Partnern klären, wofür der derzeitige Verhandlungsgegenstand ein Mittel ist. Im zweiten Schritt ist dann zu untersuchen, welche alternativen Mittel es gibt, dieses Ziel zu erreichen.

Wenn wir im obigen Beispiel die Aussage: »Ich brauche einen Mercedes« als ein Ziel des Ehemanns betrachten, dann wird deutlich, daß er ein *Fortbewegungsmittel* braucht. Wenn das sein *Ziel* ist, wird er in der Lage sein, dieses Ziel mit zahlreichen *Mitteln* zu erreichen – er kann ein anderes Auto wählen, aber auch mit dem

Zug zur Arbeit fahren (anders sieht es natürlich aus, wenn das Ziel »Status repräsentieren« heißt).

Im Modell des Mediationsprozesses führt dieses Vorgehen zur Verschiebung des Fokus von einer »Position« zu dem dahinterliegenden »Interesse«. Ein so herauskristallisiertes *Bedürfnis* kann im Rahmen des Problemlösemodells als die Lücke zwischen der derzeitigen Situation (IST-Zustand) und der angestrebten Situation (SOLL-Zustand oder Ziel) definiert werden. Indem sich die Beteiligten auf das Schließen dieser Lücke konzentrieren, verändern sie ihr Verhandlungsverhalten – sie können endlos über Mittel und Wege streiten, wenn sie sich nicht klar sind, was sie erreichen wollen. Über Bedürfnisse hingegen läßt sich schwerer streiten, oft stellen die Beteiligten auf der Ebene der Bedürfnisse sogar eine Übereinstimmung fest.

2. Vom Allgemeinen zum Besonderen kommen

Das im letzten Abschnitt besprochene Vorgehen beinhaltet gewissermaßen den Wechsel auf eine höhere logische Ebene: um nicht über Mittel zu streiten, wird das Gespräch auf die Ebene der Ziele gelenkt. Oft ist eine gegenläufige Strategie nötig, ein Wechsel zu spezifischeren Zielen. Wenn ein Ziel zu umfassend ist, kann die Frage helfen: »Woran werden Sie erkennen, daß Sie das Ziel X erreicht haben?« Wenn etwa ein Partner das vage Ziel »finanzielle Unabhängigkeit« hat, kann auf diese Weise bestimmt werden, welche Bedingungen erfüllt sein müssen, damit der Partner weiß, daß er finanziell unabhängig ist – welche konkrete Summe ihm etwa zur Verfügung stehen muß. Erst dann ist ein Verhandeln über die Mittel, dieses Ziel zu erreichen, fruchtbar.

Dasselbe kann für gegenseitige Vorwürfe zutreffen. Viele Konfliktpartner machen allgemeine Aussagen über einander und gegenseitige Vorhaltungen, die einer Lösung im Wege stehen. Die Mediatoren sollten den Klienten helfen, von den allgemeinen zu konkreten Aussagen zu kommen. Die Klienten werfen sich beispielsweise vor:
– »Sie will alles haben.«
– »Er ist gemein und wird nichts hergeben.«

Diese Aussagen sind am ehesten durch konkrete Fragen spezifizier-
bar, wie etwa:
- »Was meinen Sie mit *alles?*«
- »Was wird er nicht hergeben?«
Dadurch sollen die Mediationspartner aufgefordert werden, ihre
Aussagen konkreter aufzuschlüsseln.

3. Argumente nach ihrer relativen Wichtigkeit sortieren

Häufig sprechen sich Klienten für oder gegen Ideen aus, ohne einen
Sinn für die Dringlichkeit oder die Bedeutung eines Vorschlags zu
haben. Wenn die Klienten Argumente für oder gegen ein Ziel bzw.
ein Mittel vorbringen, können die Mediatoren ihnen helfen, die
verhältnismäßige Bedeutung einer bestimmten Idee oder eines Arguments zu verstehen, indem sie die Argumente auf einer Skala mit
Kategorien von wesentlich bis unwesentlich einstufen. Argumente
in eine Rangfolge zu bringen, hat den Vorteil, daß sie leichter
gegeneinander abgewogen werden können. Wenn ein Ehepaar sich
beispielsweise darum streitet, ob der Betrag, den die Ehefrau in
ihrem Haushaltsplan für Konzertbesuche in der Freizeit angegeben
hat, angemessen ist, könnte die Ehefrau argumentieren: »Aber ich
muß in die Konzerte gehen. Ich kann so bessere Klavierstunden
geben, das bedeutet, daß ich mehr Schüler bekomme und mehr Geld
verdiene.« Die Mediatoren können den Partnern die Abwägung
dieses Arguments gegenüber anderen erleichtern, in dem sie um
eine Einschätzung der Wichtigkeit dieses Punktes bitten. Auf die
Frage: »Ist das wesentlich?« erwidert die Ehefrau möglicherweise:
»Nicht wesentlich, aber recht wichtig.« Andere Argumente können
in ihrer Wichtigkeit mit diesem Argument verglichen werden, so
daß mit der Zeit eine Rangfolge entsteht; die Mediatoren prüfen
sukzessive den Grad der Bedeutung der einzelnen Anliegen. Auf
der Basis dieser Rangfolge fällt es dem Paar möglicherweise leichter, die verschiedenen Bedürfnisse gegeneinander abzuwägen und
Entscheidungen zu treffen. Andererseits können bisher unbeachtete
Bedürfnisse sichtbar werden, wenn beide Partner die betreffenden
Angelegenheiten unterschiedlich bewerten. Daraus lassen sich neue

oder weitere Ziele formulieren und die Mittel zu ihrer Erreichung diskutieren.

c) Frageformen im Mediationsprozeß

Mediatoren steuern den Verlauf der Mediation hauptsächlich durch die Auswahl und Verwendung von Fragen. Sie machen damit deutlich, daß sie keine Ratschläge oder Anweisungen geben, sondern daß die Klienten selbst ihre Entscheidungen zu treffen haben. Die Verwendung von Fragen hilft den Klienten, die Kontrolle über den *Inhalt* der Verhandlungen zu behalten.

Um das Verhandlungsverhalten der Klienten zu verstehen und die Richtungen zu erkennen, in die Klienten sich bewegen können oder werden, sind eine Reihe von Fragen nötig; sie ergeben sich aus den bisher diskutierten Aspekten:

– Was sind die Positionen der Klienten?
– Was sind ihre Interessen, die versteckten Absichten?
– Wie ist das Verhältnis zwischen den Parteien?
– Was sind die »besseren Alternativen« / die »schlechteren Alternativen« der Parteien?
– Welche Ideen haben die Klienten dazu, wie sie den Konflikt lösen können?
– Nach welchen objektiven Kriterien werden sie die Qualität der Vereinbarung einschätzen?
– Was wird nötig sein, um zu einer Regelung zu gelangen, die alle Streitpunkte umfaßt?
– Was soll jeder, der Meinung des anderen nach, tun?
– Was werden sie von den Dingen, die der andere von ihnen will, nicht tun?
– Welche verschiedenen Möglichkeiten fallen den Klienten ein, um eine annehmbare Lösung zu erarbeiten?
– Welche Art Vereinbarung hält die gemeinsamen Kosten am ehesten klein?

Indem Mediatoren immer wieder überprüfen, auf wie viele dieser Fragen die Antwort bereits bekannt ist, können sie abschätzen, wieweit der Mediationsprozeß fortgeschritten ist.

Verschiedene Arten von Fragen sind für verschiedene Stufen des Prozesses nützlich, für bestimmte Zwecke eigenen sich besondere Fragetypen. In der folgenden Liste sind einige Beispiele für Frageformen verzeichnet, die für bestimmte Ziele geeignet sind und die helfen, den Mediationsprozeß in Bewegung zu halten. Da die Konstruktion und Verwendung von Fragen in der Mediation andernorts bereits ausführlich beschrieben wurde (vgl. Haynes & Haynes 1989), wird hier auf eine Erläuterung verzichtet (siehe aber auch Kapitel 2).

Eröffnungsfragen bringen die Gespräche in Gang:
- Was werden die Hauptstreitpunkte in der Mediation sein?
- Was sind Ihre größten Sorgen in bezug auf die Mediation / die Verhandlungen?
- Was für Erfahrung haben Sie darin, mit dieser Art von Problem umzugehen?

Informationsfragen dienen dazu, Fakten und/oder Meinungen zu erhalten:
- Wer lebt jetzt in dem Haus?
- Wie hoch sind Ihre Hypothekenzahlungen?
- Wo werden die Kinder in die Schule gehen?
- Warum müssen Sie freitags frei haben?

Klarstellende Fragen helfen, abstrakte oder allgemeine Gedanken konkreter zu machen:
- Was meinen Sie mit »alles«?
- Wann wollen Sie, daß das aufhört?

Fragen nach Rechtfertigungen erleichtern es Ihnen, mehr über die Gründe dafür zu erfahren, warum eine Partei eine bestimmte Position einnimmt:
- Warum glauben Sie, daß …?
- Wie wird dieser Vorschlag das Problem lösen?
- Wie wird das tagtäglich funktionieren?

Hypothetische Fragen bringen neue Gedanken in das Gespräch ein:
- Angenommen, Sie würden diese Möglichkeit ausprobieren, was glauben Sie, würde passieren?
- Wenn Sie den Ablauf bestimmen könnten, was würden Sie tun?

Hinleitende Fragen geben Anregungen, andere Möglichkeiten zu erwägen:
- In Anbetracht der Art des Problems, wäre es denkbar, daß...?
- Ist das die einzige Wahlmöglichkeit, die überlegenswert ist?
- Ich habe mich gefragt, ob das, was sich ein anderes Ehepaar überlegt hat, für Sie nützlich sein könnte?

Anregende Fragen können neue Gedanken fördern:
- Gibt es andere Möglichkeiten, dieses Problem zu lösen?

Miteinbeziehende Fragen ermutigen Klienten, Gedanken/Bedürfnissen zu äußern:
- Was sagen Sie dazu, Mary?
- Was halten Sie von diesem Gedanken, John?

Fokussierende Fragen können das Gespräch wieder auf die Kernpunkte zurückbringen:
- Wie machen wir jetzt weiter?
- Was hat das mit der Frage der Kinder zu tun?

Auswahlfragen veranlassen Klienten, zwei oder mehr Alternativen zu vergleichen:
- Welche der beiden Möglichkeiten halten Sie für die beste?
- Eignen sich beide Möglichkeiten für Sie beide am besten?

Abschlußfragen ermutigen das Paar, zu einer Entscheidung zu kommen:
- Haben wir diesen Punkt ausführlich genug besprochen?
- Wollen Sie darüber noch etwas nachdenken, und erst nächste Woche eine Entscheidung treffen?
- Haben Sie sich auf das folgende geeinigt?

Bewertende Fragen helfen dem Ehepaar, ihre Fortschritte und ihre Zukunft einzuschätzen:
- Warum kommen wir Ihrer Meinung nach an diesem Punkt nicht weiter?
- Was wird passieren, wenn wir so vorgehen?

Die folgende Abbildung beinhaltet einige weitere Frageformen, geordnet nach den Zielen, die Mediatoren mit ihrer Hilfe erreichen können (siehe auch hierzu Haynes & Haynes 1989):

Ziel	Art der Frage	Bester Zeitpunkt, um sie einzusetzen	Reaktion der Klienten
Einen schweigsamen Klienten am Gespräch beteiligen	Offene Fragen	Zu Beginn der Sitzung, wenn Beteiligte nichts sagen	Die Klienten werden normalerweise dem Wunsch nachkommen
Spezielle Streitpunkte klarstellen	Gerichtete Fragen	Faktensammlung während der Überprüfung der Vereinbarung	Kann den Geprächs- und Informationsfluß unterbrechen
Eine Bestätigung erhalten	Ja / Nein gerichtete Frage	Wenn eine Vereinbarung erreicht worden ist	Bestätigung oder Berichtigung
Das Negative hervorheben	Entweder / Oder	Während der Verhandlungen, um die Vor- und Nachteile herauszufinden	Überdenken der Verhandlungsposition und der Wahlmöglichkeiten
Die Glaubwürdigkeit anzweifeln	Entweder / Oder	Ein paradoxer Eingriff während der Sammlung der Fakten	Verwirrung und Veränderung
Dem Gespräch eine neue Richtung geben	Unterbrechung des Prozesses	Mitten im Gespräch	Kann überraschte Reaktionen hervorrufen, wird aber das Gesprächsmuster verändern

d) Wechselseitige Problemdefinitionen
und wechselseitige Zugeständnisse

Wenn Ehepartner in die Mediation kommen, dann sind sie oft dabei, ihre Beziehung mit der gesamten angestauten Verbitterung, Frustration, Enttäuschung und Wut zu beenden; ihr Vertrauen ineinander ist vermutlich sehr gering geworden. Das macht es zunächst sehr schwer, ihnen dabei zu helfen, zu Vereinbarungen zu kommen, vor allem, wenn diese in allen zukünftigen Lebensbereichen tragfähig sein sollen. Darüber hinaus wird diese Situation auch dadurch erschwert, daß durch die Scheidung die materiellen Ressourcen aufgeteilt werden müssen und damit für alle Beteiligten weniger zur Verfügung steht.

Eine Aufgabe der Mediatoren ist es daher, den Klienten Vertrauen in ihre eigene Kompetenz und in die Validität des Verfahrens zu vermitteln; nur so können die Klienten anfangen, sich wieder gegenseitig zu vertrauen. Dennoch wird es einige Zeit im Mediationsprozeß dauern, bis die Klienten soweit sind, erste Zugeständnisse zu machen. Beide Partner sind vorsichtig damit, Angebote zu machen, aus Furcht, der andere könne diesen Vorschlag ausnutzen. Gleichzeitig jedoch offenbaren beide schon in der Phase des starken Mißtrauens viele Informationen darüber, in welchen Punkten und auf welche Weise sie in der Auseinandersetzung bereit sein werden, sich zu bewegen – vorausgesetzt, daß auch die andere Seite entsprechende Beweglichkeit zeigt. Die Klienten können derartige Signale des anderen leicht überhören; um so mehr ist es Aufgabe der Mediatoren, sie genau zu registrieren und zum richtigen Zeitpunkt in den Prozeß einzubringen. Das erfordert oft einige Genauigkeit und »Übersetzungsarbeit«, da es Paaren in Scheidung in der Regel leichter fällt, auszudrücken, was sie *nicht* wollen, anstatt eindeutig darzulegen, was sie wollen. Die Mediatoren sollten registrieren,

– was jede Partei will;
– was jede Partei vermeiden will;
– zu welchen Zugeständnissen jede Partei bereit ist;
– welche Ausweichmöglichkeiten jede Partei zu erwägen bereit ist;

– wie weit jeder bereit ist, sich in bezug auf einen bestimmten Streitpunkt zu bewegen;
– auf welche Weise verschiedene Streitpunkte für die Klienten verknüpft sind;
– wie unverrückbar die Positionen erscheinen;
– was jeder realistischerweise schaffen kann.

Sobald hinter den Positionen liegende Bedürfnisse und Interessen sichtbar werden, können die Mediatoren diese Informationen verwenden, um eine neue Problemdefinition anzusteuern, die die Interessen der Parteien miteinander verknüpft (um so implizit den Konflikttyp zu verändern, s.o.). Anschließend lassen sich mit den Klienten Vorschläge entwickeln, *die sich auf das stützen, was die Klienten bisher deutlich gesagt haben* und die wechselseitig ihre Bedürfnisse berücksichtigen. Jeder Vorschlag muß für jede Person Vorteile bringen, aber auch seinen Preis für jede Person klar darlegen. Das folgende Beispiel mag das verdeutlichen (dieses Beispiel ist bereits ausführlich beschrieben in Haynes & Haynes 1989, Kap. 4):

Im Fall von Michael und Debbie bezog die Ehefrau die Position, sie würde es den Kindern nicht erlauben, Zeit mit ihrem Vater zu verbringen, solange dessen Freundin da wäre. Ihr Widerstand betraf zwei Dinge: Sie wollte zum einen nicht, daß die Freundin über Nacht bliebe, wenn die Kinder da wären. Zum anderen wollte sie aber die Freundin überhaupt nicht in der Nähe der Kinder wissen. Ihre erste Position stand fest, der Mediator schätzte, daß die zweite Position eher ein Aufschlag war.
Die Position des Vaters betraf ebenfalls zwei Dinge: Erstens wollte er ein faktisch geteiltes Sorgerecht – »Ich will die Kinder für die Hälfte der Zeit«. Zweitens wollte er verhindern, daß seine Frau sein Leben kontrollierte; sie sollte ihm nicht sagen dürfen, wann er seine Freundin sehen könnte.
Gestützt auf diese beiden Positionen und auf die zusätzlichen Informationen, die während der Sitzung ausgetauscht worden waren, konzentrierte sich der Mediator zunächst darauf, das Problem wechselseitig zu definieren. (Etwa: »Das jetzt zu lösende Problem besteht darin, herauszufinden, wie Michael die Kinder ausreichend oft sehen kann, Debbie aber die Gewißheit behält, daß sie nachts nur mit ihrem Vater zusammen sind«, Anm. d. B.) Darauf aufbauend erarbeitete der Mediator ein wech-

selseitiges Zugeständnis. »Darf ich Sie, Michael, fragen, ob Sie einverstanden wären, daß Jocelyn (die Freundin) nicht bei Ihnen übernachtet,
wenn die Kinder bei Ihnen sind – vorausgesetzt, Sie teilen sich die
elterliche Sorge?«

Der Vorschlag des Mediators (als Frage vorgebracht, um den Aufforde-
rungscharakter des Vorschlags zu mildern), legt Michael den Nutzen dar,
den der Vorschlag ihm bringen würde: beide könnten gemeinsam für die
Kinder sorgen. Das hätte für ihn den Preis, daß die Freundin an den Tagen,
die er mit den Kindern verbrachte, nicht übernachten dürfte. Der Vorschlag machte Nachteil und Vorteil für Debbie gleichermaßen deutlich.
Der Vorteil war, daß die Freundin nicht gleichzeitig mit den Kindern bei
Michael übernachten würde, der Preis war, daß sie zustimmen mußte, die
Kinder mit dem Vater zu teilen. Der Vorschlag war zunächst im Konjunk-
tiv und als Option formuliert, so daß die Partner darüber diskutieren
konnten, ohne sich in die Enge getrieben zu fühlen.

Jede Person kannte – aus diesem Vorschlag – die genauen Vor- und
Nachteile. Sie konnten diese abwägen und gestützt auf dieses Wissen den
Vorschlag annehmen oder ablehnen. Keiner ging das Risiko ein, ein
Angebot zu machen, das abgelehnt werden könnte. Keiner von beiden
riskierte es, ein einseitiges Zugeständnis zu machen.

Mediatoren eröffnen den Parteien die Möglichkeit, weitere Angebote und Gegenangebote zu machen, indem sie Vorschläge wechselseitig verbinden. Sie achten auf Signale, die darauf hinweisen,
inwieweit Klienten bereit sind, sich zu bewegen, oder die darauf
hinweisen, was die *Bedingungen* für Bewegung wären. Sie vermerken, was die Klienten vermeiden wollen, – im Beispiel oben
den Verlust der Kinder bzw. die Anwesenheit der anderen Frau.
Sie vermerken die jeweiligen Bedürfnisse, und sie registrieren,
wie sehr die Partner an ihren Positionen festhalten (im Beispiel
oben erschien dem Mediator Michael flexibler zu sein als Debbie,
so daß er diesen ersten Lösungsvorschlag an ihn richtete und ihn
zu einer Bewegung in seiner Postion aufforderte). Der Lösungsvorschlag ist ein Paket aus verknüpften Interessen, in dem die
Bedürfnisse so ausgeglichen wie möglich abgewogen sind. Die
Mediatoren fügen diesem Paket *keinen* Punkt hinzu, der nicht
zuvor von den Klienten angesprochen wurde. Das Paket beruht
also auf den bruchstückhaften Erklärungen, die jeder Klient macht,

und nicht darauf, was ein Mediator gerne von ihnen hören würde. Sofern die Mediatoren die beiden Positionen richtig eingeschätzt haben, sollte dieses Paket wechselseitiger Zugeständnisse die Grundlage für sinnvolle Verhandlungen bilden.

e) Die Differenz aufteilen

Wenn sonstige Problemlöseversuche stagnieren, kann in der Mediation versucht werden, die Differenz zwischen zwei Positionen aufzuteilen. Falls die – numerisch darstellbaren – Vorstellungen der Klienten weit auseinander liegen, und kein weiterer Kompromiß erreichbar scheint, ist es eventuell unumgänglich, auf diesen Ausweg zurückzugreifen und den Partnern einen Mittelwert aus ihren Forderungen bzw. Angeboten vorzuschlagen. Diese Strategie hat allerdings den Nachteil, die Person mit dem größten Aufschlag zu belohnen. Der Erstautor erläutert das an dem in Kapitel 4 herangezogenen Beispiel des Paares, das um den Wert einer Sammlung alter Röhrenradios streitet:

Die Ehefrau veranschlagte den Wert der Radioapparate auf 18.000.- DM, der Ehemann behauptete, sie seien nur 8.000.- DM wert. Wenn die Verhandlungen an einem toten Punkt anlangen, könnte der Mediator ihnen vorzuschlagen, einen Mittelwert zu bilden und als Wert 13.000.- DM festzusetzen. Würden sie sich darauf einigen, so würde der Ehemann die Apparate zu diesem Preis übernehmen. Falls nun aber die Schätzung der Radios ergäbe, daß sie tatsächlich lediglich 12.000.- DM wert sind, dann hätte der Ehemann durch diesen Vorschlag 1.000.- DM zuviel bezahlt. Wäre der geschätzte dagegen Wert 16.000.- DM, dann hätte die Ehefrau 3.000.- DM zuwenig erhalten. Wenn man Differenzen aufteilt, gibt man der Person, die den Wert eines Gegenstandes am meisten über- / untertreibt, einen Vorteil; hohe Aufschläge werden belohnt.

f) Der letzte Schritt: Das Ergebnis überprüfen

Zum erfolgreichen Abschließen der Verhandlungen gehört es, das vereinbarte Paket in einen umfassenden Rahmen zu stellen und zu prüfen, ob es tatsächlich die Bedürfnisse der Klienten auch in der Zukunft würdigen wird. Selbst in zukünftigen krisenfreien Zeiten wird es Phasen geben, in denen keine Partei genau weiß, was die andere von der Vereinbarung oder von ihrer derzeitigen Beziehung hält; zum Abschluß haben die Klienten die wertvolle Chance, solche Einschätzungen explizit voneinander zu hören. Als Mediator sollte man genügend Zeit darauf verwenden, sich mit den Gefühlen zu befassen, die durch die Verhandlungen hervorgerufen wurden. Dabei sollte vor allem überprüft werden, ob die Partner an Hand der getroffenen Vereinbarungen in der Lage sind, ihre künftigen gemeinsamen Aufgaben in einer tragfähigen Beziehung zu erfüllen. Das kann dazu beitragen, daß die Vereinbarungen von beiden Partnern auch eingehalten werden. Dieser Schritt kann neue, positive Gefühle hervorbringen und helfen, eine neue Beziehung aufzubauen.

Die Überprüfung des Ergebnisses kann durch eine Reihe von Fragen strukturiert werden:

– Wird die Lösung sowohl Ihren kurz- als auch Ihren langfristigen Bedürfnissen gerecht?

– Wird die Lösung der Tatsache gerecht, daß Sie auch in der Zukunft eine bestimmte Form der Beziehung aufrechterhalten müssen?

– Haben Sie beide *alle* möglichen Lösungen untersucht, die Ihnen jeweils Vorteile bringen, ohne für den anderen nachteilige Konsequenzen zu haben?

– Ist es für Sie teurer, die Vereinbarung zu brechen, als sich an sie zu halten?

– Stehen Sie wirklich so zu der Vereinbarung, daß Sie damit ohne Groll leben können?

In diesem Kapitel haben wir mögliche Facetten des Verhandlungsverhaltens in der Mediation dargestellt; außerdem wurden Strategien vorgestellt, mit denen die Mediatoren bei der Leitung der Verhandlungen eine ausgewogene Position beibehalten können. Jeder der in diesem Kapitel vorgestellten Gedanken wird auf jeder Stufe des Prozesses und in jedem Durchgang innerhalb des Prozesses verwendet. Damit ist die Besprechung der Grundlagen der Scheidungsmediation abgeschlossen. Im nächsten Kapitel werden wir beschreiben, wie eine Mediationspraxis aufgebaut werden kann.

7 Aufbau einer Mediationspraxis

Auch Mediation ist auf ein sorgfältiges Marketing angewiesen, um Klienten über dieses Angebot zu informieren. Dieses Kapitel gibt Hinweise, wie Sie mit anderen Einrichtungen zusammenarbeiten und wie Sie in Ihrer Region auf Ihr neues Angebot für Scheidungspaare aufmerksam machen können.

Voraussetzung für Ihre eigene Tätigkeit als Mediator ist natürlich Ihre eigene fundierte Fort- und Weiterbildung in Mediation. Die beruflichen Standards setzen voraus, daß Sie diese als Zusatzqualifikation nach einem abgeschlossenen psychosozialen oder juristischen Studium und einer mehrjährigen Berufstätigkeit erwerben können (über die Fort- und Weiterbildungsangebote informieren die im ANHANG aufgeführten Einrichtungen). Scheidungsmediation ist auch für Professionelle, die über gute Erfahrungen in ihren Grundberufen verfügen, eine Tätigkeit, die besonders hohe qualitative Anforderungen stellt. Rice und Rice (1986, S. 279) stellen beispielsweise für das benachbarte Gebiet der Paartherapie fest, »daß die Arbeit mit Ehepaaren in Trennung oder Scheidung eine der am meisten frustrierenden Gebiete der ehetherapeutischen Praxis ist« (Ü.d.A). Eine besondere Schwierigkeit dieser Tätigkeit liegt darin, sich der eigenen Gefühle in der Arbeit mit Scheidungspaaren bewußt zu sein und diese für die professionelle Tätigkeit nutzbar zu machen (Wallerstein 1990). Wegen der vielfältigen Belastungen bei dieser beruflichen Aufgabe empfiehlt es sich für Mediatoren, das eigene Vorgehen fortlaufend supervidieren zu lassen und außerdem mit anderen Berufsgruppen zu kooperieren, die ebenfalls in der Beratung von Scheidungspaaren tätig sind.

Für den Aufbau einer eigenen Praxis werden im folgenden eine Reihe von Aktivitäten vorgestellt:

- Entwerfen Sie eine *Broschüre*, in der Sie Ihre Praxis und Ihren beruflichen Werdegang beschreiben.
- Nehmen Sie *brieflichen Kontakt* zu Personen auf, mit denen Sie zusammenarbeiten und die Klienten an Sie überweisen könnten.
- Nehmen Sie Verbindungen zu verschiedenen Einrichtungen und Gruppen auf, die sich mit Trennung und Scheidung befassen, und bieten Sie Ihnen an, einen *Vortrag* über Ihren Beratungsansatz zu halten.
- Nutzen Sie die *öffentlichen Medien*.
- Bauen Sie ein *Netzwerk für Mediation* auf.
- Arbeiten Sie, wenn möglich, mit einem *Co-Mediator* zusammen.
- Nehmen Sie regelmäßig an einer *Supervision* teil.
- Führen Sie regelmäßig eine *Nachbefragung* durch.

Die Broschüre

In der Broschüre sollten Sie sich und Ihre Praxis beschreiben; beides ist gleichermaßen wichtig. Hier ist ein Beispiel für einen Text, in dem Sie Ihre Klienten über die Ziele und das Vorgehen der Scheidungsmediation informieren können:[11]

Scheidung mit Hilfe von Mediation: Ein weniger schmerzlicher Weg
Scheidungsmediation ist ein wechselseitiger und kooperativer Verständigungsprozeß, in dem Ihnen der Mediator hilft, alle strittigen Punkte zu bestimmen, die in Ihrer Trennungsvereinbarung geregelt werden müssen. Der Grundgedanke der Mediation ist, daß es keine Verlierer geben sollte – kein Ehepartner sollte auf Kosten des anderen gewinnen.
Ihr Mediator wird Ihnen dabei helfen, die Kosten zu ermitteln, die auf Sie zukommen, wenn Sie getrennt leben. Zusammen mit den Angaben über das derzeitige Einkommen dienen diese Informationen dazu, Umfang und Dauer des Ehegattenunterhalts zu vereinbaren. Wir werden Ihnen bei der Frage helfen, wie Sie den Kindesunterhalt in Ihrer Situation regeln und dabei, wie Sie die gesamten ehelichen Vermögenswerte aufstellen und gerecht aufteilen können. Wir werden mit Ihnen auch alle Punkte künftiger elterlicher Sorge besprechen. Wenn Sie dies am Anfang festlegen, kann

Mediation sich aber auch nur mit speziellen und begrenzten Fragen einer Scheidung befassen.

Scheidung mit Hilfe von Mediation ist ein Prozeß, der Ehepaare in Scheidung dabei unterstützt, direkt miteinander und nicht über Dritte zu verhandeln und die Folgen einer Scheidung zu regeln. Wir bieten Ihnen die Möglichkeit, im gegenseitigen Einvernehmen Regelungen auszuhandeln, die Ihnen wechselseitig zugute kommen.

Scheidung mit Hilfe von Mediation hilft Ihnen dabei, die Schlüsselfragen in bezug auf die Aufteilung des Vermögens, in bezug auf den Unterhalt, die elterliche Sorge und den künftigen Umgang mit den Kindern herauszufinden. Sie hilft, die schmerzliche Situation von Gewinnern und Verlierern zu vermeiden, die Teil aller strittigen Scheidungen ist. Der Prozeß besteht aus einer wechselseitigen Suche nach einer vernünftigen Lösung; kein Partner soll auf Kosten des anderen gewinnen. Ziel dieses Prozesses ist, daß die Regelung von beiden Seiten erarbeitet und akzeptiert wird.

Die wichtigsten Merkmale der *Scheidung mit Hilfe von Mediation* sind:
- *Sie ist nicht gegnerisch:* Sie sind Partner bei der Entscheidungsfindung.
- *Sie ist wechselseitig:* Nur wenn Sie beide den Lösungen zustimmen, kommt es zu einer Vereinbarung.
- *Sie hilft, die Konfliktbereiche zu klären:* Die meisten Paare haben eine Reihe von Konflikten miteinander. Der Mediator hilft Ihnen, diese Konflikte zu begrenzen und statt dessen die strittigen Punkte konstruktiv zu besprechen.
- *Sie gibt Ihnen Macht über die wichtigen Entscheidungen in Ihrem Leben:* Sie selbst gestalten die Entscheidung über die Scheidungsfolgen.
- *Sie ist das beste für Ihre Kinder:* Alle Auseinandersetzungen werden durch den Umstand gemildert, daß Sie beide die Eltern Ihrer Kinder sind und auch nach dem Ende Ihrer ehelichen Beziehung weiterhin eine Beziehung zueinander als Eltern haben werden. Bei den meisten anderen Formen von Scheidungsverhandlungen wird in zu starkem Maße ausgeklammert, daß die Beziehung zwischen den Eltern (als Eltern, nicht als Paar) im Interesse der Kinder aufrechterhalten bleiben muß. Gleichzeitig soll aber jedem Partner die Möglichkeit gegeben werden, den Weg in eine selbständige Zukunft zu gehen. Bei der Mediation stehen diese Ziele immer im Mittelpunkt.

Die *Kosten für die Mediation* sind zudem niedrig, da sie nach den aufgewendeten Stunden berechnet werden. Sie bezahlen nur für die Zeit, die Sie tatsächlich in Anspruch nehmen. Wir bitten Sie, die Gebühren untereinander so aufzuteilen, wie es Ihrer jeweiligen Situation angemessen ist. Denken Sie bitte dabei daran, daß der Mediator für Sie beide tätig ist.

Die durchschnittliche *Dauer der Mediation* beträgt etwa zwölf Stunden, verteilt auf drei bis acht Sitzungen. Wenn nur begrenzte Fragen zu behandeln sind oder Paare ohne Kinder ihre Scheidungsfolgen regeln wollen, dauert die Mediation entsprechend kürzer.

So können Sie sich anmelden und weitere Informationen einholen: Sie können uns unter der Nummer (xy) anrufen und für Sie und Ihren Partner einen für Sie beide passenden Termin zu einer unverbindlichen und kostenlosen Beratung vereinbaren. Dabei erfahren Sie genau, wie wir vorgehen. Sie erhalten beide die gleichen Informationen und können sich deshalb darauf verlassen, daß Sie von Anfang an die gleiche Ausgangsbasis haben.

Scheidung mit Hilfe von Mediation ist keine juristische Dienstleistung. Das Ergebnis der Mediation ist ein Mediationsprotokoll mit allen Einzelheiten Ihrer Vereinbarungen, das Ihr Anwalt überprüft und in die Anträge für das Familiengericht aufnimmt. Wir können Ihnen eine Reihe von Anwälten nennen, die mit uns zusammenarbeiten.

Kontakte knüpfen

Wenn Sie die Broschüre fertig gestellt haben, ermitteln Sie all die Personen und Einrichtungen, an die sich Ratsuchende in Ihrer Stadt wenden, wenn sie sich scheiden lassen wollen. Sie sollten Familienrichter, Rechtsanwälte, Notare, Geistliche, Psychotherapeuten, Ärzte, Steuerberater und die Sozialdienste größerer Firmen auf Ihrer Liste haben.

Familienrichter, Anwälte und Notare: Kooperieren Sie mit Familienrichtern, Notaren und Rechtsanwälten, die der Scheidungsmediation gegenüber aufgeschlossen sind. Mediation kann die familiengerichtliche Tätigkeit sehr erleichtern, insbesondere wenn die strittigen Punkte vorher in einer außergerichtlichen Einigung zwischen den Partnern geklärt werden. Die häufig massiven Auseinandersetzungen zwischen Scheidungspaaren können dadurch bereits vor Eintritt in das juristische Verfahren beigelegt werden. Für Mediatoren aus psychosozialen Grundberufen ist eine Kooperation mit Rechtsanwälten unabdingbar, um die rechtliche Beratung und die gerichtliche Vertretung der Klienten zu gewährleisten. Erwarten Sie jedoch nicht zu viele Überweisungen durch Anwälte, da viele von ihnen selbst Scheidungsfälle vertreten. Diejenigen, die sich nicht mit Scheidungsfällen befassen, verweisen normalerweise nur ungern an jemanden, der kein Anwalt ist. Jedoch werden Anwälte, die sich auf Wirtschafts- oder Gesellschaftsrecht spezialisiert haben, oft gebeten, auch die Scheidung ihrer Klienten in die Hand zu nehmen, lehnen das aber meistens ab. Diese Anwälte werden ihre Mandanten häufiger auf die Mediation hinweisen.

Geistliche: Pfarrer, Priester und andere Geistliche betrachten die Mediation zwar mit Wohlwollen, weil sie nachvollziehen können, daß dieses Vorgehen die verletzenden Folgen abmildert, die bei Trennungen auftreten. Jedoch mögen sich manche aus religiösen Gründen scheuen, eine Scheidungsberatung zu empfehlen, um damit nicht indirekt die Scheidung gutzuheißen. Wenn sie bei einem Gemeindemitglied einmal die Vorzüge einer Scheidungsmediation kennengelernt haben, werden sie gegenüber diesem Vorgehen künftig aufgeschlossener sein. Der Mediator muß bereit sein, die Grenzen desjenigen, von dem die Überweisung kommt, wie auch die religiösen Überzeugungen des Ehepaares gelten zu lassen.

Psychotherapeuten: Psychotherapeuten, Familien- und Ehetherapeuten und Mitarbeiter von Beratungsstellen haben mit vielen Klienten und Ehepaaren Kontakt, die sich entschließen, ihre Ehe zu beenden. Da sie häufig den hohen Preis kennen, den ein streitiges Scheidungsverfahren von ihren Klienten fordert, unterstützen die meisten von ihnen alternative Methoden einer eigenverantwortlichen Scheidungsregelung.

Ärzte: Trennungen und Scheidungen als belastende Lebensereignisse lösen häufig körperliche Erkrankungen oder psychosomatische Störungen aus. Die Patienten wenden sich dann ratsuchend an ihren Hausarzt, der dankbar ist, wenn er Personen und Einrichtungen kennt, die den betreffenden Menschen bei ihrer Scheidung weiterhelfen können.

Steuerberater: Steuerberater sprechen mit ihren Klienten oft auch über andere Gebiete und sind in einer Scheidung Ansprechpartner der ganzen Familie. Sie können daher Steuerberater über die in Ihrem Ort gegebenen Möglichkeiten der Scheidungsmediation informieren.

Sozialdienste größerer Firmen: Größere Firmen unterhalten meistens Einrichtungen, die ihren Beschäftigten beim Umgang mit persönlichen Problemen zur Seite stehen. Diese Sozialdienste unterstützen die Firmenangehörigen bei der Suche nach geeigneten örtlichen Hilfsmöglichkeiten. Aus der Sicht der Firma tragen familiäre Probleme zu Problemen am Arbeitsplatz bei, wenn sie nicht gelöst werden. Die Firmen haben daher ein Interesse daran, ihren Beschäftigten bei der Lösung ihrer familiären Probleme zu helfen. Mediation bietet sich dafür besonders an, da sie die emotionalen Belastungen der Betreffenden in relativ kurzer Zeit reduziert.

Mit den genannten Personen und Einrichtungen können Sie am besten brieflich in Kontakt treten. Briefliche Kontakte dienen zur ersten Kontaktpflege mit den Stellen, die Ihr Mediationsangebot nützen könnten. Zugleich können Sie die Kontakte mit anderen Einrichtungen pflegen, um deren Zusammenarbeit im Feld der Scheidungsberatung zu verbessern. Sie finden hier einige Musterbriefe für Ihre beruflichen Kontakte.

Musterbrief an eine psychosoziale Einrichtung

Immer mehr Einrichtungen erkennen die Notwendigkeit, psychosoziale Hilfen für Familien in Trennung und Scheidung anzubieten: Familien soll dabei geholfen werden, diese Krisen durchzustehen und die Probleme so zu überwinden, daß die negativen Auswirkungen auf die Betroffenen möglichst gering sind. Etwa 30 Prozent aller Ehen werden geschieden, und jede Bevölkerungsschicht ist von Scheidung betroffen.

Scheidung wird traditionell auf gerichtlichem Weg mit gegnerischen Mitteln geregelt. In den letzten zehn Jahren jedoch hat die Scheidungsmediation gezeigt, daß man Eheleuten auch auf eine Weise helfen kann, mit der die Beendigung der ehelichen Beziehung erleichtert wird, während die Beibehaltung der elterlichen Beziehung unterstützt wird.

Wir bieten Scheidungs- und Familienmediation an, durch die der Schaden, den Familienmitglieder durch eine Scheidung erleiden können, auf ein Minimum reduziert wird. Gleichzeitig gibt sie den Kindern die Gewißheit, daß ein Ergebnis erreicht wird, durch das ihre Rechte gegenüber beiden Elternteilen gewahrt bleiben.

Konflikte vermeiden wir nicht. Wir arbeiten vielmehr so mit dem Ehepaar, daß der Konflikt positiv und nicht destruktiv wirkt. Wir helfen dem Paar bei der Lösung aller Streitpunkte: Höhe und Dauer des Unterhalts, eine gerechte Aufteilung des ehelichen Vermögens und die künftige elterliche Sorge für die Kinder. Dabei gehen wir von der Annahme aus, daß es keine Verlierer geben sollte. Das heißt: Keiner soll auf Kosten des anderen gewinnen.

Mediation dient dazu, daß notwendige (elterliche) Beziehungen weiterbestehen können, jedem Partner aber zugleich die Möglichkeit gegeben wird, den Weg in eine selbständige Zukunft zu gehen. Wir legen Ihnen einige Broschüren über das Angebot der Mediation bei.

Wenn Sie gerne mehr über diese Angebote wissen wollen, zögern Sie bitte nicht, mich anzurufen.

Dem brieflichen Kontakt kommt eine Schlüsselrolle zu, wenn es darum geht, die Beziehung zu Ihren Kooperationspartnern zu pflegen. Mit der Korrespondenz bahnen Sie neue Kontakte an, informieren über die eigene Tätigkeit und verbessern die Zusammenarbeit mit anderen Einrichtungen. Mit dem Einverständnis Ihrer Klienten können Sie auch die Überweiser von der Aufnahme oder dem Abschluß einer Mediation informieren.

Abschließender Dankesbrief an den Überweiser

Vielen Dank, daß Sie (Name des Klienten) auf die Mediation hingewiesen haben. Vor kurzem haben wir unsere Arbeit mit (Klienten) abgeschlossen, wobei wir ihnen geholfen haben, zu einer einvernehmlichen Trennungsvereinbarung zu kommen.

Sicherlich hat (Klient) mit Ihnen über den Verlauf der Mediation gesprochen. Für Ihren persönlichen Gebrauch lege ich Ihnen einige Broschüren über Scheidungsmediation bei, die Sie an Klienten weitergeben können, die überlegen, sich scheiden zu lassen.

Wir bieten Mediation außerdem für eine Reihe weiterer familiärer und geschäftlicher Situationen an, in denen der Fortbestand der Beziehung wichtiger ist als das Problem. Ich lege Ihnen einige Exemplare unserer Broschüren über Mediation mit Familien sowie eine neuere Pressenotiz über Mediation bei.

Wenn Sie weitere Informationen über unsere Angebote wünschen, zögern Sie bitte nicht, mich anzurufen.

Gelegentlich kommt ein Ehepaar zu Ihnen, bei dem sich herausstellt, daß sie in Therapie sind, der Psychotherapeut dieses Paar aber nicht überwiesen hat. Mit Erlaubnis der Klienten können Sie dem Therapeuten den folgenden Brief schreiben.

Musterbrief an einen Therapeuten (kein Überweiser)

Wir haben unlängst die Arbeit mit *(Name des Klienten)* abgeschlossen. Es ging darum, *(Klient)* zu helfen, zu einer einvernehmlichen Trennungsvereinbarung zu gelangen. Der Prozeß der Mediation hat zu einer Vereinbarung geführt, die in zufriedenstellender Weise die eheliche Beziehung beendet hat und gleichzeitig die elterliche weiterbestehen läßt.

Sicher hat (Klient) mit Ihnen über den Verlauf der Mediation gesprochen. Für Ihren persönlichen Gebrauch lege ich Ihnen einige Broschüren über Scheidungsmediation bei, die Sie an Klienten weitergeben können, die sich scheiden lassen wollen.

Wir bieten Mediation außerdem für eine Reihe weiterer familiärer und geschäftlicher Situationen an, in denen der Fortbestand der Beziehung wichtiger ist als das Problem. Ich lege Ihnen einige Exemplare unserer Broschüren über Mediation mit Familien und im geschäftlichen Bereich sowie eine neuere Pressenotiz über Mediation bei.

Wenn Sie weitere Informationen über unsere Angebote wünschen, zögern Sie bitte nicht, mich anzurufen.

Vorträge

Einen nachhaltigeren Eindruck über Sie und Ihre Tätigkeit vermitteln jedoch persönliche Kontakte. Deshalb werden wir Ihnen im folgenden dazu einige Vorschläge machen.
Potentielle Ansprechpartner sind:
- Sozial- und Jugendämter
- Familiengerichte
- Beratungsstellen für Familien-, Ehe-, Lebens- und Erziehungsberatung
- Psychosomatische Abteilungen von Ambulanzen und Krankenhäusern
- Alkohol- und Drogenberatungsstellen
- örtliche Zusammenschlüsse von Berufsgruppen und -verbänden (wie z.B. des Berufsverbandes deutscher Psychologen BdP)
- kirchliche Organisationen, z.B. Pfarrkonferenzen, Arbeitsgemeinschaften christlicher Kirchen usw.
- Anwaltvereine
- Sozialdienste von Firmen
- Volkshochschulen
- überbetriebliche Arbeitsgemeinschaften von Sozialdiensten.

Organisationen ausfindig zu machen, in denen sich Familienrichter, Ärzte oder Steuerberater zusammenschließen, ist schwierig. Fragen Sie Ihren Arzt oder Steuerberater, wo diese sich über Fragen außerhalb ihres medizinischen oder steuerrechtlichen Fachbereiches informieren. Ihr Arzt wird Ihnen vielleicht auch dabei behilflich sein, den richtigen Ansprechpartner in den psychosomatischen Abteilungen der Krankenhäuser und anderen Einrichtungen zu finden.
Bieten Sie diesen regionalen Organisationen an, über Scheidungsmediation einen Vortrag zu halten. Beratungsstellen und andere Einrichtungen haben oft feste Fortbildungsprogramme für ihre Mitarbeiter und sind immer auf der Suche nach guten Fort- und Weiterbildungsmöglichkeiten.

Ihr Vortrag sollte folgende Punkte behandeln:

- *Warum Mediation?* Erklären Sie den Ansatz der Mediation und dessen besondere Vorzüge zur Lösung der Auseinandersetzungen, die Trennung und Scheidung häufig nach sich ziehen.
- *Wie wird in der Mediation vorgegangen?* Geben Sie einen kurzen Überblick über das Vorgehen und den Verlauf.
- *Welche Vorteile hat Mediation* gegenüber anderen Arten der Scheidungsregelung? Führen Sie die Vorteile der Scheidungsmediation auf und berücksichtigen Sie dabei besonders die Gesichtspunkte, die für die Organisation wichtig sind, vor der Sie sprechen.
- Geben Sie einige gute *Fallbeispiele*, die das Vorgehen veranschaulichen.
- Setzen Sie *Video* ein: Von John Haynes können Sie Videos beziehen, die Sie in Ihrem eigenen Training sowie in Ausschnitten auch vor einem breiteren Publikum benutzen können, um die Vorzüge von Mediation genau darzustellen.[12]

Durch jeden Vortrag gewinnen Sie Kooperationspartner und Klienten. Das wirkungsvollste Referenzsystem ist ein Netzwerk zufriedener Klienten, die ihren Freunden aus eigener Erfahrung von den Vorteilen der Mediation erzählen.

Öffentlichkeitsarbeit

Artikel in Mitteilungsblättern von Berufsorganisationen

Viele berufliche Organisationen geben Mitteilungsblätter heraus, in denen sie ihre Mitglieder über neue Entwicklungen und regionale Aktivitäten unterrichten. Die Herausgeber sind immer auf der Suche nach relevantem Material. Bereiten Sie Artikel über Mediation für diese Mitteilungsblätter vor, in denen Sie die speziellen Interessen der Leserschaft ansprechen, und schicken Sie diese Artikel an die Herausgeber. Sie werden überrascht sein, wie erfolgreich Sie damit sein werden.

Die öffentlichen Medien

Sie können Zeitungen, Radio und Fernsehen nutzen, um Informationen über die Mediation und ihre regionalen Angebote weiterzugeben.

Achten Sie bei der Lektüre Ihrer lokalen Tageszeitung auf die Verfasserangaben bei Artikeln, die sich mit psychosozialen Problemen, Scheidung und der Mediation befassen. So kommen Sie an Adressaten, an die Sie sich wenden können. Verschicken Sie an alle Druckmedien – neben den Tageszeitungen auch an lokale Wochenzeitungen und Anzeigenblätter – eine allgemeine Mitteilung etwa folgender Art:

Scheidungsmediation erfährt bundesweit immer mehr Resonanz und ist nun auch in (Ort oder Region einsetzen) verfügbar. Um den Bedürfnissen der Ehepartner entgegenzukommen, die sich trennen/scheiden lassen wollen, ohne einander und ihren Kindern zu schaden, bietet (Ihre Einrichtung) jetzt Familienmediation an.
Mediation ist ein Prozeß, bei dem das Ehepaar zusammen mit einem ausgebildeten Mediator daran arbeitet, alle die Streitpunkte zu ermitteln, deren Regelung für eine Trennung erforderlich sind. Der Mediator hilft dem Ehepaar, diese Fragen so zu lösen, daß beide gewinnen, so daß sie ihre Beziehung als Mann und Frau in Würde beenden und zugleich in Zukunft ihre Rolle als Eltern beibehalten können.
(Name der Mitarbeiter) wurde durch (fügen Sie hier die Einrichtung ein, durch die sie ausgebildet wurden) ausgebildet. (Ihr Name) ist Mitglied in (führen Sie hier alle relevanten Berufsorganisationen auf, denen Sie angehören, ferner alle relevanten beruflichen Graduierungen).
(Fügen Sie am Ende einen Abschnitt über Ihre Beratungsstelle, Ihre Angebote, Adresse, Sprechzeiten, Gebühren usw. an.)

Wenn in einer Zeitung einmal ein Artikel über Scheidungsmediation und die Aktivitäten Ihrer Einrichtung erschienen ist, können Sie diesen Artikel allen Informationen und Broschüren beilegen, die Sie verschicken. Wann immer Scheidung in den Medien behandelt wird, können Sie auf die Möglichkeiten der Mediation und die regionalen Aktivitäten hinweisen.

Mit der Zunahme von Radiosendungen, die nur aus Nachrichten oder aus reinen Wortbeiträgen bestehen, suchen viele Sender nach Material. Bei reinen Wortsendungen kann man meist auch anrufen und sich zu Wort melden. Machen Sie sich ein Bild davon, welche Art von Themen in diesen Sendungen besprochen werden. Wenn Sie einen Moderator finden, der an Problemen von Familien interessiert ist, setzen Sie sich mit ihm in Verbindung und erläutern Sie Vorgehen und Vorteile der Mediation. Viele dieser Sendungen erreichen Zuhörer, die mitten in einer Scheidung stecken. Sie alle sind offen für Vorschläge, wie man es besser machen könnte.

Es ist eher unwahrscheinlich, daß die großen Sendeanstalten Ihnen Sendezeit einräumen werden, aber durch gründliche Nachforschungen werden sich auch in Ihrem Gebiet eine Reihe von Möglichkeiten ergeben.
Fernsehen besteht aber nicht nur aus den großen Sendeanstalten. Was ist mit dem Kabelfernsehen? Gibt es dort eine ausführliche Nachrichtensendung? Gibt es Talkshows mit ortsbekannten Persönlichkeiten? Gehen Sie allen Möglichkeiten nach, Ihre Anliegen zu vermitteln. Rufen Sie den Redakteur oder den Moderator an und regen Sie ein Gespräch über Mediation an.

Aufbau eines Netzwerks

Alle diese Aktivitäten bedeuten, daß Sie sich in der Öffentlichkeit für die Idee der Mediation stark machen und sich für deren Ziele einsetzen. Dabei ist es sicherlich von Vorteil, wenn Sie mit anderen Personen zusammenarbeiten, die an der Mediation interessiert sind. Inzwischen wurden in zahlreichen Städten interdisziplinäre Arbeitskreise gegründet, in denen u.a. Psychologen, Sozialarbeiter,

Anwälte und Richter sich mit dem Thema Mediation beschäftigen (die Adressen können Sie bei der Bundesarbeitsgemeinschaft für Familienmediation erfragen).

Co-Mediation

Wenn Ihre Beratungsstelle Mediation einführt, dann ist es meistens sehr nützlich, wenn mehr als nur eine Person eine Mediationsausbildung besitzt. Die Arbeit im Team ermöglicht einen intensiven Austausch über Probleme, die in der Mediation auftreten, erleichtert die Kooperation mit anderen örtlichen Einrichtungen und die Organisation der Supervision (s.u.).

Die Mediation selbst kann auch von zwei Personen gemeinsam durchgeführt werden (normalerweise von einem Mann und einer Frau), um die Mediatoren mit dem Ehepaar auszubalancieren. In der Co-Mediation kann selbstverständlich auch ein Team aus Angehörigen verschiedener Berufe gebildet werden, wie etwa durch eine Anwältin und einen Psychotherapeuten. Eine Reihe von Co-Mediationen arbeiten jedoch auch mit Mediatoren gleichen Geschlechts und gleichen Berufs.

Co-Mediation steht und fällt mit der guten Zuammenarbeit der Mediatoren, die in Gegenwart des Ehepaars zeigen, wie man einen Konflikt produktiv angehen und lösen kann, ohne sich dabei in Machtkämpfe zu verwickeln. Ein gutes Zeichen für die gelungene Kooperation der Mediatoren ist, wenn beide abwechselnd und ohne Rivalität das Gespräch führen und an dem Gesprächsfaden des anderen anknüpfen können. Das bedeutet, daß Sie beide die Streitfragen verstanden und sich darüber eine gemeinsame Meinung gebildet haben, bevor Sie sich mit ihren Klienten zusammensetzen.

Bei Ihrer Vor- und Nachbereitung der einzelnen Sitzungen sollten Sie sich überlegen,

– wer die einleitende Gesprächsführung übernimmt und wie Sie den Wechsel in der Fortführung des Gesprächs gestalten;

- wie Sie signalisieren, wenn Sie von dem anderen nicht in dem Weiterverfolgen einer Frage unterbrochen werden wollen;
- wie Sie mit Ihren unterschiedlichen Wertvorstellungen und Mediationstaktiken umgehen;
- wie Sie sich gegenseitig auf Probleme aufmerksam machen, die im Mediator ihre Ursache haben.

Wenn sich zusammenarbeitende Mediatoren diese Fragen gestellt und Strategien entwickelt haben, wie sie damit umgehen, werden sie wahrscheinlich in den Sitzungen konstruktiv miteinander arbeiten und sich gegenseitig anregen und unterstützen können. Entsteht zwischen Ihnen und Ihrem Co-Mediator eine Meinungsverschiedenheit, können Sie versuchen, diese in der Sitzung offen und konstruktiv miteinander zu thematisieren. Sie können sich aber auch zu einer Beratung zurückziehen und Klarheit darüber gewinnen, welche Linie der einzelne verfolgt und wie der verbleibende Teil der Sitzung zu gestalten ist.

Die Co-Mediation hat eine Reihe von Vorteilen, wenn die beiden Mediatoren gut zusammen arbeiten können:

- Die Mediatoren teilen die Verantwortung für das Vorgehen und können sich dabei – insbesondere bei schwierigen Fällen – gegenseitig unterstützen.
- Beide Mediatoren können sich gegenseitig auf persönliche »blinde Flecke« aufmerksam machen.
- Wenn der Verhandlungsprozeß ins Stocken gerät, kann der zweite Mediator, der zunächst im Hintergrund geblieben ist, den Faden oft wieder unter einem anderen Gesichtspunkt aufgreifen. Die Mediatoren können sich in der Gesprächsführung abwechseln: Während der eine das Gespräch über die finanziellen Fragen führt, kann es der andere übernehmen, wenn es um die elterliche Sorge geht.
- Co-Mediation erleichtert erheblich das Ausbalancieren von Machtungleichgewichten zwischen Paaren.
- In der Co-Mediation kann zeitweise eine Aufgabenverteilung der Mediatoren erfolgen: Während einer sich stärker inhaltlichen Fragen zuwendet, kann der andere paardynamische oder prozessuale Aspekte stärker beachten.

– Co-Mediation kann bei schwierigen Mediationen zu einer emotionalen Entlastung von Paar und Mediatoren beitragen.

Ein weiterer Vorteil der Co-Mediation liegt darin, daß psychologische (paardynamische) und juristische Aspekte der Scheidung durch verschiedene Personen gut abgedeckt werden können. Außerdem stellt sie eine hervorragende Trainingsmöglichkeit dar.

Die Nachteile der Co-Mediation liegen einmal in den hohen Anforderungen, die an die Zusammenarbeit der beiden Mediatoren gestellt werden. Wenn beide Mediatoren nicht gut miteinander zusammenarbeiten können, dürfte eine Co-Mediation eher ungünstig sein. Zum anderen läßt sich Co-Mediation aus ökonomischen Gründen meistens nicht lange realisieren. Außerdem zwingt die alleinige Arbeit als Mediator diesen dazu, sich auf dem jeweils anderen Fachgebiet sachkundig zu machen: So muß etwa ein »anwaltlicher« Mediator lernen, mit schwierigen paardynamischen Prozessen umzugehen. Ein »psychotherapeutischer« Mediator muß dagegen sein familienrechtliches Wissen und seine Kenntnisse in steuerrechtlichen Fragen erweitern.

Supervision

Ob Sie im Team anfangen oder in einer Einzelpraxis: Supervision ist wichtig. Kein Mediator sollte ohne kontinuierliche und fachkundige Beratung eines erfahrenen Mediators tätig sein. Lassen Sie sich von der *Bundesarbeitsgemeinschaft für Familien-Mediation* (BAFM in Deutschland) oder von der *Academy of Family Mediators* (in den USA) ein Verzeichnis aller erfahrenen Supervisoren oder Mediationsausbilder geben. Über Modelle der Konsultation und der Supervision informiert Haynes (1986a, b).

Die Supervision von Mediatoren erstreckt sich im allgemeinen auf drei Bereiche: Zunächst ist der eheliche Kontext wichtig, also das Wissen um und das Verstehen der besonderen Zusammenhänge von Haushaltsplanung, Unterhalt, Vermögensaufteilung und Elternschaft. Dabei sind neben alltäglichen Rahmenbedingungen (z.B. der Kenntnis von schulfreien Samstagen und der Ferienzeiten) besonders auch die familienrechtlichen (und steuerrechtlichen) Bedingungen bedeutsam. Der zweite Bereich ist die Kenntnis der Rolle, die der Mediator als Regisseur der Verhandlungen spielt. Der dritte Bereich bezieht sich auf das Verständnis der Dynamik und der Beziehungen der Partner untereinander und des Mediators zu jedem einzelnen und zu beiden als Paar.

Im ersten Bereich ist eine Einschätzung relativ einfach. Entweder weiß der Mediator, ob Kindesunterhalt von der Steuer abgesetzt werden kann, oder er weiß es nicht. Die Kompetenz in den beiden anderen Bereichen einzuschätzen, ist subjektiver, aber dadurch keineswegs weniger wichtig.

Zum zweiten Themenbereich ist immer wieder eine zentrale Frage der Supervision, wie festgefahrene Verhandlungspositionen wieder »flüssig« gemacht werden können und scheinbar unlösbare Dilemmata aufzulösen sind. Ein Beispiel dafür ist der Wunsch der Mutter, ihr Leben nach der Scheidung mit den Kindern an einem weit entfernten Ort neu zu beginnen, während der Vater durch seinen Beruf örtlich gebunden ist. Die Mediation kann hier ins Stocken geraten, wenn es dem Mediator nicht gelingt, mit dem Elternpaar eine neue Perspektive zu entwickeln, aus der das Problem neu definiert werden kann (zu besonderen Schwierigkeiten bei der Scheidungsberatung vgl. Isaacs, Montalvo & Abelsohn 1986; Reich & Bauers 1988).

Im dritten Bereich – der Beziehungsstruktur zwischen den Beteiligten – liegt ein häufiges Problem darin, daß ein Mediator im Laufe des Prozesses seine Neutralität zu verlieren droht – beispielsweise durch einen »konstruktiv« mitarbeitenden Ehemann und eine eher widerständige Ehefrau. Die Supervision muß dann dabei helfen, die Neutralität wiederzugewinnen und sich die jeweilige Bedürfnislage beider Personen wieder bewußt zu machen. Die Arbeit mit Scheidungspaaren ist zweifellos auch emotional besonders herausfordernd, da sie in starkem Maße die eigenen Beziehungsvorstellungen und -erfahrungen aktiviert. Um nicht in die Beziehungsstruktur des Paares verwickelt zu werden, müssen die Mediatoren daher die im

Prozeß auftretenden Übertragungen und Gegenübertragungen erkennen und mit ihnen konstruktiv umgehen können (Wallerstein 1990).

Durchführen einer Nachbefragung

Jeder Mediator sollte regelmäßige Nachbefragungen unter seinen Klienten durchführen, um die Qualität des eigenen Angebots und die Zufriedenheit der Klienten zu überprüfen. Beim Aufbau einer Praxis hilft die Nachbefragung auch, die Klienten an die Mediation zu erinnern und so die Möglichkeit zu vergrößern, daß sie Ihre Einrichtung an Freunde und Bekannte weiterempfehlen. Es ist empfehlenswert, den Nachbefragungsbogen etwa sechs Monate nach Abschluß der Mediation an Ihre Klienten zu versenden. Sie finden ein Beispiel für einen Nachbefragungsbogen im Anhang.

8 Die abschließende Mediationsvereinbarung

Nachdem sich die Klienten über die Fragen des Unterhalts, der Vermögens- und Hausratsaufteilung und der elterlichen Sorge geeinigt haben, müssen die getroffenen Vereinbarungen zu einem Gesamtpaket zusammengefaßt und schriftlich ausgearbeitet werden. Diese Mediationsvereinbarung sollte möglichst einfach und eindeutig formuliert werden. Jeder Partner bespricht und überprüft das Mediationsprotokoll mit seinem jeweiligen Anwalt oder Anwältin, um dann die endgültigen Absprachen in die Scheidungsvereinbarung aufzunehmen, die schließlich beim Gericht eingereicht wird.

Damit die Anwälte die Klienten ausreichend beraten können, müssen ihnen die Mediatoren die wichtigsten Hintergrundinformationen und alle von den Klienten erbrachten Nachweise zur Verfügung stellen. Diese abschließende Arbeit ist zwar aufwendig, bietet jedoch für Mediatoren und Klienten gleichermaßen notwendige Sicherheiten: Die Vereinbarung wird so ein weiteres Mal sorgfältig überprüft und mögliche rechtliche Mängel können behoben werden. Daneben erfahren die Klienten von einer dritten Partei, wie diese die Arbeit des Mediators beurteilt; sie haben damit eine weitere Chance, die getroffenen Vereinbarungen zu prüfen und zu hinterfragen. Die Mediatoren haben die Sicherheit, daß im Fall eines späteren Rechtsstreits die Vereinbarung anwaltlich überprüft wurde und damit eine rechtliche Absicherung erhalten hat.

In diesem Kapitel werden mögliche Formulierungen für verschiedene Arten von Vereinbarungen vorgestellt; sie stammen etwa zu gleichen Teilen aus der Praxis des Erstautors wie aus bundesdeutschen Mediationsvereinbarungen. Die Reihenfolge, in der die einzelnen Punkte hier aufgeführt werden, ist nicht zwingend.

Auch wenn in den folgenden Ausführungen von demselben Paar (»Herr und Frau Fischer«) die Rede sein wird, so stammen die dokumentierten Formulierungen dennoch nicht aus ein und derselben Vereinbarung. Dadurch scheinen sich einzelne Abschnitte zu widersprechen (etwa, wenn in der Einleitung von der derzeitigen Arbeitslosigkeit der Ehefrau die Rede ist, an anderer Stelle jedoch von gleichem Einkommen der beiden Partner). Dieses Verfahren wurde gewählt, um eine größere Vielfalt an Vereinbarungen darstellen zu können.

In diesem Kapitel werden folgende Themen in der abschließenden Mediationsvereinbarung dargestellt:
– Die Einleitung
– Informationen über die Grunddaten
– Sorgerecht und Umgangsregelungen mit den Kindern
– Die Unterhaltsregelungen
– Die Vermögensaufteilung
– Die Regelung künftiger Streitpunkte

Die Einleitung

Der einleitende Abschnitt der Mediationsvereinbarung erklärt die verschiedenen Funktionen von Mediation und rechtlicher Beratung. Indem in diesem Abschnitt klar zwischen den Rollen von Anwälten und Mediatoren getrennt wird, sichert er die Mediatoren auch dagegen ab, wegen unerlaubter Rechtsberatung belangt zu werden.

Einleitung

Mediationsvereinbarung, getroffen zwischen Thomas und Andrea Fischer Heidelberg, den 27.9.1992
Die untenstehenden Vereinbarungen haben wir, Thomas Fischer, geboren am 15.7.1955 und Andrea Fischer, geboren am 3.3.1957, im Verlauf einer gemeinsam aufgesuchten Scheidungsmediation erzielt. In der Mediation waren wir bemüht, unsere wechselseitigen und unsere persönlichen Interessen sowie die Interessen unserer Kinder Florian und Sonja sorgfältig abzuwägen. Die Mediation wurde durchgeführt von Herrn X und Frau Y.

Eine rechtliche Beratung innerhalb der Mediation fand nicht statt. Daher übergeben wir diese Vereinbarung unseren Anwälten, Herrn V. und Frau W., zur Prüfung.
Wir wünschen, daß unsere Anwälte die Inhalte dieser Vereinbarung in die offizielle Scheidungsvereinbarung aufnehmen.

Informationen über die Grunddaten

Der zweite Abschnitt beschreibt die wesentlichen Informationen über Eheschließung, Kinder, berufliche Stellung und Einkommen.

Wir haben am 16. 12. 1983 geheiratet. Aus dieser Ehe sind zwei Kinder hervorgegangen: Florian (geb. am 26.8.1985) und Sonja (geb. am 15. 7. 1988). Thomas Fischer ist von Beruf Grundschullehrer und verdient jährlich 36.600.- DM netto. Andrea Fischer ist beruflich Krankenpflegerin, zur Zeit arbeitslos. Andrea Fischer beabsichtigt, eine Umschulung zur Bankkauffrau zu machen; ein Zweck dieser Vereinbarung ist es, ihr bei der Erreichung dieses Zieles zu helfen.

Das Sorgerecht für die Kinder/der Umgang mit den Kindern

Zu Beginn des Abschnitts zum Sorgerecht für die Kinder legen die Partner fest, ob ein einzelner von ihnen das alleinige Sorgerecht für die Kinder oder für eines der Kinder erhält, oder ob sie das Sorgerecht gemeinsam ausüben wollen. Sollten sich die Eltern auf ein gemeinsames Sorgerecht einigen, so sollte die Vereinbarung genauere Angaben darüber enthalten, wie dies im einzelnen gehandhabt werden soll. Dazu gehören etwa die Planungen über die maximale räumliche Distanz zwischen den beiden elterlichen Wohnungen, der Zeitplan für den Aufenthalt der Kinder und eine Vereinbarung darüber, welcher Elternteil für welche Lebensbereiche der Kinder finanziell und organisatorisch zuständig sein wird.

Regelungen für Sorgerecht und Umgang
mit den Kindern

Wenn Eltern eine Mediationsvereinbarung schließen, so werden sie oft davon überzeugt sein, alle denkbaren Aspekte berücksichtigt zu haben. Es kann jedoch sein, daß sich im Laufe der Zeit neue Gesichtspunkte ergeben, die zum Zeitpunkt der Mediation noch nicht absehbar waren, die jedoch eine spätere Überprüfung und Anpassung der Vereinbarungen nötig machen. Dies betrifft besonders häufig die Regelungen zum Umgangsrecht. Sie sollten daher zu Beginn dieses Abschnittes eine Möglichkeit vorsehen, wie der Zeitplan für die Kinder den veränderten Umständen und anderen Bedürfnissen der Kinder angepaßt werden kann:

Wir wünschen, daß die zukünftige Aufteilung des Umgangs mit unseren Kindern deren schulischen und außerschulischen Aktivitäten Rechnung trägt. Sollten sich die diesbezüglichen Wünsche und Bedürfnisse unserer Kinder so ändern, daß der heute vereinbarte Wochen- und Stundenplan nicht einhaltbar ist, so vereinbaren wir, uns zu einer Überprüfung und Veränderung dieser Pläne zusammen mit den Kindern zu treffen, um einen neuen Plan zu erstellen, der den Bedürfnissen unserer Kinder gerecht wird. In einer solchen veränderten Vereinbarung werden wir dafür Sorge tragen, daß die Kinder nach wie vor jeweils etwa den gleichen Umfang an Zeit mit jedem von uns verbringen werden. Sollten also veränderte Umstände dazu führen, daß ein Kind nicht zu einer jetzt vereinbarten Zeit bei einem von uns sein kann, so werden wir dafür an anderer Stelle des Wochenplanes Ausgleich schaffen.

Wenn die Eltern vereinbaren, sich das Sorgerecht für die Kinder zu teilen und den Umgang mit ihnen so zu organisieren, daß die Kinder ungefähr die Hälfte der Zeit bei jedem Elternteil verbringen werden, dann kann folgende Formulierung diese Vereinbarung erläutern, gleichzeitig aber Handlungsspielraum belassen, damit die Eltern auf veränderte Umstände angemessen reagieren können :

Wir haben uns die elterliche Verantwortung für Florian und Sonja geteilt und wollen das auch weiterhin tun. Deshalb werden wir weiter in vollem Umfang gemeinsam das Sorgerecht ausüben. Florian und Sonja werden jeweils eine Hälfte der Zeit bei Thomas wohnen, die andere Hälfte der Zeit bei Andrea. Die genaue Aufteilung dieser Zeiten ist Teil dieser Vereinbarung. Auch wenn die jetzige Vereinbarung nicht fortgeführt werden kann und eine neue Vereinbarung ausgehandelt werden muß, werden wir in jedem Fall in vollem Umfang das Sorgerecht für Florian und Sonja weiterhin gemeinsam ausüben. Wenn sich unsere Lebensumstände auf eine Weise verändern, die es unseren Kindern unmöglich macht, an den Wochentagen und im alltäglichen Leben abwechselnd bei beiden Eltern zu wohnen, werden wir für den Elternteil, bei dem die Kinder fortan nicht mehr wohnen, zu Vereinbarungen über einen freien und angemessenen Umgang kommen; das schließt eine Regelung für die Wochenenden und die Ferien mit ein, ist aber nicht auf diese beschränkt. Wenn wir uns über die Ausgestaltung einer derartigen Veränderung nicht einigen können, werden wir uns erneut in eine Mediation begeben.

Eine solche Neuregelung der mit den Kindern verbrachten Zeit wird mindestens garantieren, daß der Elternteil, bei dem die Kinder das Schuljahr über wohnen, es den Kindern ermöglicht, alle Schulferien einschließlich der Sommerferien bei dem anderen Elternteil zu verbringen.

Wenn Florian und Sonja mit einem Elternteil weiter als 50 km vom jetzigen gemeinsamen Wohnort wegziehen, so ist vereinbart, daß der Elternteil, der wegzieht, erst dann und nur dann umzieht, wenn dem anderen Elternteil alle Sorgerechts- und Umgangsregelungen angemessen garantiert sind. Diese Garantie gilt erst als gegeben, wenn wir uns gemeinsam auf einen Zeitplan für den neugeregelten Umgang geeinigt haben. Ein solcher Zeitplan wird zunächst für die Dauer von zwei Jahren erstellt werden, danach werden wir einen neuen vereinbaren. Zu diesen Garantien gehört auch, daß die Kosten, die nötig sind, um den Umgang weiterhin zu ermöglichen (Reisekosten, Übernachtungskosten usw.), zwischen beiden Elternteilen im dem Verhältnis aufgeteilt werden, in dem unsere jeweiligen Vorjahreseinkommen stehen. Wenn ein Elternteil aus beruflichen Gründen wegziehen muß, die Kinder ihn aber nicht begleiten wollen, dann erhält dieser Elternteil dieselben Garantien.

Außerdem werden wir dafür Sorge tragen, daß ein solcher Umzug nur innerhalb der Grenzen der Bundesrepublik Deutschland stattfindet und daß unsere Wohnorte nicht weiter als 500 km voneinander entfernt sind.

Eine weniger flexible Vereinbarung, die jedoch mehr dem Sicherheitsbedürfnis mancher Eltern Rechnung tragen kann, könnte vorsehen, daß ein Umzug aus beruflichen oder privaten Gründen unterbleiben soll:

Wir werden dafür Sorge tragen, daß unsere Wohnungen bzw. zukünftigen Wohnorte nicht weiter als 40 km voneinander entfernt liegen. Diese Regelung gilt solange, bis entweder beide Kinder volljährig sind oder beide eigene Wohnungen genommen haben.

Eine weitere einfache Vereinbarung zum Wohnortwechsel lautet:

Kein Elternteil wird Entscheidungen, die den Wohnort und die Art des Wohnens der Kinder betreffen, ohne schriftliche Zustimmung des anderen treffen oder umsetzen.

Eine typische Vereinbarung, nach der die elterliche Verantwortung gemeinsam ausgeübt wird und die Eltern weiter nahe beieinander wohnen bleiben, könnte so aussehen:

Der folgende Plan für den Umgang mit den Kindern beruht auf der Vereinbarung, daß die Kinder gemeinsam und einzeln ein Höchstmaß an Zeit bei jedem von uns verbringen. Eines oder beide Kinder werden die folgenden Tage bei dem jeweiligen Elternteil verbringen:

| | Erste Woche: | | Zweite Woche: | |
	Andrea	Thomas	Andrea	Thomas
Mo	Sonja	Florian	Florian	Sonja
Di	Florian	Sonja	Sonja	Florian
Mi	Florian	Sonja	Sonja	Florian
Do	Florian	Sonja	Sonja	Florian
Fr	Sonja & Florian		Sonja & Florian	
Sa	Sonja & Florian		Sonja & Florian	
So	Sonja & Florian		Sonja & Florian	

Um diesen Zeitplan zu verwirklichen, werden wir nahe beieinander wohnen bleiben; wir werden unsere Wohnungen so wählen, daß die Kinder ihre Freundeskreise beibehalten können.

Wenn Eltern für ihre Kinder von vorneherein eine flexible Vereinbarung wünschen – etwa, weil sie die Kinder für alt genug halten, ihre Umgangszeiten mit jedem Elternteil selbst auszuhandeln – so kann folgende Formulierung den Bedürfnissen aller entgegenzukommen:

Der Hauptwohnsitz der Kinder wird bei Andrea sein. Weil die Kinder alt genug für eigene Entscheidungen sind, haben wir keinen Zeitplan darüber festgelegt, wann die Kinder bei Thomas sein werden. Wir vereinbaren, daß die Kinder mit ihm alle Umgangsregelungen direkt aushandeln. Andrea stimmt zu, bei der Umsetzung jeder Vereinbarung zu helfen, die er mit den Kindern trifft.

Wenn Eltern bei geteiltem Sorgerecht darauf verzichten, einen festen Umgangsplan auszuarbeiten (etwa, weil sie auf ihre Kompromißfähigkeit bauen), sollten sie jedoch eine Vereinbarung für den Fall vorsehen, daß ein nicht beizulegender Konflikt auftritt. Explizit läßt sich das in folgender Verinbarung niederlegen:

Wir bevorzugen es, die Zeiten, die die Kinder mit uns abwechselnd verbringen, flexibel zu regeln. Wir werden diese Regelungen jeweils in gegenseitiger Übereinstimmung beschließen. Wenn wir uns jedoch nicht darüber einigen können, bei welchem Elternteil ein Kind zu einem bestimmten Zeitpunkt sein soll, vereinbaren wir: Der Elternteil, bei dem sich das Kind zum Zeitpunkt der Meinungsverschiedenheit aufhält, trägt dafür Sorge, daß dieses Kind am jeweils folgenden Freitag nicht später als um 17 Uhr zum anderen Elternteil gebracht wird – es sei denn, das Kind wünscht dies ausdrücklich nicht. Im Streitfall kann ein Elternteil den anderen in schriftlicher Form zum Einhalten dieser Vereinbarung auffordern.

Als Alternative kann etwa vereinbart werden:

Wir bevorzugen es, die Regelung der Zeiten, die die Kinder mit uns verbringen, flexibel zu handhaben. Wir werden diese Regelungen jeweils in gegenseitiger Übereinstimmung beschließen. Für den Fall, daß wir über diese Regelungen zu keiner Vereinbarung kommen können, haben wir einen Zeitplan ausgearbeitet, der dann in Kraft tritt und der dieser Vereinbarung beigefügt ist.

Regelungen für Verantwortungsbereiche

Wenn die Eltern nahe beieinander wohnen, können sie vereinbaren, wie sie bestimmte Verantwortungsbereiche bei der Erziehung und Sorge für die Kinder von vornherein aufteilen. Eine derartige Verteilung muß spezifizieren, wer den Kindern in diesen Bereichen hilft und wer die finanziellen Lasten einzelner Lebensbereiche trägt. Sofern das Einkommen der beiden Elternteile ungefähr gleich groß ist, könnte die diesbezügliche Passage in der Vereinbarung lauten:

Um die Verteilung der gemeinsamen finanziellen Verantwortung für die Kinder zu gestalten, vereinbaren wir, daß Thomas dafür zuständig sein wird, Schuhe und alle Schulsachen zu bezahlen. Dies beinhaltet die laufenden Ausgaben für Hefte und Schreib- oder Malsachen, einzelne Ausgaben wie Kleidung oder Taschen für den Sportunterricht, Kosten für Schulausflüge, für Nachhilfe und für den täglichen Weg zur Schule (Schulbus). Andrea wird für den Kauf aller übrigen Kleider zuständig sein. Die Kosten für Mäntel und andere Überbekleidung werden wir uns gleichmäßig teilen.

Die Kosten für Musikstunden und andere außerschulische Unternehmungen sowie für Sportausrüstungen oder ähnliches werden wir ebenfalls zu gleichen Teilen unter uns aufteilen.

Wir haben uns auf einen Zeitplan geeinigt, nach dem sich die Kinder einzeln und zusammen abwechselnd bei jedem von uns aufhalten. Der Elternteil, bei dem ein Kind übernachtet, wird dafür verantwortlich sein, daß dieses Kind am Morgen zur Schule kommt (per Auto oder Bus). Der Elternteil, bei dem ein Kind den Nachmittag und den Abend verbringt, wird für die Betreuung der Hausaufgaben zuständig sein. Eventuell nötige Fahrten zu Sport- oder Musikstunden oder ähnlichem werden wir zu gleichen Teilen übernehmen.

Manchmal erklärt sich ein Elternteil bereit, für bestimmte Zwecke auch einen höheren finanziellen Beitrag zu leisten, etwa für eine Klassenfahrt oder einen Urlaub in einem Ferienlager. Dieser Elternteil sollte dann auch darüber entscheiden dürfen, wie teuer im konkreten Fall das Ferienlager sein darf. Wenn der andere Elternteil fürchtet, daß der Partner die Kosten zu niedrig ansetzen könnte, kann eine Klausel die untere Grenze festlegen und damit einen Ausweg weisen:

Thomas wird die Kosten für ein Ferienlager übernehmen, wenn Florian oder Sonja eines besuchen wollen. Er kann vorrangig entscheiden, wie hoch diese Kosten sein sollten. Er ist einverstanden, daß diese Kosten nicht geringer angesetzt werden als … DM (ein festgesetzter Geldbetrag).

Regelungen zum Informationsaustausch zwischen den Eltern

Oft befürchtet ein Elternteil, aus den Lebensbereichen, für die der andere Partner zuständig ist, vollständig ausgeschlossen zu werden, falls ihm der Partner Informationen über Entwicklungen in diesem Bereich vorenthält. Um die zukünftige Kooperation der Eltern zu sichern, kann in der Mediationsvereinbarung festgehalten werden, welche Informationen auf jeden Fall weitergegeben werden sollen. Einige Vorschläge für derartige Vereinbarungen sind:

Thomas und Andrea werden sich gegenseitig regelmäßig über Namen und Telefonnummern aller Ärzte, Zahnärzte, Psychotherapeuten oder Heilpraktiker informieren, bei denen die Kinder in Behandlung sind. Jeder Elternteil hat das Recht, ohne Zustimmung des anderen Elternteils jeden dieser Behandler aufzusuchen und zu der Behandlung der Kinder zu konsultieren.

Jeder Elternteil wird von Zeugnissen, Schulberichten und eventuellen Berichten eines Schulpsychologen dem anderen Elternteil binnen einer Woche nach Erhalt Kopien zukommen lassen. Diese Regelung gilt auch für die Ergebnisse von in der Schule durchgeführten Gesundheitsuntersuchungen (z.B. Röntgen-Reihenuntersuchungen).

Im Sekretariat der Schule werden stets die Adressen und Telefonnummern beider Elternteile hinterlegt sein, so daß in Notfällen beide unterrichtet werden können. Jeder Elternteil verpflichtet sich, den anderen über bevorstehende Elternabende oder Gespräche mit dem Klassenlehrer, Rektor o.ä. im vorhinein zu informieren. Jeder Elternteil garantiert dem anderen das Recht, bei solchen Treffen auch dann anwesend zu sein, wenn nur ein Elternteil ein Gespräch mit einem Schulangehörigen vereinbart hat.

Medizinische Versorgung

Ein weiterer Abschnitt kann regeln, wie die Eltern mit medizinischen Notfällen und längeren Behandlungen umgehen werden. Die Beispiele gehen von einem gemeinsamen Sorgerecht aus; im Falle eines einseitigen Sorgerechts kann der Bereich der medizinischen Versorgung ganz in der Hand eines Elternteils liegen.

Jeder Elternteil hat kann ohne Zustimmung des anderen über medizinische Behandlungen der Kinder in Notfällen entscheiden, wird dann aber den anderen Elternteil so schnell wie möglich informieren. Dieses Recht erstreckt sich auch auf Notfall-Operationen.

Jeder Elternteil wird den anderen schnellstmöglich informieren, wenn die Kinder eine Verletzung erfahren, ernsthaft erkranken oder sonstwie deutlich geschwächt sind.

Kein Elternteil wird ohne Zustimmung des anderen über eine längere medizinische, psychiatrische oder psychotherapeutische Behandlung der Kinder entscheiden. Sollten wir uns über Art und Durchführung einer anstehenden Behandlung nicht einigen können, vereinbaren wir, einen gemeinsam ausgewählten Arzt oder Therapeuten aufzusuchen und uns dessen Rat zu beugen. Sollte dieses Vorgehen zu keiner Einigung führen, vereinbaren wir ein Gespräch mit unseren gemeinsamen Freunden A und B zu führen, um mit ihnen zu einer Lösung zu kommen.

Zukünftige Entscheidungen

Eine Aufgabe der Mediationsvereinbarung ist es, zukünftigen Konflikten vorzubeugen. Ein Weg dazu ist es zu spezifizieren, bei welchen Themen in jedem Fall die Zustimmung beider Eltern nötig ist, bevor eine Entscheidung getroffen wird. Einige Vorschläge dazu:

Jedem Elternteil ist es gestattet, in der Zeit, in der die Kinder bei ihm sind, alle alltäglichen Entscheidungen zu treffen (etwa über zu besuchende Veranstaltungen, Einkäufe, Tagesplanung usw.). In medizinischen Notfällen, bei kleineren Krankheiten der Kinder oder bei zahnärztlichen Besuchen kann ebenfalls jeder Elternteil eigenständig entscheiden, ohne den anderen vorher zu informieren; er wird dann aber den anderen Elternteil baldmöglichst benachrichtigen.

Bei den folgenden, die Kinder betreffenden Themen wird kein Elternteil eine Entscheidung ohne vorherige Diskussion mit und Zustimmung durch den anderen Elternteil treffen:

- ein Wechsel der Religionszugehörigkeit eines Kindes im Alter unter 14 Jahren;
- ein Schulwechsel eines Kindes;
- ein Umzug mit den Kindern;
- eine Auslandsreise mit den Kindern;
- eine längere medizinische Behandlung eines Kindes;
- Tagesplanungen eines Kindes, die die gemeinsame Zeit dieses Kindes mit dem anderen Elternteil betreffen.

Wenn es über diese Fragen zu einer Kontroverse kommt, werden wir zunächst versuchen, uns an einem neutralen Ort (etwa in einem Café) zu treffen und zu einigen. Dazu werden wir uns vorher gemeinsam bei einem mit dem betreffenden Lebensbereich betrauten Dritten informieren (dem Kinderarzt, dem Klassenlehrer, Pfarrer o.ä.). Wenn es uns nicht gelingt, auf diesem Wege zu einer Einigung zu kommen, werden wir uns erneut in Mediation begeben.

Wenn Eltern bestimmte Vorstellungen in bezug auf die religiöse Erziehung der Kinder haben und diese in der Mediationsvereinbarung formuliert sehen wollen, kann das etwa in der folgenden Formel aufgenommen werden:

Wir vereinbaren, daß Florian und Sonja bis zum Ende ihrer Schulzeit eine kirchliche Privatschule besuchen. Thomas ist damit einverstanden, daß er bis zum Ende ihrer Schulzeit für das Schulgeld aufkommt.

Kindesunterhalt

Umfang des Unterhalts

Die Eltern haben vereinbart, die Höhe des Kindesunterhalts nach der *Düsseldorfer Tabelle* festzulegen.

Herr Fischer hat derzeit ein Nettoeinkommen von 3050.- DM monatlich. Nach der Düsseldorfer Tabelle beträgt der Kindesunterhalt für das vierjährige Kind 370.- DM, für das siebenjährige Kind 450.- DM, insgesamt also 820.- DM monatlich. Da das Kindergeld in Höhe von 200.- DM (70.-DM für das erste und 130.- DM für das zweite Kind) an Frau Fischer überwiesen wird, zahlt Herr Fischer an Frau Fischer monatlich 720.- DM Kindesunterhalt für ihre gemeinsamen Kinder.

Angleichung des Kindesunterhalts

Wenn die Höhe des Unterhalts in dieser Weise festgelegt wird, wird zunächst keine Angleichung an die Wertminderung des Unterhalts durch die Inflationsrate vorgenommen. Die Eltern können sich deshalb z.B. darauf einigen, den Kindesunterhalt jeweils der neuesten Fassung der Düsseldorfer Tabelle anzupassen, so daß inflationäre Veränderungen berücksichtigt werden können. Oder sie können vereinbaren, die Unterhaltshöhe nach der von der Bundesregierung in der Anpassungsverordnung festgelegten schematisierten Anpassung jeweils neu zu bestimmen. Eine andere Möglichkeit, um den Wert der Unterhaltszahlungen sicherzustellen, besteht in einer Vereinbarung, nach der der Unterhalt automatisch – entsprechend den Veränderungen des Indexes für die Verbraucherpreise – verändert wird.

Es ist uns bewußt, daß sich unsere jeweilige finanzielle Situation in der Zukunft verändern könnte. Deshalb werden wir den Kindesunterhalt nach jeweils einem Jahr neu anpassen und zwar so, daß die Veränderungen der Lebenshaltungskosten folgendermaßen Niederschlag finden: Jedes Jahr wird, meistens im März, von dem Statistischen Landesamt in Wiesbaden ein neuer Index für Verbraucherpreise für das vergangene Kalenderjahr herausgegeben. Am ersten des Monats nach der Veröffentlichung dieser Zahlen für das Gebiet, in dem Frau Fischer und die Kinder leben, wird der Kindesunterhalt um die Hälfte der Index-Veränderung angepaßt[13]. Wenn sich also der Index der Verbraucherpreise um 4 Prozent erhöht, so steigt der Kindesunterhalt um 2 Prozent. Frau Fischer wird dafür zuständig sein, das Statistische Landesamt anzurufen, um die Zahlen für den neuen Index zu ermitteln und diese dann an Herrn Fischer weiterzuleiten. Dabei teilt sie ihm auch mit, was nach ihrer Berechnung die neue Höhe des Kindesunterhalts ist. Wenn Herr Fischer mit dieser Berechnung einverstanden ist, wird er den neuen Unterhaltssatz vom ersten des folgenden Monats an zahlen. Wenn er nicht einverstanden ist, und die Eltern sich nicht einigen können, werden beide einen neuen Mediationstermin vereinbaren.

Basierend auf der Einsicht, daß die Ausgaben für ein Kind mit zunehmendem Alter steigen, sehen die meisten Eltern eine automatische Erhöhung des Kindesunterhalts vor.

Mit Rücksicht auf die steigenden Bedürfnisse der Kinder mit zunehmendem Alter, werden wir den Kindesunterhalt den entsprechenden Altersgruppen der Düsseldorfer Tabelle angleichen. Das heißt, daß sich der Kindesunterhalt erhöht, wenn ein Kind das sechste beziehungsweise zwölfte Lebensjahr jeweils vollendet hat.

Ende des Kindesunterhalts

Die Vereinbarung legt die Umstände fest, unter denen der Kindesunterhalt geändert wird oder endet.

Der Kindesunterhalt für jedes Kind endet, wenn dieses volljährig wird, es sei denn, es befindet sich noch in Ausbildung. Der Kindesunterhalt endet dann, wenn das betreffende Kind nach der Schule kein Studium beginnt, wenn es sich in der Bundeswehr verpflichtet, heiratet oder vorzeitig für mündig erklärt wird; er endet ebenso im Todesfall.

Manche Ehepaar wollen sicherstellen, daß und zu welchem Zeitpunkt der Unterhalt zu zahlen ist:

Der Unterhalt wird vor Beginn jeden Monats gezahlt.
Die Zahlungen des Kindesunterhalts werden durch einen Dauerauftrag getätigt.
Falls der Kindesunterhalt nicht bezahlt wird und die Zahlungen um mehr als 30 Tage im Rückstand sind, so soll der Fall gerichtlich geregelt werden.

Regelungen über die Krankenversicherung

Auch die Übernahme der Krankenversicherungskosten gehört zu den Unterhaltsverpflichtungen. In der Regel können die Kinder in der gesetzlichen Krankenversicherung der Eltern kostenlos mitversichert werden.

Herr Fischer ist in einer gesetzlichen Krankenversicherung und wird die Kinder solange bei sich mitversichern, wie es die Krankenkasse zuläßt. Bis das Scheidungsurteil rechtskräftig ist, wird er auch Frau Fischer mitversichern.

Besondere Regelungen für ein Studium der Kinder

Die Eltern sollten eine Vereinbarung für den Fall vorsehen, daß ihre Kinder studieren. Im folgenden wird gezeigt, wie die Kosten aufgeteilt werden, und der Betrag bestimmt, der den Kindern vertraglich zugesichert wird.

Wir werden uns die Studienkosten für unsere Kinder entsprechend unserem jeweiligen Einkommen in den betreffenden Jahren teilen. Für den Zweck dieser Vereinbarung haben wir uns darauf geeinigt, daß als Studienkosten gelten: Unterkunft und Verpflegung, Studien- und andere Gebühren, Bücher und die Fahrtkosten. Wir vereinbaren, daß Florian und Sonja zunächst ihre eigenen Ersparnisse, Stipendien und eventuelle BaföG-Darlehen zur Bestreitung ihrer Kosten einsetzen sollen; die dann noch übrig bleibenden Kosten werden wir übernehmen.

Besondere Regelungen bei gleichem Einkommen der Eltern und gleichem Umfang der mit den Kindern verbrachten Zeit

Wenn beide Eltern in etwa über das gleiche Einkommen verfügen und die Kinder bei beiden Eltern etwa gleich viel Zeit verbringen, können sich die Eltern die Kosten für die Kinder teilen.

Nachdem unsere Einkommen in etwa gleich hoch sind und unsere Kinder bei uns beiden etwa gleich viel Zeit verbringen werden, erscheint es uns nicht notwendig, daß einer von uns Kindesunterhalt zahlen soll. Die Kosten für Kleidung, für die außerschulischen Aktivitäten, für das Studium, für die Freizeitbeschäftigungen, für die Kinderbetreuung während der Arbeitszeit und für nicht gedeckte medizinische Aufwendungen werden wir jeweils zur Hälfte tragen. Wir werden ein gemeinsames Konto einrichten und alle gemeinsamen Ausgaben für die Kinder über dieses Konto laufen lassen, wobei jeder die Hälfte der Kosten übernimmt. Ausgaben, die 100.- DM überschreiten, wird ein Elternteil nur mit der Zustimmung des anderen Elternteils tätigen.

Wenn aus irgendeinem Grund die derzeitige Aufenthaltsregelung der Kinder oder unsere Einkommenssituation sich verändert, werden wir den Kindesunterhalt in Übereinstimmung mit den gesetzlichen Richtlinien für Kindesunterhalt neu regeln.

Ehegattenunterhalt

Wenn ausgehandelt wurde, daß ein Ehepartner an den anderen Ehegattenunterhalt zahlt, werden sowohl die Höhe des Unterhalts, als auch einige zusätzliche zu übernehmende variable Kosten bestimmt. Darüber hinaus wird festgesetzt, wann die Unterhaltszahlungen enden und ab welcher Einkommensgrenze kein Ehegattenunterhalt mehr gezahlt wird.

Thomas wird an Andrea Ehegattenunterhalt in Höhe von monatlich 950.-DM zahlen. Zusätzlich wird er für sie eine Autoversicherung abschließen, ihre Krankenversicherung und den Steuerberater bezahlen, der ihre jährliche Steuererklärung ausarbeitet. Die Unterhaltszahlungen, die Bezahlung des Steuerberaters und der Versicherungsbeiträge enden, wenn Andrea wieder heiratet, oder wenn ihr Nettoeinkommen laut Steuererklärung 2500.- DM übersteigt. Andrea verpflichtet sich, Thomas auf Anfrage über ihr Nettoeinkommen durch Vorlegen ihrer Steuererklärung zu informieren. Wenn das Nettoeinkommen von Andrea 2500.- DM übersteigen sollte, werden wir den Ehegattenunterhalt neu verhandeln.

Vermögen

Für viele Mediationsklienten stellen Immobilien den wichtigsten Vermögenswert dar. Eine Eigentumswohnung ist meist zu gleichen Teilen Eigentum beider Ehepartner, daher müssen die Schritte zu ihrem Verkauf ausführlich vereinbart werden, ebenso die Bedingungen, unter denen ein Verkauf stattfinden soll. Die folgende Formulierung geht von einer ungleichgewichtigen Aufteilung des Erlöses aus dem Verkauf aus (was etwa sinnvoll sein kann, wenn damit andere Ungleichgewichtigkeiten in der Vermögensaufteilung wieder ausgeglichen werden sollen, vgl. Kapitel 4):

Wir werden das gemeinsame Eigentumsrecht an dem ehelichen Haus beibehalten. Andrea wird dort mit unseren Kindern wohnen, bis beide Kinder ein Studium aufgenommen haben, eine Berufsausbildung abgeschlossen haben oder das Alter von 22 Jahren erreicht haben (je nachdem, was früher eintritt). Danach werden wir das Haus auf dem Immobilienmarkt zu einem Preis anbieten, der sich als Durchschnitt aus dem

Schätzwert von mindestens zwei Immobilienmaklern ergibt, und es zu einem Preis, der bis zu zehn Prozent unter oder über dem Schätzwert liegen kann, an den ersten Interessenten verkaufen. Wir werden das Haus auch verkaufen, wenn Andrea vor diesem Zeitpunkt wieder heiratet. Wir werden den Verkaufserlös so aufteilen, daß Andrea 71 Prozent des Erlöses erhält und Thomas 29 Prozent. Diese Aufteilung berücksichtigt die Tatsache, daß Thomas seine Wertpapiere behält.

Der nächste Abschnitt bietet zwei Alternativen für eine Vereinbarung darüber an, auf welchem Weg jeder der Partner das Haus kaufen könnte, wenn es zum Verkauf steht:

Wenn das Haus zum Verkauf steht, kann jeder von uns den Anteil des anderen an dem Haus erwerben, wobei Andrea die erste Wahl hat. Wir werden das Haus von einem vereidigten Immobilienschätzer schätzen lassen und von diesem Betrag die noch ausstehenden Hypotheken abziehen. Der Käufer zahlt dem Verkäufer den entsprechenden Prozentteil dieses Betrags aus (Thomas erhält 29 % des Schätzpreises, sofern Andrea das Haus übernimmt; Andrea erhält 71 %, sofern Thomas das Haus kauft).

Oder:

Wenn das Haus zum Verkauf steht, kann jeder von uns den Anteil des anderen an dem Haus erwerben; Andrea wird dann das Vorkaufsrecht haben. Wenn Andrea dieses Recht nicht binnen 60 Tagen geltend macht, gerechnet von dem oben beschriebenen Zeitpunkt an, geht das Vorkaufsrecht auf Thomas über. Von dem Tag an, an dem er dieses Recht geltend machen kann, muß er ebenfalls binnen 60 Tagen den Besitzanteil von Andrea erwerben. Wir werden das Haus von einem vereidigten Immobilienschätzer schätzen lassen und diesen Betrag für den Verkauf zugrunde legen. Von dem Betrag werden zunächst die noch ausstehenden Hypotheken abgezogen; der Restbetrag wird je zur Hälfte zwischen Thomas und Andrea aufgeteilt. Wenn einer von uns das Haus erwirbt, so wird der Käufer dem anderen die Hälfte dieses Betrags abzüglich der noch ausstehenden Hypotheken bezahlen.

Manche Ehepaare vereinbaren unter Umständen noch weitere Bedingungen, die zu einem Verkauf des Hauses führen sollen, etwa eine Wiederheirat oder Veränderungen bei den Kindern:

Wir werden das Haus auch verkaufen, wenn Andrea wieder heiratet oder länger als zwei Jahre in einer eheähnlichen Lebensgemeinschaft lebt; ebenso werden wir es verkaufen, sofern beide Kinder volljährig sind und aus dem elterlichen Haus ausgezogen sein sollten.

Wenn das Ehepaar das Haus gemeinsam besitzt, so sollte geregelt werden, wie die laufenden Kosten für den Unterhalt des Hauses verteilt werden (da das Haus für beide Partner dann eine Kapitalanlage ist, müssen beide auch für diese Kosten aufkommen). Eine mögliche Formulierung dazu ist:

Wenn am ehelichen Haus Reparaturen oder bauliche Maßnahmen erforderlich werden, solange wir die gemeinsamen Eigentümer sind, werden wir für diese Arbeiten entsprechend unseren Eigentumsanteilen aufkommen. Sollte einer von uns nicht in der Lage sein, für seine anteiligen Kosten an den baulichen Maßnahmen aufzukommen, kann der andere an seiner Stelle für die Arbeiten zahlen; für diesen Fall vereinbaren wir, daß der Person, die für die Reparaturmaßnahmen gezahlt hat, die für den anderen übernommenen Ausgaben aus dem Erlös des Hausverkaufs zurückgezahlt werden.

Eine andere Regelung könnte so lauten:

Andrea wird in dem Haus mit unseren Kindern wohnen und solange das alleinige Nutzungsrecht haben, bis es verkauft wird. In der Zwischenzeit wird sie für alle Kosten aufkommen, die mit dem Haus zusammenhängen, einschließlich der Tilgung der Hypothekenraten, der Grundsteuer, der Hausratsversicherungen sowie aller normalen Instandhaltungskosten. Für keine dieser Kosten, die mit dem ehelichen Heim zusammenhängen, wird Thomas verantwortlich sein.

Der Wert mancher Häuser ist zum Zeitpunkt der Vereinbarung schwer einzuschätzen. Der Erstautor berichtet folgendes Beispiel: Ein Ehepaar bewohnte eine mit staatlichen Mitteln finanzierte Wohnung für einkommensschwache Familien. Durch Gesetzgebung war noch nicht entschieden, ob die Wohnungen später einmal an die Mieter verkauft werden könnten, wobei ein Teil der bereits (im Falle dieses Paares gemeinsam) gezahlten Miete auf den Verkaufspreis angerechnet würde. Für die in der Wohnung bleibende Ehefrau hätte eine derartige Entwicklung zur Folge, daß sie die Wohnung zu deutlich günstigeren Konditionen erwerben könnte, als dies dem Ehemann auf dem freien Markt je möglich wäre; außerdem könnte sie bei einem anschließendem Verkauf der Wohnung einen beträchtlichen Gewinn erzielen. Das Ehepaar mußte entscheiden, wie es mit dieser Situation umgehen sollte:

Der Bau der Wohnung wurde aus staatlichen Mitteln gefördert. Es besteht die Möglichkeit, daß die Wohnungen an die Bewohner des Hauses verkauft werden. Wenn die Wohnung innerhalb von fünf Jahren nach Unterzeichnung dieser Vereinbarung in Privatbesitz übergeht, wird Sue an John eine Ausgleichszahlung leisten. Der mögliche Veräußerungsgewinn ergibt sich aus der Differenz zwischen dem staatlich festgesetzten Preis der Wohnung und dem Erlös, den Sue bei einem angenommenen Verkauf der Wohnung erzielen würde. Wir werden den dann gültigen Marktwert von einem staatlich zugelassenen Immobilienschätzer bestimmen lassen. Sue wird John ein Drittel des Gewinns zahlen.

Die Aufteilung der Vermögenswerte kann spätere steuerliche Konsequenzen haben. Normalerweise übernimmt jeder mit den Vermögenswerten die zukünftige Steuerpflicht. Wenn die Wohnung in den Besitz der Ehefrau übergeht, kann die Steuerpflicht so geregelt werden:

Andrea erklärt sich bereit, die Steuerlast für den Veräußerungsgewinn der ehelichen Wohnung zu übernehmen. Jeder von uns versteuert die aus dem Verkauf anderer ehelicher Vermögenswerte erzielten Veräußerungsgewinne jeweils selbst.

Die ehelichen Vermögenswerte werden in der Vereinbarung so aufgeführt, daß der Gegenstand selbst, sein finanzieller Wert und die zukünftige Verfügungsgewalt daraus hervorgehen (vgl. S.256).

Im nachfolgenden Beispiel hat die Ehefrau einen größeren Anteil an nicht-liquiden Vermögenswerten erhalten; dieser Anteil ist vor allem durch die Eigentumswohnung entstanden. Um diesen Wert der Wohnung auszugleichen, müßte der Ehemann den Bausparvertrag und den größten Teil der Wertpapiere übernehmen.

Unser eheliches Vermögen
setzt sich folgendermaßen zusammen:

	Wert in DM	Thomas	Andrea
Sparguthaben	11.050	6.336	4.714
Auto (Opel)	6.000		6.000
Auto (Honda)	10.000	10.000	
Eheliche Eigentums-wohnung	170.000		170.000
Boot	3.000	3.000	
Lebensversicherung	12.700		
Bausparvertrag	64.449	64.449	
Wertpapiere Nr. a-r	124.800	124.800	
Wertpapiere Nr. s-z	33.897		33.897
Insgesamt:	435.896	208.585	227.311
Verbindlichkeiten			
Hypothek	21.500		21.500
Bankkredit	1.800		1.800
Auto: offene Raten	4.200	4.200	
Eurocard	.150	.150	
American Express	.200	.200	
Insgesamt:	27.850	4.550	23.300
Wert des aufgeteilten Vermögens Insgesamt:	408.046	204.035	204.036

Der Bausparvertrag hat einen derzeitigen Wert von 108.500.- DM; von diesem Wert sind 60 % während der Ehezeit angespart worden. Deshalb haben wir für den ehelichen Wert des Sparvertrages den Betrag von 64.449.- DM eingesetzt.

Das Haus haben wir von zwei Immobilienmaklern schätzen lassen und haben den Mittelwert der beiden Schätzungen (170.000.- DM) verwendet.

Sie können an dieser Stelle zusätzlich zu der Liste der aufgeteilten Vermögenswerte auch eine Tabelle einfügen, in der Sie deutlich machen, wie diese Aufteilung daraus entstanden ist, daß der während der Ehe entstandene Vermögenszugewinn gleichmäßig aufgeteilt wurde.

Falls die Ehepartner kein alleiniges Eigentum an den jeweiligen Autos haben, müßten Sie vielleicht eine Regelung finden, wie Eigentumsrechte übertragen und möglicherweise noch offenstehenden Raten abgezahlt werden:

Thomas wird das Eigentum an dem Opel auf Andrea übertragen. Sie wird damit auch die noch ausstehenden Ratenzahlen an die Firma XY übernehmen. Die Ratenrechnungen laufen zur Zeit auf den Namen von Thomas. Andrea erklärt sich bereit, entweder die Einzugsermächtigung der Firma XY im Einvernehmen mit der Firma auf ihren Namen umzuschreiben oder ein Darlehen aufzunehmen, um die Raten komplett zu bezahlen oder das bestehende Darlehen zurückzuzahlen. Thomas wird den Honda behalten, er wird dafür die Raten für dieses Auto übernehmen.

Verbindlichkeiten

Die Ehepartner müssen in der Vereinbarung bestätigen, daß sie alle Schulden vollständig aufgeführt haben. Außerdem müssen sie darlegen, was mit den gemeinsamen Konten und Kreditkarten geschehen soll:

Außer den oben aufgeführten Verbindlichkeiten sind keine weiteren Schulden bekannt. Wir vereinbaren, daß alle übrigen Schulden, die einer von uns derzeit hat oder nach dem Datum der Unterzeichnung dieser Vereinbarung macht, allein in der Verantwortung derjenigen Person liegen, die die Schulden gemacht hat oder macht.
Wir werden das gemeinsame Sparkonto auflösen. Wir werden die gemeinsamen Kreditkarten kündigen. Wir erklären uns beide bereit, ab dem 15.10.1992 keine Zahlungen mit der gemeinsamen Eurocard mehr zu machen.

Steuern

Das Ehepaar muß sich auch über bestimmte steuerliche Fragen in bezug auf den Unterhalt einig werden. Die Partner müssen entscheiden, wie sie mit zukünftigen Steuerverbindlichkeiten umgehen werden. Eine verbreitete Lösung ist:

Für den Fall, daß wir dem Finanzamt für zurückliegende gemeinsame Steuererklärungen Gelder schulden, werden wir jegliche Steuerschuld zu gleichen Teilen tragen.

Sie müssen sich außerdem entscheiden, wem die steuerlichen Kinderfreibeträge zustehen sollen:

Solange Thomas für den Unterhalt der Kinder aufkommt, nimmt er die Kinder auf seine Lohnsteuerkarte.

Lösung künftiger Streitpunkte

Auch nach einer einvernehmlich beendeten Mediation besteht immer die Möglichkeit, daß es in der Zukunft zu Meinungsverschiedenheiten zwischen den Ehepartnern kommen kann. Die Vermögensaufteilung kann nicht erneut aufgegriffen werden, es sei denn, eine Person kann nachweisen, daß die andere sie arglistig getäuscht hat (indem sie etwa Informationen zurückgehalten oder vorsätzlich falsche Informationen über den Wert eines Gegenstandes gegeben hat). Anlaß für spätere Streitigkeiten sind häufig Meinungsverschiedenheiten über den Unterhalt, über die elterliche Sorge oder den elterlichen Umgang mit den Kindern. Es erweist sich oft als sinnvoll, das Paar dazu zu bewegen, sich am Ende der Mediation (wenn einvernehmliche Lösungen relativ leicht fallen), eine Strategie zu überlegen, mit der die Partner zukünftige Auseinandersetzungen begrenzen könnten. Die folgende Formulierung bietet dazu eine Möglichkeit:

Für den Fall, daß wir nicht in der Lage sind, uns bei irgendeinem Teil der Vereinbarung darüber zu einigen, wie er umgesetzt werden soll, vereinbaren wir, daß wir uns vor dem Gang zum Gericht erst sorgfältig darum bemühen werden, unsere Meinungsverschiedenheiten beizulegen. Wenn wir aus eigenen Kräften dazu nicht in der Lage sind, werden wir uns wieder der Mediation bedienen. Wir werden dieses Vorgehen auch dann wählen, wenn sich am finanziellen Status von einem von uns etwas Wesentliches ändert, so daß die hier fixierten Vereinbarungen überarbeitet werden müssen. Wir werden uns auch dann gemeinsam in die Mediation begeben, wenn das nur einer von uns wünscht.

Eine zusätzliche Sicherung kann darin bestehen, »kritische Teile« der Vereinbarung nur für eine gewisse Zeit gelten zu lassen:

Alle hier getroffenen Regelungen zu den Wohnrechten im Haus gelten zunächst für fünf Jahre; danach werden wir sie erneut gemeinsam überprüfen. Falls wir uns dann über Veränderungen nicht einigen können, werden wir uns erneut in Mediation begeben.

Gerichtskosten

Das Ehepaar muß sich entscheiden, wie die anstehenden Gerichtskosten bezahlt werden sollen. Wenn Eheleute ihr Vermögen zu gleichen Teilen aufteilen und beide ein Einkommen haben, so vereinbaren sie gewöhnlich, daß jeder seine Gebühren selbst bezahlt:

Jeder von uns wird die in Verbindung mit der Trennungsvereinbarung und der späteren Scheidung anfallenden Anwalts- und Notargebühren selbst bezahlen; gemeinsame Gerichtskosten werden zu gleichen Teilen gezahlt.

Zukünftige finanzielle Vereinbarungen

Oft ist es ratsam, Vereinbarungen für den Fall zukünftiger finanzieller Veränderungen zu treffen – dazu zählen etwa Erbschaften (auf die die gemeinsamen Kinder ein Anrecht haben sollen), Änderungen der Einkommenssituation oder befristete Darlehen der Partner aneinander; es kann auch sein, daß ein Paar die getroffenen Vereinbarungen nach einer festgesetzten Frist überprüfen und möglicherweise den dann veränderten Bedingungen anpassen will.

Manchen Eltern liegt daran, für den Fall Vorkehrungen zu treffen, daß einer der beiden Elternteile Geld erbt. Die Interessen der Kinder können gewahrt werden, indem die Eltern einen Erbvertrag schließen oder ein gemeinsames Testament verfassen.

Wie bereits dargestellt, ist es eine mögliche Regelung der Eigentumsrechte an einem Haus oder einer Wohnung im gemeinsamen, anteiligen Besitz, daß die Eltern solange gemeinsame Eigentümer der Wohnung bleiben, bis die Kinder volljährig sind. Manchen Paaren, die eine derartige Vereinbarung treffen, ist es ein besonderes Anliegen, ausdrücklich sicherzustellen, daß das Haus für die Kinder erhalten bleibt. Unter dieser Zielsetzung könnten sie sich für den Todesfall ihre Eigentumsanteile gegenseitig vermachen:

Solange wir gemeinsame Eigentümer des ehelichen Hauses sind, wird jeder von uns dafür sorgen, daß im Todesfall der überlebende Elternteil den Anteil des Verstorbenen am Haus erbt. Wir vereinbaren, unsere Testamente dahingehend abzufassen oder zu ändern.

Einige Ehepaare vereinbaren, einander zusätzlich zum vereinbarten Unterhalt für eine befristete Zeit finanziell zu unterstützen. Wenn ein Ehepartner vom anderen vorübergehend weitere finanzielle Unterstützung braucht, so können sie vereinbaren, daß dies in Form eines rückzuzahlenden Kredits geschieht:

Um es Andrea zu ermöglichen, ihre Umschulung zur Bankkauffrau abzuschließen, erklärt Thomas sich bereit, für die Dauer von zwei Jahren oder bis zur bestandenen Prüfung als Bankkauffrau – je nachdem was früher der Fall ist – 500.- DM zusätzlich im Monat an Andrea zu zahlen. Ein Jahr, nachdem sie diese Prüfung bestanden hat, wird Andrea das Geld über einen Zeitraum von fünf Jahren in monatlichen Raten von 200.- DM an Thomas zurückzahlen.

Als Absicherung für künftige Unterhaltszahlungen vereinbaren manche Paare, Lebensversicherungen abzuschließen oder bestehende zu behalten, um sich bzw. den Kindern vertraglich einen festen Anteil im Fall des Todes eines Partners zu sichern:

Thomas wird seine Lebensversicherung im Wert von 75.000,- DM weiterführen und benennt Andrea als Begünstigte, solange er ihr gegenüber Verpflichtungen aus dieser Vereinbarung hat. Andrea wird ebenfalls ihre Lebensversicherung mit Thomas als dem unwiderruflich Begünstigten für den gleichen Zeitraum beibehalten.

Anhang

Der Anhang besteht aus einer Liste aller Dokumente, die das Ehepaar in der Mediation verwendet hat. Kopien davon werden dem Mediationsprotokoll beigefügt und den Anwälten übergeben. Die Klienten sind dafür verantwortlich, die Kopien zu machen und sie dem Anwalt verfügbar zu machen.

Der Vereinbarung sind folgende Dokumente beigefügt, die in der Mediation verwendet wurden:

– Kopien der Steuererklärungen der letzten drei Jahre
– Kopien der jüngsten Gehaltsabrechnungen
– Kopien der zwei Schätzungen des Hauses
– Kopien der Bilanzen aller bestehenden Darlehen
– Liste der Gegenstände, die im Besitz von Thomas bleiben
– Kopien unserer Testamente
– Kopien der Hypothekenbriefe
– Kopien der Lebensversicherungspolicen

9 Informationen für Klienten

Durch eine Informationsbroschüre geben Sie Ihren Klienten zusätzliches schriftliches Material in die Hand. Dadurch können die mündlichen Ausführungen der Einführungssitzung vertieft werden. Im folgenden geben wir Ihnen zwei Beispiele für diese Informationen für Klienten – das *»Handbuch der Mediation für Klienten«* (Haynes) und die Broschüre *»Scheidungs-Mediation: Selbstbestimmte Regelung der Trennungs- und Scheidungsfolgen«* (PFPB). Sie können unter diesen Beispielen die für Sie geeignete Form auswählen oder auch beide Texte miteinander kombinieren.

Das Handbuch der Mediation für Klienten[14]

Wenn Sie beide sich darüber einig geworden sind, daß Sie sich trennen wollen, ist die Scheidungsmediation ein Prozeß, die Folgen der Scheidung miteinander auf nicht-gegnerischem Weg zu regeln. In diesem Rahmen haben Sie die Möglichkeit, die für Sie richtigen Regelungen selbst auszuhandeln.

Um sicherzustellen, daß Sie die Ihnen gesetzlich zustehenden Rechte auch tatsächlich wahrnehmen, können Sie sich zu Beginn des Mediationsprozesses mit einem Anwalt beraten. Während der Mediation werden Sie dann direkt mit Ihrem Ehepartner verhandeln. Es steht Ihnen aber jederzeit frei, auch während des Mediationsprozesses einen Anwalt zu Rate zu ziehen. Spätestens, wenn es darum geht, auf der Grundlage der Mediation die rechtswirksamen Dokumente auszuarbeiten, werden Sie einen Anwalt brauchen. Davon wird später noch ausführlicher die Rede sein.

Bei der Mediation handelt es sich nicht um einen Weg, Konflikte der Vergangenheit zu bearbeiten. Vielleicht werden Sie während dieser Zeit jeder für sich anfangen, manche der früheren Probleme in einem anderen Licht zu sehen. Aber wir werden in der Mediation nicht daran arbeiten, sie zu lösen. Im Verlauf unserer Gespräche werden wir vielmehr versuchen, die Bedingungen dafür zu schaffen, daß Sie beide Ihr Leben neu bestimmen können. Um das zu erreichen, muß unter uns in der Mediation ein Gefühl wechselseitiger Achtung entstehen. Zu oft läuft Scheidung in einem Rahmen ab, bei dem es um Gewinner und Verlierer geht. In einer solchen Situation lassen sich nur schwer Kompromisse erreichen, da Kompromisse dann oft als Niederlagen gesehen werden. Unter diesen Bedingungen werden häufig auch nicht ganz ehrliche Taktiken eingesetzt und damit gerechtfertigt, daß sie zu einem »Sieg« führen. Am Ende steht freilich eine Niederlage für Sie beide: denn in der Situation der Scheidung bedeutet Siegen, daß man dem anderen eine Niederlage beibringt und ein Stück Menschlichkeit verweigert. Der Prozeß der Scheidungsmediation ist so angelegt, daß der Gedanke des Gewinnens oder Verlierens vermieden wird. Da der Prozeß wechselseitig ist, können Sie nicht auf Kosten des anderen gewinnen. Aber Sie können auch nicht verlieren. Das Vorgehen zielt darauf ab, daß Sie zu einer Regelung gelangen, die Sie beide miteinander ausgehandelt haben und die für Sie beide annehmbar ist. Wir nennen das eine Lösung, bei der Sie beide gewinnen. Weil Sie die wesentlichen Entscheidungen und das Ergebnis mitbestimmen, erfahren Sie auch wieder das Gefühl von Stärke, das Sie für die Gestaltung Ihres neuen Lebens brauchen.
Die wichtigsten Gesichtspunkte der Scheidungsmediation sind:

- Sie ist nicht gegnerisch – Sie sind beide Partner bei der Entscheidungsfindung.
- Sie ist wechselseitig – es kommt nur zu einer Vereinbarung, wenn Sie beide zustimmen.
- Sie macht Sie stark – Sie behalten die Entscheidungen über Ihr Leben selbst in der Hand.

Daher werden Sie aus diesen Verhandlungen gestärkt und mit einem neuen Gefühl von Würde hervorgehen – und eine klarere Sicht Ihrer selbst und der Dinge haben, die die Zukunft für Sie bereithält. Sie können die Vergangenheit hinter sich lassen und sich auf die Zukunft konzentrieren.

Meine Aufgabe als Mediator ist es, Sie bei der Suche nach einer Regelung zu unterstützen. Ich vertrete keinen von Ihnen als einzelne Person, sondern Sie beide gemeinsam. Ich werde meine Erfahrungen auf dem Gebiet der Mediation dafür einsetzen, um mit Ihnen gemeinsam die Bereiche zu finden, in denen Sie übereinstimmen und anschließend die wichtigsten Bereiche, die neu zu regeln sind. Ist dies gelungen, werde ich Sie dabei unterstützen, Ihre unterschiedlichen Vorstellungen von einer Lösung der Probleme durch Verhandlungen zu lösen und zu einer Regelung zu kommen. Außerdem werde ich mich dafür einsetzen, daß die Konflikte zwischen Ihnen konstruktiv und nicht destruktiv umgesetzt werden.

Ziel und Verlauf der Mediation

In der ersten Phase werde ich Ihnen helfen, die Ziele der Verhandlungen und deren Voraussetzungen zu bestimmen. Wir werden zusammen Ihre kurzfristigen und Ihre langfristigen Ziele besprechen. Selbstverständlich haben Sie über die ganze Angelegenheit schon ausgiebig nachgedacht und haben viele Ideen, was in der endgültigen Regelung alles enthalten sein sollte. Sie können Ihre Ideen im Gespräch auch »ausloten«, bevor Sie sie tatsächlich vorschlagen. Vielleicht hilft Ihnen auch, wenn ich Ihnen gelegentlich sage, was sich bei anderen Paaren als praktikabel erwiesen hat und was andere häufig miteinander vereinbart haben.

Ich kann keine Regelung festlegen und Ihnen keine Vereinbarung vorschreiben. Meine Rolle ist es vielmehr, Sie dabei zu unterstützen, wie Sie eine gegenseitige Vereinbarung entwickeln können. Bei den Streitpunkten zwischen Ihnen werde ich nicht Partei ergreifen. Ich bin ausschließlich daran interessiert, mit Ihnen beiden zu einer Vereinbarung zu kommen und Ihnen bei diesem schwierigen Prozeß zu helfen. Schließlich hoffe ich, daß Sie beide diese Verhandlungen dazu nutzen, die Vergangenheit hinter sich zu lassen. Ihre Ehe geht zu Ende, aber Sie haben noch ein Leben vor sich. Dieses neue Leben kann dadurch beeinträchtigt werden, daß Sie an Ihrer Wut über die Trennung festhalten. Das neue Leben kann aber auch eine aufregende Gelegenheit sein, einen neuen Lebensentwurf zu machen. Meine Arbeit soll Ihnen beiden helfen, zu einer Vereinbarung zu kommen, die jedem von Ihnen die Möglichkeit gibt, sich auf die Zukunft und die sich bietenden Chancen zu konzentrieren.

Es gibt einen typischen Ablauf, wie wir im allgemeinen zu einer Vereinbarung gelangen. Jedoch können es Ihre individuellen Bedürfnisse erforderlich machen, von dieser Abfolge abzuweichen. Im Verlauf des Vorgehens werden wir:

1. die derzeitigen und die zukünftigen Einkommensverhältnisse offen besprechen
2. die monatlichen Ausgaben bestimmen
3. den Kindesunterhalt ausarbeiten
4. eine Bestandsaufnahme des ehelichen Vermögens machen
5. das Wohl Ihrer Kinder berücksichtigen
6. mit der Bestimmung Ihrer kurz- und langfristigen Ziele beginnen
7. die Punkte erarbeiten, in denen Sie beide übereinstimmen
8. die Punkte erarbeiten, in denen wichtige unterschiedliche Vorstellungen zwischen Ihnen bestehen
9. Streitfragen herausarbeiten
10. die Abmachungen für Ihre elterliche Sorge durcharbeiten
11. finanzielle Differenzen aushandeln
12. eine Vereinbarung entwickeln.

Die Sitzungen dauern normalerweise etwa zwei Stunden. Wir setzen uns jedoch keine Zeitgrenzen, sondern werden versuchen, jeweils das zu erledigen, was wir uns für diese Sitzung vorgenommen hatten.

Meine Rolle als Mediator besteht darin, Ihnen zu helfen, den Prozeß der Entscheidungsfindung selbst zu gestalten. Meine Aufmerksamkeit ist auf die Zukunft gerichtet und darauf, die Ihnen zur Verfügung stehenden neuen Möglichkeiten in Ihrem Leben zu entwickeln.

Die finanzielle Planung

Der Zweck der finanziellen Planung ist es herauszufinden, mit welchen Kosten Sie künftig für Ihr getrenntes Leben rechnen müssen. Es liegt auf der Hand, daß Sie insgesamt mehr ausgeben werden. Durch die finanzielle Planung werden Sie jedoch sicher Ausgabenbereiche finden, die Sie senken können, ohne Ihren Lebensstandard wesentlich zu verändern. Zusätzlich hilft uns dieses Vorgehen dabei, realistische Informationen für die späteren Verhandlungen zu gewinnen.

Die Haushaltsplanung fällt den meisten Leuten schwer und kaum jemand schätzt diese Tätigkeit. Manche betrachten sie als kleinliche Pfennigfuchserei, andere als pedantische Buchführung. Tatsächlich aber gestalten wir mit der Haushaltsplanung wesentliche Teile unseres Lebens und versetzen uns damit in die Lage, auf dieser Basis vernünftige Entscheidungen zu treffen.

Wenn wir Ihre finanziellen Verhältnisse durchsprechen, werden wir nicht versuchen, jeden Groschen nachzurechnen – das würde Sie zur Verzweiflung treiben. Benutzen Sie Ihre Kontoauszüge als eine allgemeine Richtschnur, um zu den hier angeführten Ausgabenbereichen Angaben zu machen. Versuchen Sie nicht, jede einzelne Ausgabe zu rekonstruieren. Unser Ziel ist, daß Sie die Erfahrungen der Vergangenheit dafür nutzen, die Ausgaben für Ihre zukünftigen Bedürfnisse festzustellen. Sie werden dabei vermutlich feststellen, daß sich Ihr zukünftiger Haushaltsplan von dem der Vergangenheit in einigen Punkten unterscheiden wird.

Wenn Ihre Ausgaben in einzelnen Bereichen erheblich von dem üblichen abweichen, werden wir darüber sprechen. Ich werde Sie dann wahrscheinlich auch über die Durchschnittswerte in anderen Haushalten informieren. Das soll Sie beide in die Lage versetzen, eine gerechte, an Ihren Möglichkeiten und Bedürfnissen orientierte finanzielle Planung zu erstellen.

Wir werden über vier Bereiche sprechen:
– das derzeitige Einkommen
– die künftige Haushaltsplanung

– Vermögenswerte sowie
– Verbindlichkeiten und Schulden.

Im Anhang des Buches finden Sie ein Formular, das Ihnen bei der Zusammenstellung der benötigten Informationen helfen kann.

Die monatlichen Ausgaben

Der Haushaltsplan befaßt sich mit den zu erwartenden Ausgaben. Für Sie beide werden sich jeweils andere Größen ergeben, da Sie unter unterschiedlichen Bedingungen leben werden. Wer wird zum Beispiel in erster Linie für das Kind/die Kinder verantwortlich sein? Wird einer von Ihnen weiterhin in der Familienwohnung leben? Oft behält der Elternteil mit der Hauptverantwortung für das Kind/die Kinder auch die Wohnung. Der andere Elternteil muß deshalb den Haushaltsplan so berechnen, daß die Miete für eine zweite Wohnung berücksichtigt wird.

Das Hauptziel dieser Zusammenstellung der monatlichen Ausgaben ist es, Ihnen eine Informationsgrundlage in die Hand zu geben, mit der Sie Ihre weiteren Entscheidungen treffen können. Darauf werde ich mit Ihnen hinarbeiten. Wir wollen dabei eine Übersicht über die monatlichen Kosten gewinnen und uns nicht über Pfennigbeträge auseinandersetzen. Wenn Sie eine bestimmte Größe nicht angeben können, werden wir versuchen, diese zusammen herauszubekommen.

In vielen Ehen hat einer der beiden Ehepartner die größere Verantwortung für Haushaltsplanung und Ausgaben übernommen. Das läßt den anderen Ehepartner »im dunkeln«, wenn es darum geht, diese Informationen zusammenzustellen. Wenn wir die monatlichen Ausgaben dann gemeinsam ermitteln, haben Sie beide die gleichen Angaben in der Hand. Das ermöglicht es Ihnen beiden, vernünftige Entscheidungen über Ihre getrennte Zukunft zu fällen.

Es kommt vor, daß die Person, die die Kontrolle über das Geld hat, diese Informationen am liebsten für sich behalten möchte, weil dieses Wissen eine Macht darstellt. Wenn Sie aber dieses Wissen nicht zum jetzigen Zeitpunkt mit Ihrem Ehepartner teilen und auf dieser Grundlage zu einer wechselseitigen Entscheidung gelangen, so sind Sie später vor Gericht doch auskunftpflichtig. Der Richter wird dann von sich aus eine Entscheidung treffen, die Sie nicht weiter beeinflussen können. Sie geben also Ihre Macht an den Richter ab. Wenn Sie Ihr Wissen jetzt miteinander teilen, stellen Sie sicher, daß Sie beide Ihren Einfluß behalten und auch weiterhin einsetzen können.

Kindesunterhalt

Die Regelungen für den Kindesunterhalt sehen vor, daß der Kindesunterhalt nach dem Netto-Einkommen berechnet wird. Die meisten Familiengerichte legen zur Berechnung des Kindesunterhaltes die »Düsseldorfer Tabelle« zugrunde, die im Abstand von einigen Jahren jeweils den Einkommensverhältnissen angepaßt wird. Die Höhe des Kindesunterhaltes ist vor allem abhängig von zwei Bedingungen: dem Alter des Kindes und der Höhe des monatlichen Nettoeinkommens derjenigen Person, die unterhaltspflichtig ist. Nach der ab dem 1. Juli 1992 gültigen Düsseldorfer Tabelle erhält beispielsweise ein Kind unter sechs Jahren einen Unterhalt von monatlich 291,- DM, wenn der Unterhaltspflichtige über ein Nettoeinkommen bis 2.300,- DM verfügt. Für ein Nettoeinkommen zwischen 3.500,- DM und 4.100,- DM beträgt der Kindesunterhalt dann 410,- DM.

Es wird vorausgesetzt, daß beide Elternteile sich zu gleichem Anteil an den Kosten für die minderjährigen unverheirateten Kinder beteiligen. Derjenige Elternteil, bei dem die Kinder leben, leistet diesen Anteil durch die Versorgung und Erziehung der Kinder. Der andere Elternteil muß seinen Anteil als Barunterhalt erbringen. Ausgenommen von den Zahlungen des Kindesunterhaltes nach der Düsseldorfer Tabelle sind die Aufwendungen, die für besondere Krankheitskosten bzw. Krankenversicherungsbeiträge zu zahlen sind (»Sonderbedarf«).

Am Anfang unseres Vorgehens werden wir zunächst die zukünftigen Kosten, so wie sie im Haushaltsplan dargestellt wurden, überprüfen und dann unter Einbeziehung der Regelungen für Kindesunterhalt den Unterhalt berechnen. Hat einer von Ihnen nach diesem Schritt eine Deckungslücke, dann werden wir es zu einem Verhandlungsgegenstand machen, wie diese Lücke geschlossen werden kann.

Wenn Sie diese Informationen sammeln, dann beginnen Sie schon, die Grundlagen für die weiteren Vereinbarungen zu bestimmen. Sie merken spätestens jetzt, daß getrennt zu leben teurer ist als zusammenzuleben. Was Sie nicht haben, können Sie auch nicht aufteilen. Deshalb werden vielleicht beide von Ihnen zu Beginn der Trennung Abstriche Ihres Lebensstandards hinnehmen müssen.

Die Einschränkungen, die notwendig werden, werden Ihnen vermutlich ein Gefühl der Ungewißheit geben. Diese Unsicherheit ist ein ebenso fester Bestandteil der Verhandlungen wie die emotionalen Fragen, die zum Entschluß zur Scheidung geführt haben. Wie die Unsicherheit begrenzt werden kann, wird immer Gegenstand der Verhandlungen sein, und Sie werden den Verhandlungstisch erst verlassen können, wenn Sie das Bedürfnis nach Sicherheit in gewisser Weise befriedigt haben.

Die von Ihnen vorbereiteten Informationen ermöglichen es Ihnen, manche der nötigen Grundsatzfragen zu entscheiden. Ihre abschließende Vereinbarung wird wahrscheinlich Ehegatten- und/oder Kindesunterhalt beinhalten. Jede Lösung hat ihre Vor- und Nachteile, auch bezüglich der Aufteilung der Zahlungen. Wir müssen außerdem die Möglichkeit mitbedenken, daß sich Einkommen und Lebenshaltungskosten verändern können. Denken Sie auch an teurere Gegenstände wie Autos, Haushaltsgeräte, Möbel und andere kostspielige Dinge, die Sie eventuell in den nächsten zwei Jahren ersetzen müssen und beziehen Sie diese auf dem Arbeitsblatt mit ein.

Die Aufteilung des Zugewinns

Bei der Scheidung behält jeder Ehegatte grundsätzlich das Vermögen, das er vor Beginn der Ehe gehabt hat. Hat das Paar ausdrücklich Gütertrennung vereinbart, findet auch bei der Scheidung kein Ausgleich des während der Ehe erworbenen Vermögens statt. Dagegen wird bei gesetzlichem Güterstand das während der Ehe erworbene Vermögen bei der Scheidung unter den Ehegatten aufgeteilt (sog. »Zugewinnausgleich«). Zu dem ehelichen Zugewinn zählen sämtliche Güter und Gegenstände, die im Verlauf der Ehe erworben wurden, sowie der Gewinn aus vorhandenem Vermögen. Davon ausgenommen sind lediglich persönliche Geschenke und Erbschaften. Der (gemeinsam angeschaffte) Hausrat – also die Haushaltsgegenstände, die zum täglichen Leben gebraucht werden – wird getrennt behandelt und nicht in die Vermögensaufteilung einbezogen. In der Mediation werden wir zunächst das Endvermögen und anschließend das Anfangsvermögen gemeinsam ermitteln; das Anfangsvermögen ist das Vermögen jedes Ehepartners zum Zeitpunkt der Eheschließung, abzüglich der damals bestehenden Schulden. Nach der Aufstellung der ehelichen Vermögenswerte werden wir daran arbeiten, wie diese Werte zwischen Ihnen aufgeteilt werden sollen. Eine gerechte Verteilung des Besitzes kann bedeuten, daß dieser nicht gleichmäßig verteilt wird. Die Entscheidung darüber, wie Sie die Vermögenswerte letzten Endes aufteilen, liegt ganz bei Ihnen.

Das Wohl Ihres Kindes/Ihrer Kinder

Bislang haben wir uns auf die wirtschaftlichen Fragen konzentriert. Aber was ist mit den Kindern? In unserer Gesellschaft sieht man in Kindern häufig dreierlei:

- ein bewegliches Eigentum – »Sie *gehören* mir.« »Ich habe ihnen alles gegeben, was ich habe. Sie sind meine Hoffnung für die Zukunft.«
- ein Mittel zum Kämpfen – »Wenn er (sie) denkt, daß er (sie) die Kinder sehen kann, wann er (sie) will, dann ist er (sie) schief

gewickelt.« »Wenn ich schon für sie zahle, dann entscheide ich, wann ich die Kinder sehe.«

- Menschen, die der Hilfe von Erwachsenen bedürfen, die sich vor der Zukunft fürchten, die in ihrer Loyalität hin- und hergerissen sind, und die von Ihnen beiden in ihren Gefühlen und Bedürfnissen unabhängig und doch gleichzeitig von Ihnen beiden abhängig sind.

Für die meisten von uns trifft eine Mischung dieser Haltungen zu, und es ist schwierig zu entscheiden, welche von ihnen berechtigt sind. In Wirklichkeit brauchen Ihre Kinder Sie beide, und Sie beide brauchen Ihre Kinder. Sie sind die einzigen Eltern, die sie jemals haben werden, und Sie werden auch in der Zukunft als Eltern zusammenarbeiten müssen. Wir werden Ihnen helfen, eine Vereinbarung auszuhandeln, die zum Besten der Kinder ist und die für beide Elternteile einen Teil der elterlichen Sorge vorsieht.

Ein Familienrichter hat einmal eine Art von *»Grundrechten für Kinder«* bei Scheidungen entwickelt. Zu den Rechten der Kinder zählt er u.a.:

- Das Recht, wie eine beteiligte und betroffene Person behandelt zu werden und nicht wie eine Schachfigur, wie ein fester Besitz oder wie ein bewegliches Eigentum.
- Das Recht, in einer häuslichen Umgebung aufzuwachsen, die die beste Gewähr dafür bietet, daß das Kind als verantwortungsbewußter Bürger heranwächst.
- Das Recht, jeden Tag von dem sorgeberechtigten Elternteil Liebe, Fürsorge, Disziplin und Sicherheit zu erfahren.
- Das Recht, beide Elternteile zu kennen und durch angemessenen Umgang die Liebe und das Vorbild beider Eltern zu erfahren.
- Das Recht auf eine positive und konstruktive Beziehung zu beiden Elternteilen, wobei es keinem Elternteil gestattet ist, den jeweils anderen in den Augen des Kindes herabzusetzen oder schlechtzumachen.
- Das Recht, durch Wort und Tat moralische und ethische Wertbegriffe vor Augen geführt und im Verhalten Grenzen gesetzt zu bekommen, so daß das Kind schon früh im Leben Selbstdisziplin und Selbstkontrolle entwickeln kann.

– Das Recht auf eine angemessene finanzielle Versorgung, die von beiden Eltern bei äußerstem Einsatz geleistet werden kann.
– Das Recht auf die gleichen Bildungs- und Entwicklungschancen, die das Kind gehabt hätte, wenn die Familie sich nicht getrennt hätte.

Natürlich will keiner von Ihnen, daß Ihre Kinder Nachteile haben. Sie wollen beide das Beste für sie. Wenn die Kinder aber als Verhandlungsobjekte gesehen werden oder bei den Verhandlungen nicht mitbedacht werden, dann könnten sie Schaden nehmen. Aus diesem Grund ist es wichtig zu bestimmen, wie die Kinder in den Prozeß der Entscheidungsfindung miteinbezogen werden können. Sie haben das Recht auf eine gewisse Mitsprache bei den Fragen, die ihr Leben beeinflussen. Wie genau diese Mitsprache aussieht, sollten Sie so entscheiden, wie Sie üblicherweise Familienentscheidungen getroffen haben. Sie würden einen Sechsjährigen nicht als gleichberechtigt mit am Verhandlungstisch sitzen lassen. Andererseits können Sie nicht erwarten, daß ein(e) Sechzehnjährige(r) sich ohne Widerspruch in eine Zukunftsplanung fügt, bei deren Gestaltung er/sie keine Mitsprache hatte. Ein Teil der Verhandlungen wird sich darum drehen, wie die Kinder in angemessener Weise an den Gesprächen beteiligt werden können, die einen unmittelbaren Einfluß auf ihr Leben haben.

Viele Richter werden Sie dabei unterstützen, wenn Sie sich auf ein gemeinsames Sorgerecht einigen und wenn Sie beide die Gewähr bieten, daß Sie das gemeinsame Sorgerecht verantwortungsbewußt und zum Besten Ihrer Kinder wahrnehmen. In bezug auf Ihre Kinder gibt es eine Reihe von Wahlmöglichkeiten, die Ihnen zur Verfügung stehen. Dazu gehören:

Gemeinsame Elternverantwortung: Hierbei einigen Sie sich darauf, daß Sie alle Entscheidungen der elterlichen Sorge gemeinsam treffen, auch wenn die Kinder hauptsächlich bei einem von Ihnen wohnen.

Alleiniges Sorgerecht: Die Kinder leben bei einem von Ihnen, der alle Entscheidungen trifft. Das Umgangsrecht des anderen Elternteils können Sie unterschiedlich gestalten. Einige Eltern bevorzugen eine »offene« Vereinbarung, die Ihnen beiden mehr Spielräume läßt, weil Sie die Verabredungen von Mal zu Mal treffen. Andere Eltern sind dagegen eher für feste Termine, bei denen Sie in einer besonderen Vereinbarung festhalten, wann und wo der andere Elternteil die Kinder treffen kann.

Unabhängig davon, wie Sie das Sorgerecht miteinander regeln, kann es für Sie und Ihre Kinder günstig sein, wenn Sie weiter nahe beieinander wohnen (gewöhnlich innerhalb desselben Schulbezirks) und die Kinder jeweils einen Teil der Woche oder des Monats in einem der beiden Haushalte verbringen. Dieses »Residenzmodell« mag Ihnen zunächst ungewohnt erscheinen. Wenn Sie sich aber mit Ihrem ehemaligen Lebenspartner noch gut über die elterlichen Aufgaben verständigen können, sollten Sie es durchaus in Erwägung ziehen.

Wichtig ist, nicht zu vergessen, daß Sie immer Eltern für Ihre Kinder bleiben werden, auch wenn Sie sich entschlossen haben, nicht länger zusammen zu leben. Während der Scheidung haben manche Eltern das Gefühl, daß jeder Kontakt mit dem Kind, den sie dem anderen Elternteil gewähren, ein Zugeständnis an den ehemaligen Partner ist. Solch eine Haltung macht diesem Elternteil selbst und dem anderen Elternteil das Leben schwer. Jede Mutter und jeder Vater sollte bedenken, daß der andere Elternteil zusätzlich zum normalen Umgangsrecht die Verpflichtung hat, für die Kinder zu sorgen. Wenn Sie etwa Ihren kranken Bruder in einer anderen Stadt besuchen wollen, kann es Schwierigkeiten geben, weil die Kinder wegen der Schule zu Hause bleiben müssen. Haben Sie eine feste und eng gefaßte Umgangsregelung vereinbart, so werden Sie den anderen Elternteil kaum darum bitten können, für ein paar Tage die Kinder zu versorgen, während Sie Ihren Bruder besuchen. Eine offene Regelung bedeutet auch, daß ein Elternteil nicht durch die Kinder völlig in seiner Freiheit eingeschränkt wird. Dem liegt der Gedanke zugrunde, daß nach der Ehe die elterliche Partnerschaft fortgesetzt wird.

Wenn Sie miteinander die elterliche Sorge regeln, sollten Sie folgende Punkte berücksichtigen:

– das Alter und das Geschlecht der Kinder
– die Beziehungen der Kinder zueinander und zu Ihnen beiden als Eltern

- die Eingewöhnung des Kindes in die Familie, die Schule und die Umgebung
- die seelische und körperliche Gesundheit aller Beteiligten.

Wenn Sie also für die Zukunft Ihrer Kinder planen, beziehen Sie diese Gesichtspunkte ein. Ihre Kinder haben Bedürfnisse und Rechte und auch Sie haben Rechte und Wünsche für Ihre Kinder: das Recht auf einen häufigen Kontakt mit den Kindern oder das Recht, bei der täglichen Erziehung der Kinder durch den anderen Elternteil entlastet zu werden.

Die Art und Weise, wie es Ihnen beiden gelingt, die Fragen der elterlichen Verantwortung zu lösen, wird einen deutlichen Einfluß auf das Erleben Ihrer Kinder und mit deren Heranwachsen auf ihre künftige Beziehung zu Ihnen haben.

Die Verhandlungen

1. Die Vorbereitung der Verhandlungen

In der Vorbereitung liegt der Schlüssel für das erfolgreiche Verhandeln. Deshalb verwenden wir sehr viel Zeit darauf, eine angemessene Informationsgrundlage für sie zu erhalten. Bevor Sie in die Verhandlungen eintreten, sollten Sie noch einige Grundregeln beachten:

• *Sie sollten Ihre Interessen und Ihre Rechte kennen*

Sie sollten Ihre Rechte gut kennen. Falls es Ihnen erforderlich erscheint, lassen Sie sich diese Sicherheit durch die Beratung mit einem Anwalt geben. Das bedeutet nicht, daß ein Anwalt für Sie verhandeln sollte. Sie sollten bestimmen, was Sie in der Vereinbarung haben wollen. Wenn Sie wissen, was Sie erreichen wollen, gehen Sie alles Punkt für Punkt durch und überlegen Sie sich, *warum* Sie es jeweils so geregelt haben wollen. Diese Gründe sind für die Verhandlung wichtig, um verständlich zu machen, wie Sie zu Ihren Vorschlägen gekommen sind.

• *Sie sollten die Interessen des anderen bedenken*

Wenn Sie Ihre Anliegen vorbereitet haben, versuchen Sie, die Interessen des anderen zu bedenken. Was wird er/sie auf Ihre Vorschläge hin antworten? Welche Argumente wird er/sie gegen Ihre Vorschläge vorbringen? Welche Gründe wird er/sie ins Feld führen, um die Ansprüche zu untermauern?

• *Sie sollten die Zwänge erkennen*
Wenn Sie dieses durchdenken, dann werden Sie auch bald die äußeren Zwänge erkennen, die berücksichtigt und mitbedacht werden müssen. Sie können beispielsweise nicht mehr aufteilen, als insgesamt zur Verfügung steht. Wenn die Gesamteinkünfte 30.000.- DM betragen, dann können Sie nicht 20.000.- DM fordern und erwarten, daß Ihr Ehepartner mit 10.000.- DM auskommt. Oder: Wenn Sie beide nur ein Auto besitzen und nur einer von Ihnen berufstätig ist und nur mit dem Wagen zur Arbeitsstelle gelangen kann, schränkt das die Frage ein, wer das Auto bekommen soll.
Wenn Sie diese Gesichtspunkte vorher bedenken, werden Sie bei den eigentlichen Verhandlungen keine unangenehmen Überraschungen mehr erleben.

• *Sie sollten Ihre Punkte aufschreiben*
Machen Sie nun eine Liste der Punkte, die Sie in den jeweiligen Sitzungen zur Sprache bringen wollen und ordnen Sie Ihre Ziele nach deren Wichtigkeit. Das wird Ihnen helfen zu entscheiden, was Sie besonders betonen möchten.
Wenn Sie die Verhandlungen vorbereiten, wird Ihnen die Aufgabe oft gewaltig vorkommen. Sie werden Angst haben, das Sie etwas nicht richtig machen oder übersehen. Außerdem werden manche Themen bei Ihnen wieder Ihre Wut entfachen, da wahrscheinlich einige der Gründe berührt werden, die aus Ihrer Sicht zur Scheidung geführt haben.

2. Die Rolle des Mediators

An diesem Punkt ist es meine Rolle, jedem von Ihnen zu helfen, seinen Standpunkt zu entwickeln. Das geschieht, indem ich die Aufmerksamkeit auf das lenke, was am meisten in Ihrem Interesse ist. Dabei werde ich den anderen Partner nicht einbeziehen, da das Geben und Nehmen in den Verhandlungen ja von jedem von Ihnen selbst ausgehen muß.

3. Die Verhandlungen selbst

Es gibt einige nützliche Regeln darüber, wie man sich bei den Sitzungen verhalten sollte. Ich werde das Gespräch anfangs auf Themen bringen, bei denen Sie gemeinsamer Meinung sind. Haben Sie sich einmal auf Ansätze für eine tragfähige Vereinbarung geeinigt, dann werden Sie feststellen, daß es Ihnen im folgenden leichter fällt, auch für strittige Fragen eine befriedigende Abmachung zu finden.

Wenn Sie zu Vereinbarungen kommen, dann notiere ich sie mir, und diese Punkte sind zunächst vom Tisch. Das bedeutet allerdings nicht, daß wir diese Punkte nicht zu einem späteren Zeitpunkt wieder aufgreifen können. Bis die eigentliche Regelung nicht unterschrieben ist, ist nichts endgültig vereinbart. Während der gesamten Dauer der Gespräche achte ich darauf, daß Sie zu einer Regelung kommen, mit der Sie beide zufrieden sein können. Deshalb werde ich immer nach dem »Ja« Ausschau halten und versuchen, ein verfrühtes »Nein« zu verhindern. Jedoch hat jeder von Ihnen das Recht, nein zu sagen, wenn Forderungen für Sie völlig unannehmbar sind.

Bei der Mediation müssen Sie sich Mühe geben, den Standpunkt des anderen zu sehen, ohne die eigenen Bedürfnisse aus den Augen zu verlieren. Gleichzeitig sollten Sie genügend vorbereitet sein, um erklären zu können, warum Ihre Vorschläge vernünftig und annehmbar sind. Damit Ihnen das leichter fällt, werde ich Sie bitten, Ihre Vorschläge auszuführen und dann zu erklären, warum sie sowohl für den anderen als auch für Sie vorteilhaft sind.

Es ist oft schwierig, eine Entscheidung zu treffen, und je wichtiger die Entscheidung ist, desto schwieriger ist der Entschluß. Ein Weg, von einem schweren Entschluß etwas Druck zu nehmen, ist es, eine Wahl zwischen zwei gleichwertigen Alternativen anzubieten. Überlegen Sie sich Vorschläge, mit denen Sie zwei annähernd gleichwertige Alternativen zur Wahl stellen. Vermeiden Sie es, eine Entscheidung zwischen »etwas« und »nichts« vorzuschlagen. Denken Sie immer daran, daß das Ziel, das Sie sich gesetzt haben, auf vielerlei Weise erreicht werden kann. Seien Sie offen für alternative

Pläne oder Wege, die zu Ihrem Ziel führen. Versuchen Sie zu bestimmen, welche Ihrer Ziele gegen Ziele Ihres Ehepartners »eingetauscht« werden können. Verhandeln ist die Kunst, Kompromisse zu schließen – das bedeutet, zu geben und zu nehmen.

Wenn starke Spannungen auftreten, wie es in dieser Situation gar nicht anders sein kann, dann sollten wir alle daran arbeiten, sie auf ein Minimum zu reduzieren. Seien Sie also großzügig, wenn Sie in der Debatte einen Punkt gewonnen haben oder der andere ein Zugeständnis macht. Seien Sie im Gegenzug dem anderen gegenüber offen. Das wird es Ihnen beiden leichter machen, in weiteren Punkten einen Kompromiß zu finden.

Versuchen Sie, sich Ihr Gefühl von Würde zu bewahren. Sie müssen sich nicht verteidigen. Sie haben in diese Ehe genauso viel hineingesteckt wie Ihr Ehepartner. Legen Sie Ihren Standpunkt dar, diskutieren Sie die Streitpunkte, versuchen Sie zu überzeugen, aber verteidigen Sie sich nicht.

Die wahre Kunst des Verhandelns ist das Zuhören. Sie kennen Ihren Ehepartner sehr gut. Achten Sie genau auf Anzeichen, wann und wie Zugeständnisse möglich sind. *Reden Sie nicht mehr als nötig.* Schon manche Vereinbarung kam nicht zustande, weil eine Person solange weitergeredet hat, bis der andere nicht mehr bereit war, zuzustimmen. Bedenken Sie auch, daß Sie nichts weggeben können, wenn Sie zuhören.

Schweifen Sie nicht von dem Punkt oder der Streitfrage ab, die gerade besprochen wird. Nennen Sie die Punkte, die Sie zur Sprache bringen wollen, gleich zu Beginn der jeweiligen Sitzung. Achten Sie dann darauf, daß diese Punkte im Gespräch bleiben.

Fühlen Sie sich nicht unter Druck, wenn Sie sich an irgendeinem Punkt noch nicht festlegen wollen. Sagen Sie, daß Sie noch Zeit brauchen, um darüber nachzudenken. Ich werde diesen Punkt im Auge behalten und werde Ihnen helfen, eine voreilige Entscheidung zu vermeiden.

Versuchen Sie zu allen Zeiten Ihr Bestes, das Gespräch auf die angesprochenen Punkte zu konzentrieren. Lassen Sie es nicht persönlich werden. Ist das der Fall, werde ich versuchen, das Gespräch wieder auf die Sachfragen zurückzulenken. Wenn das nicht gelingt, werden wir die Sitzung beenden, da ein anklagendes und verletzendes Gespräch der Problemlösung abträglich ist.

Wenn eine Sitzung zu schwierig wird, zögern Sie nicht, um ein vorzeitiges Ende zu bitten. Ihr Mediator wird diesem Wunsch entsprechen.

Verhandeln ist eine systematische Suche nach Lösungen, die zu einer Regelung führen, mit der Sie beide gut leben können. Dafür ist Geduld notwendig und ein gewisses Maß an gutem Willen. Selbst die erfolgreichste Mediation kann jedoch nicht die Probleme lösen, die zu Ihrem Entschluß, sich zu trennen, geführt haben. Sie kann Ihnen aber dabei helfen, diesen Entschluß weniger schmerzhaft und mit einem Gefühl der Würde und der Kontrolle über den Ablauf umzusetzen. Hoffentlich können Sie die Vergangenheit besser hinter sich zurücklassen und Ihren Blick ganz auf die Zukunft richten – eine Zukunft, die nicht von einer von außen aufgezwungenen Regelung bestimmt ist, sondern eine Zukunft, die Sie selbst mitgestaltet haben.

Wie Sie Ihre Vereinbarung umsetzen

Wenn Sie zu einer Vereinbarung gekommen sind, werde ich Ihr Mediationsprotokoll ausarbeiten. Dieses Mediationsprotokoll reichen Sie beide an Ihre jeweiligen Rechtsanwälte weiter, die Ihre Vereinbarungen in eine rechtswirksame Trennungsvereinbarung aufnehmen. Sie sollten nicht versuchen, das Mediationsprotokoll ohne Beratung durch einen Rechtsanwalt in eine rechtswirksame Vereinbarung umzuwandeln, da es nicht als ein rechtswirksames Dokument gedacht ist.

Es kommt manchmal vor, daß ein Anwalt geringfügige Änderungen an Ihrer Vereinbarung vorschlägt, von denen Sie das Gefühl haben, daß sie nicht eine unklare Stelle verdeutlichen, sondern den Inhalt verändern. In einem solchen Fall sollten Sie miteinander und mit dem Mediator Rücksprache nehmen. Das ist wichtig, weil die in der Mediation erzielten Vereinbarungen ein komplettes Paket darstellen, in dem Ihre wechselseitigen und Ihre persönlichen Interessen sorgfältig aufeinander abgestimmt sind.

Wenn Ihr Rechtsanwalt wesentliche Veränderungen vorschlägt, so sollten Sie diese Abänderungen wieder im Rahmen einer Mediation aufgreifen und miteinander besprechen. Je komplizierter Ihre finanzielle Situation ist, desto eher werden Ihre Anwälte an der endgültigen Struktur des Mediationsprotokolls mitwirken.

Honorar

Das Honorar wird am Ende jeder Sitzung bezahlt und richtet sich nach der Dauer der Sitzung. Wir bitten Sie, sich die Kosten der Mediation in einem für Sie angemessenen Verhältnis zu teilen. Ferner wird für die Ausarbeitung des Mediationsprotokolls und für Arbeit außerhalb der Sitzungen die Gebühr für drei Stunden berechnet. Wenn Sie eine Sitzung absagen müssen, rufen Sie bitte mindestens 24 Stunden vor der vereinbarten Zeit das Büro an und vereinbaren Sie einen neuen Termin. Sagen Sie weniger als 24 Stunden vorher ab, so berechnen wir die Ihnen freigehaltene Zeit.

Anschließend finden Sie einen zweiten Vorschlag für eine Informationsbroschüre für Klienten, die an der Praxis- und Forschungsstelle für Psychotherapie und Beratung (PFPB) in Heidelberg entwickelt wurde. In manchen Punkten überschneidet sie sich mit der vorangehenden, ist aber insgesamt kürzer gehalten:

Scheidungs-Mediation: Selbstbestimmte Regelung der Trennungs- und Scheidungsfolgen[15]

Für viele ist Trennung/Scheidung und die Regelung der Scheidungsfolgen mit der Vorstellung von einem Kampf um Gewinnen und Verlieren verbunden. Auch in unserem Rechtssystem herrscht meist diese Einstellung vor. Im Unterschied dazu soll in der Scheidungs-Mediation keiner auf die Kosten des anderen gewinnen oder verlieren. In einem Prozeß des Miteinanderverhandelns entwickeln Sie mit der Unterstützung (Vermittlung) von Mediatoren eigene Lösungen für die mit der Scheidung verbundenen Probleme und Konflikte. Diese selbst erarbeiteten Lösungen sind für alle Beteiligten befriedigender, werden eher eingehalten und bauen künftigen Konflikten vor.

Mediation ist keine Eheberatung oder Paartherapie

Mediation ist kein Weg, die Probleme der Vergangenheit zu lösen oder Beziehungsprobleme aufzuarbeiten. Denn,»was früher war«, soll durch die Trennung ja gerade beendet werden. In der Mediation wird also darüber gesprochen, wie die konkreten mit der Scheidung verbundenen praktischen Probleme in der Gegenwart und Zukunft gelöst werden können. Mediation ist damit eine Chance, die Vergangenheit hinter sich zu lassen und sich auf die Zukunft zu konzentrieren.

Mediation ist keine alternative juristische Beratung

Als Mediatoren dürfen wir Sie nicht als Parteien rechtlich beraten. Mediation ist keine alternative Rechtsberatung. Wir verhalten uns als Vermittler strikt neutral. Unsere Rolle ist es, Sie dabei zu unterstützen, mit Ihrem Partner direkt, fair und effektiv zu verhandeln.

Sie können aber in jedem Stadium des Mediationsprozesses juristischen Rat einholen, damit Sie sich über Ihre Rechte im klaren sind. Denn Sie sollen nicht aus Unkenntnis auf etwas Wesentliches verzichten. Das könnte Ihre Verhandlungsergebnisse später in Frage stellen.

In der Mediation sind Sie also nicht Gegner, sondern *Partner in der Entscheidung*. Mit den Ergebnissen müssen Sie beide einverstanden sein, da sonst keine langfristig zufriedenstellenden Vereinbarungen erzielt werden können.

Mediation ist *freiwillig*. Keiner wird Sie zu etwas zwingen. Sie entscheiden, wie Sie die Scheidungsfolgen mit Ihrem ehemaligen Partner regeln.

Zum Ablauf der Mediation

Nach Ihrer telefonischen *Anmeldung* treffen Sie sich gemeinsam zu einem ersten Gespräch mit dem Mediator/der Mediatorin, der/die psychologisch und/oder juristisch ausgebildet ist. In diesem Gespräch erläutert der/die Mediator/in das allgemeine Vorgehen und klärt mit Ihnen gemeinsam, ob Mediation für Sie beide zu diesem Zeitpunkt das geeignete Verfahren ist.

Wenn Sie beide zugestimmt haben, sich auf dieses gemeinsame Vorgehen einzulassen, haben Sie beide die Möglichkeit, die Trennungs-/-Scheidungssituation aus Ihrer Sicht zu schildern. Das Ziel ist dabei, gemeinsam festzulegen, welche Probleme Sie miteinander besprechen wollen. Dies können u.a. sein:

– Regelung der elterlichen Sorge und der Umgangsregelung für die Kinder (Aufenthalts-, Besuchs- und Urlaubsregelungen)
– Einigung über den Kindesunterhalt
– Einigung über den Ehegattenunterhalt
– Einigung über die Zugewinn- und Hausratsaufteilung
– Feststellung und Regelung der Schulden und Verbindlichkeiten

Wir sind in besonderem Maße bemüht, Fragen gemeinsam zu regeln, die mit den Kindern zusammenhängen und die die elterliche Verantwortung betreffen (s.u.). Aber auch die genannten finanziellen Probleme können in der Mediation besprochen und geregelt werden, da diese häufig mit den anderen Schwierigkeiten verquickt sind.

Die Sitzungen dauern in der Regel 1 bis 1 1/2 Stunden; die Anzahl der Sitzungen hängt vom Umfang und der Schwierigkeit Ihrer Regelungen ab. Erfahrungsgemäß gehen wir von 3 bis 8 Sitzungen aus. Wir berechnen pro Sitzung einen pauschalen Betrag, der in sozialen Härtefällen ermäßigt werden kann.

Jede Sitzung beginnt damit, daß Sie die *Tagesordnung* bestimmen, worüber Sie sprechen wollen. Wie helfen Ihnen, sich auf eine

Tagesordnung zu einigen und achten darauf, daß Sie diese einhalten. Im Verhandlungsprozeß werden die jeweiligen Lösungsvorschläge der Partner diskutiert.

Die *Mediatoren* werden dabei:
- bestimmte Fragetechniken anwenden, um das Verständnis zwischen Ihnen zu verbessern
- versuchen, festgefahrene Fronten zu lockern
- Vorschläge machen und Anregungen geben, wenn sie glauben, daß dies die Verhandlungen fördert
- darauf achten, daß keiner von Ihnen benachteiligt wird oder in eine überlegene Position kommt.

Wenn Sie eine Vereinbarung erreicht haben, wird diese am Ende der Gespräche in einer *Einverständniserklärung* zusammengefaßt. Diese können Sie dann von Ihrem Anwalt in eine juristische Form bringen lassen, so daß sie als Grundlage für einen rechtsverbindlichen Vergleich in einem angestrebten gerichtlichen Scheidungsurteil dienen kann. Wenn Sie sich in bestimmten Fragen vorher einigen, können diese Teile aus dem Gerichtsverfahren ausgeklammert werden und verursachen dann keine weiteren Kosten.

Wenn Sie Belange der Kinder verhandeln wollen

Durch Ihre Trennung als Paar muß die Elternverantwortung für Ihre gemeinsamen Kinder neu geregelt werden. Dabei sollten Sie nicht vergessen, daß Sie für Ihre Kinder immer Eltern bleiben werden, auch wenn Sie sich entschieden haben, nicht länger als Frau und Mann zusammenzuleben.

In streitigen Scheidungsverfahren werden Kinder häufig – wenn auch unbewußt – benutzt, um das Ergebnis der gerichtlichen Auseinandersetzung zu beeinflussen. Kinder sind aber kein Besitz der Eltern, sondern haben eigene Bedürfnisse und ein Recht auf altersgemäße Mitsprache, wenn es um Dinge geht, die ihr Leben betreffen. Man wird nicht einen Fünfjährigen gleichwertig in die Entscheidungen einbeziehen können. Andererseits können Sie nicht von einem Sechzehnjährigen erwarten, daß er stillschweigend eine Lebensregelung akzeptiert, ohne daran mitgewirkt zu haben.

Im allgemeinen sind folgende Fragen zu regeln:

- *Wer trifft die wichtigen Entscheidungen bezüglich der Kinder und wo wohnen die Kinder (Bestimmung der elterlichen Sorge)*

Im Familienrecht gibt es verschiedene Modelle der elterlichen Sorge, wie die Übertragung der elterlichen Sorge auf einen Elternteil (alleiniges Sorgerecht) oder das Belassen der elterlichen Sorge bei beiden Elternteilen (gemeinsames Sorgerecht). Ein gemeinsames Sorgerecht wird nur dann ausgesprochen, wenn *beide* Eltern dieses wollen. Beide Modelle bestimmen, welche Pflichten und Rechte die beiden Eltern haben. Dennoch müssen die Eltern sich darüber verständigen, wie sie nach der Scheidung den Umgang mit ihren gemeinsamen Kindern konkret und angepaßt an ihre Lebenssituation gestalten.

- *Wann können die Kinder den Elternteil sehen, bei dem sie nicht wohnen (Umgangs- und Besuchsregelung)*

Von Familiengerichten wird in der Regel eine 14tägige Besuchsregelung angeordnet. Häufig ergeben sich dabei jedoch eine Reihe von Schwierigkeiten, die mit unterschiedlichen Auffassungen über die Kindererziehung (z.B. bezüglich des Fernsehens), der Übergabe der Kinder usw. zusammen hängen. Außerdem kann die 14tägige Regelung für Ihre spezielle Situation und die Bedürfnisse Ihrer Kinder ganz ungeeignet sein. In der Scheidungs-Mediation haben Sie die Möglichkeit, gemeinsam eine Regelung zu entwickeln, die für alle Beteiligten am besten paßt.

- *Wie wird der Kindesunterhalt festgelegt*

Für die Zahlung von Kindesunterhalt können Sie von pauschalen Sätzen (»Düsseldorfer Tabelle«) oder vom konkreten Bedarf ausgehen. Für die Unterhaltsleistungen wird gewöhnlich unterschieden zwischen Bar-Unterhalt (Geldleistung) und Real-Unterhalt (Sachleistung, Betreuung).

Wenn Sie finanzielle Fragen verhandeln wollen

Bei der Verhandlung finanzieller Fragen sollten Sie sich darüber im klaren sein, daß eine Trennung fast immer mit finanziellen Einschränkungen verbunden ist, die sich auf den gesamten Lebensstil auswirken können.

• *Wenn Sie die Hausratsaufteilung verhandeln wollen*
Dafür ist es notwendig, daß Sie eine Liste aller zu verteilenden Gegenstände erstellen und deren tatsächlichen Wert bestimmen. In der Mediation wird darüber verhandelt, wie Sie die Gegenstände so untereinander aufteilen können, daß keiner von Ihnen benachteiligt wird.

• *Wenn Sie den Zugewinnausgleich verhandeln wollen*
Zugewinnausgleich heißt die Teilung des während der Ehe erworbenen Vermögens. Der Grundgedanke ist der, daß die Arbeitsleistung von Eheleuten gleichwertig ist, und daß das, was während der Ehe erarbeitet und erspart wurde, zwischen den sich trennenden Partner aufgeteilt wird.
Sie sollten eine Liste Ihres jeweiligen Vermögens erstellen (z.B. Sparguthaben, Wertpapiere, Lebensversicherungen, Haus). In der Mediation verhandeln Sie dann, wie Sie dieses Vermögen oder auch Ihre Schulden am besten zwischen sich aufteilen. Im Familienrecht wird nach Vermögen vor Beginn der Ehe und Vermögen bei der Trennung unterschieden.

• *Wenn Sie Ehegattenunterhalt verhandeln wollen*
Dafür müssen Sie beide Ihre momentane finanzielle Situation darlegen und einen Haushaltsplan für die Zukunft erstellen, in dem Ihre notwendigen Ausgaben aufgeführt sind. Sie werden von den Mediatoren spezielle Formulare erhalten, die Ihnen diese Aufstellung erleichtern.
Sie können dann in einem gemeinsamen Verhandlungsprozeß entscheiden, wieviel Unterhalt Sie zahlen können bzw. wieviel Unterhalt Sie wie lange brauchen.

Häufig hat sich nur ein Partner um die Finanzen gekümmert, so daß der andere keinen Überblick über die finanziellen Fakten und Zahlen hat und es ihm schwerfällt, damit umzugehen. Für eine selbstbestimmte Regelung der Scheidungsfolgen ist es jedoch unbedingt notwendig, sich mit den finanziellen Dingen vertraut zu machen. Genauso unabdingbar ist es, alle Fakten und Zahlen auf den Tisch zu legen, um eine Vertrauensbasis für die gemeinsame Entscheidung zu schaffen.

»Scheidungskampf« und »Trennungskrieg«

In manchen Ehen wird die »finanzielle Macht« und die »emotionale Macht (über die Kinder)« zwischen den Partnern aufgeteilt. Wenn die Beziehung auseinandergeht, ist die Versuchung sehr groß, die Macht über das Geld zu benutzen, um die Macht über die Kinder zu bekommen – und umgekehrt. Dies kann endlose Machtkämpfe und Verwicklungen nach sich ziehen. Die einzige Chance zur Auflösung dieser Konflikte ist die, nicht nur Forderungen und Ansprüche an den anderen zu stellen, sondern
– die eigenen Bedürfnisse, Wünsche und Ängste offen darzulegen
– zuzuhören, was die Bedürfnisse, Wünsche und Ängste des anderen sind
– einen Weg auszuarbeiten, der *möglichst weitgehend* den Bedürfnissen beider entspricht und gerecht ist.
Wenn Sie beide dazu bereit sind, lassen sich die meisten Probleme auf diesem Weg lösen, in einer Weise, die für beide befriedigend ist.

Wie Sie sich auf die Scheidungs-Mediation vorbereiten können

– Stellen Sie die Fragen und Punkte zusammen, die Sie in den Sitzungen besprechen wollen, und ordnen Sie diese Punkte je nach Wichtigkeit.
– Überlegen Sie sich zu jedem Punkt, wie Ihre Vorstellungen und Wünsche aussehen und welche Gründe Sie für Ihre Ansprüche haben.

- Informieren Sie sich über Ihre Rechte – eventuell unter Einschaltung eines Rechtsanwaltes – und darüber, was Ihnen nach dem Gesetz in etwa zustehen würde. Achten Sie dabei auch auf die vorhandenen Sachzwänge. Sie können z.B. nicht mehr Geld verteilen als im Ganzen überhaupt verfügbar ist.
- Bedenken Sie auch die Bedürfnisse Ihres ehemaligen Partners: Wie wird er/sie auf Ihre Vorschläge reagieren? Welche Schwierigkeiten wird er/sie vermutlich bei Ihren Vorschlägen sehen? Welche Gründe wird er/sie wohl haben, um ihre/seine eigenen Ansprüche zu stützen?
- Überlegen Sie, für welche Ziele Sie einen Handel anbieten können; Verhandeln ist die Kunst, Kompromisse einzugehen – das erfordert die Bereitschaft, Zugeständnisse zu machen.

Hilfreiche Verhaltensregeln für die Scheidungs-Mediation

- Legen Sie Ihren Standpunkt dar, sprechen Sie über die Streitpunkte und versuchen Sie, Ihre Bedürfnisse, Wünsche und Ängste klar darzustellen. Bleiben Sie beim Thema und vermeiden Sie, dem anderen Vorwürfe aus der Vergangenheit zu machen. Achten Sie darauf, daß die Punkte, die Ihnen wichtig sind, auch im Zentrum des Gespräches bleiben.
- Zuhörenkönnen ist wichtig beim Verhandeln; versuchen Sie den Standpunkt und die Argumente des anderen wahrzunehmen und zu verstehen, ohne dabei die eigene Position aus dem Blick zu verlieren.
- Oft ist es schwierig, sich für einen Lösungsvorschlag zu entscheiden; und je wichtiger eine Entscheidung ist, desto schwieriger ist sie zu treffen. Wenn Sie sich zu einem bestimmten Zeitpunkt nicht festlegen können, lassen Sie sich nicht unter Druck setzen. Manchmal ist es günstig, eine Problemlösung in kleinen Schritten anzugehen.

Anhang

I Formulare

1. Beispiel für einen Mediationsvertrag

Wir,

_____ geb. am _____ und
_____ geb. am _____

haben uns in Scheidungsmediation begeben, um Regelungen zu erarbeiten, die im Zusammenhang mit unserer Trennung/Scheidung anfallen. Die Mediation wird geleitet

von _____
und _____

1. Umgang und Verhalten während der Mediation

a) Die Mediation dient dazu, außergerichtlich und selbstverantwortlich Vereinbarungen zu erarbeiten, die im Zusammenhang mit unserer Trennung/Scheidung stehen. Es ist uns verständlich, daß wir uns zur Durchführung der Mediation an bestimmte Verfahrensregeln halten müssen.

b) Diese Regeln beinhalten insbesondere, daß wir uns bemühen werden, während der Mediation fair und gerecht miteinander zu verhandeln und uns in diesen Verhandlungen von unserem Wunsch nach Kooperation leiten zu lassen. Wir erklären uns damit einverstanden, diese Regeln einzuhalten.

c) Wir verpflichten uns, in der Mediation alle Informationen über unsere Einkommen, Vermögenswerte und Steuererklärungen offenzulegen. Wir verpflichten uns außerdem dazu, während der Fortdauer der Mediation keine Vermögenswerte ohne Zustimmung des anderen zu sperren, zu veräußern oder zu verschieben.

d) Wir verstehen, daß die Mediation nur unter den genannten Bedingungen durchführbar ist und daß die Mediatoren die Gespräche sofort beenden können, wenn diese Verpflichtungen nicht befolgt werden.

2. Durchführung, Ziel und Beendigung der Mediation

a) Wir verstehen, daß die Mediation keine Rechtsberatung darstellt. Wir bestätigen, daß wir von den Mediatoren auf die Notwendigkeit einer anwaltlichen Beratung hingewiesen wurden.

b) In der Mediation werden wir eine Vereinbarung erarbeiten, die alle für uns im Zusammenhang mit unserer Trennung/Scheidung wichtigen Themen regelt. Wir gehen übereinstimmend davon aus, daß diese Vereinbarung solange kein rechtswirksames Dokument darstellt, bis wir beide dieses Dokument unseren Rechtsanwälten zur Begutachtung und Beratung vorgelegt haben; wir werden unsere Anwälte damit betrauen, dieses Dokument in eine rechtlich bindende Form zu bringen.

c) Der Inhalt der Mediationsgespräche ist vertraulich, die Mediatoren unterliegen der Schweigepflicht. Keiner von uns wird einen der Mediatoren als Zeugen bei einem gerichtlichen Verfahren benennen, weder im Zusammenhang mit unserer Scheidung noch bei irgendeinem anderen Verfahren.
Wir sind darüber informiert worden, daß die Mediatoren (wie auch andere Berater) verpflichtet sind, zuständige Behörden (Jugendamt, Strafverfolgungsbehörden) zu benachrichtigen, wenn in der Mediation strafbare Handlungen (wie Mißhandlungen oder sexueller Mißbrauch von Kindern) bekannt werden.

d) Im Verlauf der Verhandlungen kann es sich als notwendig herausstellen, Expertisen oder Gutachten Dritter einzuholen (etwa bei Steuerfragen oder bei anfallenden Schätzungen unserer Vermögenswerte). Über die Notwendigkeit einer solchen Begutachtung werden wir dann in der Mediation sprechen. Wenn ein Auftrag an einen Gutachter vergeben werden muß, ist vorher zu regeln, in welchem Verhältnis die Kosten aufzuteilen sind.

3. Rahmenbedingungen der Mediation

a) Die Dauer einer Mediationssitzung beträgt ca. eine bis anderthalb Stunden. Mediationssitzungen finden nur zu vorher vereinbarten Terminen statt.

Die Kosten für eine Sitzung betragen

DM _____ (vgl. Gebührenordnung).

Rechnungen über Mediationssitzungen sind innerhalb von 14 Tagen nach Erhalt zu bezahlen.

Zur Vorbereitung der abschließenden Mediationsvereinbarung wird eine gesonderte Gebühr einer weiteren Sitzung

DM _____ veranschlagt.

b) Wir werden stets beide an den Mediationssitzungen teilnehmen.

c) Für Sitzungen, die weniger als 48 Stunden im voraus abgesagt werden, ist der volle Satz einer Sitzung zu bezahlen. Für den Fall, daß einer von uns einseitig einen vereinbarten Termin weniger als 48 Stunden vorher absagt oder zum vereinbarten Termin nicht erscheint, wird diese Person den vollen Satz alleine bezahlen.

Gelesen und einverstanden

Heidelberg, den _____

_____

_____

2. Beispiele für Checklisten (Erstgespräch, Sorgerechtsverhandlung, Umgangsrechtsverhandlungen)

Checkliste Erstgespräch

a) Informationen über das Mediationsverfahren

- ☐ Ziele der Mediation
- ☐ Verlauf
- ☐ Rolle als Mediator/in
- ☐ Hinweis auf Schweigepflicht und Vertraulichkeit
- ☐ Empfehlung einer juristischen Beratung

b) Formale Regelungen

- ☐ Dauer der Sitzungen, Länge der Mediation
- ☐ Kosten der Sitzung, Aufteilung der Kosten
- ☐ Absagemodus

c) Ausgeteilte Formulare

- ☐ Anmeldeformular
- ☐ Mediationsvertrag
- ☐ Einverständniserklärung
- ☐ Unterhalt
- ☐ Vermögensaufstellung

d) Wichtige Themen

- ☐ Motivation zur Mediation
- ☐ Eignung zur Mediation/Indikation
- ☐ Strittige Punkte

Checkliste Sorgerecht und Umgangsregelungen

a) Sorgerecht

☐ gemeinsames oder alleiniges Sorgerecht
☐ Sorgerecht im Falle des Todes eines Elternteils

b) Umgangsregelungen/Aufteilung der Verantwortlichkeiten

☐ Gestaltung der regelmäßigen Kontakte
☐ Regelung für wichtige Feiertage
☐ Urlaubsregelungen
☐ Schulferien
☐ Schulfreie Tage
☐ Krankheitstage
☐ Besuche bei den Verwandten
☐ Schulische Fragen:
   Auswahl der Schule(n)
   Regelung für Nachhilfe (Auswahl, Bezahlung)
☐ Ausbildung:
   Entscheidungsfindung mit Kindern
   Finanzierung
☐ Regelung der außerschulischen Aktivitäten (insbesondere: Bezahlung)
☐ Religiöse Erziehung:
   allgemeine Regelung
   Finanzierung besonderer Ereignisse (z.B. Konfirmation)
☐ Gesundheitsfragen:
   Bezahlung der Krankenversicherung
   Bezahlung besonderer Leistungen
   Verantwortlichkeit für Arztbesuche usw.
   Umgang mit medizinischen Notfällen
☐ Vorgehen bei zukünftigen Entscheidungen

c) Besondere Fragen

☐ Regelungen bei Umzug eines Elternteils
☐ Regelungen bei Wiederheirat eines Elternteils
☐ Regelungen bei Tod eines Elternteils
☐ Überprüfung der Flexibilität der Vereinbarungen
☐ Vereinbarung über Veränderbarkeit der Regelungen durch die Kinder

3. Nachbefragungsbogen

(eine Alternative zu diesem Bogen wird derzeit von der PFPB vorbereitet)

	sehr gut	gut	schlecht	sehr schlecht	entfällt
– Telephonischer Erstkontakt					
– unsere Broschüren					
– Einführungssitzung					
– Zusammenstellung der Information über Vermögenswerte					
– Gespräche über elterliche Sorge					
– Zusammenstellung der Information für den Haushaltsplan					
– Verhandlungen über den Kindesunterhalt					
– Verhandlungen über den Ehegattenunterhalt					
– Verhandlungen über die Vermögens- aufteilung					
– Abfassung der Media- tionsvereinbarung					
– Beratungen mit den Anwälten					
– Rechtliche Umsetzung					

1. Wer war Ihr Mediator/ waren Ihre Mediatoren?

2. Wir würden Sie Ihren Mediator/ Ihre Mediatoren beurteilen?
   War der Mediator fair?
   ☐ zum Ehemann
   ☐ zu beiden
   ☐ zur Ehefrau
   War der Mediator neutral?
   ☐ ja
   ☐ nein
   Wenn nicht, inwiefern?

3. Wie bewerten Sie die Mediation insgsamt?
   ☐ sehr gut
   ☐ gut
   ☐ befriedigend
   ☐ schlecht
   ☐ sehr schlecht

4. Dauer der Mediation
   ☐ zu lange
   ☐ gerade lang genug
   ☐ zu kurz

5. Haben Sie an der Mediationsvereinbarung Änderungen
   vorgenommen?
   ☐ sehr viele
   ☐ viele
   ☐ wenige
   ☐ keine
   Welche der Vereinbarungen würden Sie aus heutiger Sicht verändern?
   _____

   Warum würden Sie sie ändern?
   _____

6. Haben Sie einer anderen Person, die sich in Scheidung befindet,
   zur Mediation geraten?
   ☐ ja
   ☐ nein
   Wenn ja, weshalb?

7. Wann wurde die eigentlich rechtswirksame Vereinbarung unterzeichnet?

8. Haben Sie sich an einen Anwalt von unserer Liste gewandt?
(entfällt, wenn Sie schon vorher einen Anwalt hatten)
☐ ja
☐ nein
☐ entfällt

9. Wie hoch waren Ihre eigenen Anwaltskosten insgesamt?
_____DM

10. Wenn Sie uns einem Freund weiterempfehlen würden, würden Sie vorschlagen, daß wir ihn an Ihren Anwalt verweisen sollten?
☐ ja
☐ nein

11. Name Ihres Anwalts:
_____

12. Haben sich für Sie nach der Mediation in bezug auf die rechtliche Umsetzung der Vereinbarung irgendwelche Probleme ergeben?
☐ ja
☐ nein

12a. Wenn ja, wie haben Sie diese Probleme gelöst?
(Kreuzen Sie bitte nur einen Punkt an)
☐ Ich habe direkt mit meinem früheren Ehepartner gesprochen
☐ Ich habe mich erneut in Mediation begeben
☐ Ich habe die Sache meinem Anwalt gegeben
☐ Ich bin vor Gericht gegegangen
☐ sonstiges:
_____

12b. Sind Sie mit dem Ergebnis der dann erreichten Entscheidung zufrieden?
☐ ja
☐ nein

Vielen Dank, daß Sie uns geholfen haben. Wenn Sie wollen, dann fügen Sie noch weitere Bemerkungen über Ihre Erfahrungen an.

II Anmerkungen

1 Der Begriff »Mediation« ist als feststehender Fachbegriff aus dem Englischen übernommen und bedeutet übersetzt «Vermittlung».

2 Die Heidelberger Gruppe arbeitet häufig in gemischtgeschlechtlichen Mediatorenteams (Co-Mediation) zusammen.

3 Natürlich versucht der Mediator in Fällen mit Beteiligten, die ein »ungewöhnliches« Problem haben, nicht, sie vom Gegenteil zu überzeugen. Das wäre respektlos gegenüber den Klienten und würde die Glaubwürdigkeit des Mediators unterminieren.

4 Dazu eine Bemerkung von John Haynes: »Diese Verwirrung habe zu einem großen Teil ich zu verantworten. In meinem ersten Buch *Divorce Mediation: A Practical Guide for Therapists and Counsellors*, New York: Springer 1981, vertrat ich die Ansicht, daß Mediation essentiell die Rolle von Sozialarbeit zukommt, die eine Kombination der Kenntnisse zur Problemlösung in der Sozialarbeit und der Kenntnisse der Therapie erforderlich machen würde. In der Folgezeit wurde mir klar, daß der Versuch, diese Rollen zu vereinen, die Klienten verwirrt und den Mediator davon abhält, sich auf das zu konzentrieren, worum es bei der Mediation geht: eine Vereinbarung zu praktischen Fragen auszuhandeln, um den Streit zu beenden.«

5 In diesem Kapitel wird die weibliche Form verwendet, um den Mediator zu beschreiben.

6 In Kapitel 9 finden Sie zwei Beispiele für die Gestaltung einer solchen Informationsbroschüre.

7 Siehe Kapitel 5.

8 Wenn die beschuldigte Person den Vorwurf abstreitet und es zu keiner Übereinkunft kommt, daß eine Mißhandlung vorliegt, beendet die Mediatorin die Mediation, da sie die Verhaltensmaßregeln nicht durchsetzen kann.

9 Wenn für beide Partner keine Mängel bestehen, sondern Überschüsse vorhanden sind, kann darüber verhandelt werden, wie diese Überschüsse verteilt werden.

10 Im Unterschied zur amerikanischen Ausgabe, in der die Abkürzung WATNA verwendet wird (Worst Alternative To A Negotiated Agreement), die für den Klienten die schlechteste Alternative zu einer ausgehandelten Vereinbarung bezeichnet, wird im folgenden von der »schlechtesten Alternative« gesprochen. (Anm. d. Übers.)

11 Sie können diesen Text für Ihre eigene Praxis verwenden, wenn Sie das Copyright beachten. Bitte verweisen Sie auf Ihrem Merkblatt deutlich auf die Herkunft des Textes durch den Vermerk: Copyright 1992, John M. Haynes.

12 Derzeit sind sechs Videos auf Englisch verfügbar: »Not When She's Around«, »Who Makes the Decisions Here?« »The Odd Child Out«, »Moving 100 Miles Apart«, »A Family Recovering from Alcohol (Teil 1 und 2)«. Zu jedem Video gehört ein kommentiertes Begleitheft, ein Leitfaden für den Trainer und ein Leitfaden für den Zuschauer. Eine Beschreibung der Videos und des Fortbildungsmaterials können Sie von John M. Haynes erhalten: 146 Bayview Avenue, Northport, NY 11768-1509, Tel. (516) 757 4548.

13 Die 50prozentige Anpassung beruht darauf, daß der Index der Verbraucherpreise ein Warenkorbindex ist. Nicht alle Familien kaufen alle in dem Warenkorb enthaltenen Waren.

14 Sie können dieses Material verwenden, wenn Sie das Copyright angeben (Copyright John M. Haynes, Ph.D., 1992). Zum Preis von US $ 30 ist die Broschüre bei John M. Haynes auch in Englisch erhältlich (146 Bayview Avenue, Northport, NY, 11768-1509). Sie können Ihre eigene Titelseite und weitere Informationen über Ihre Arbeit selbst hinzufügen.

15 Wenn Sie diese Broschüre verwenden wollen, geben Sie bitte dessen Herkunft folgendermaßen an: Copyright PFPB-Heidelberg, G. Link und R. Bastine, 1992.

III Literaturempfehlungen

1. Literaturempfehlungen für Mediatoren

Folberg, J. & Milne, A. (Eds.): Divorce mediation. Theory and practice. New York 1988

Haynes, J.M. & Haynes, G.L.: Mediating divorce: Casebook of strategies for successful family negotiations. San Francisco 1989

Krabbe, H. (Hrsg.): Scheidung ohne Richter. Neue Lösungen für Trennungskonflikte. Reinbek 1991

Münch, E.M. von: Die Scheidung nach neuem Recht. München 7. Aufl. 1990

Zeitschrift Familiendynamik. Thema: Familien-Mediation, 17. Jahrgang, Heft 4, Oktober 1992

2. Literaturempfehlungen für Kinder geschiedener Eltern

Achim, E.: *Der Geheimweg übers Moor.* Zürich 1992. Ab 8 Jahre.

Chidolue, D.: *Lady Punk.* Weinheim 9. Aufl. 1991. Ab 14 Jahre.

Donnelly, E.: *Tine durch zwei geht nicht.* Ravensburg 3. Aufl. 1992. Etwa ab 10 Jahre.

Hardcastle, M.: *Eine zerrissene Welt.* Aarau 1992. Ab 12 Jahre.

Hurwitz, J.: *Alles im Griff.* Freiburg 1992. Ab 8 Jahre.

Maar, N. & Ballhaus, V.: *Papa wohnt jetzt in der Heinrichstraße.* Verlag modus vivendi, Lohr 1988. Ab 5 Jahre.

Martinez, M.: *Das neue Zuhause.* Wien 1992. Ab 4 Jahre.

Nöstlinger, Ch.: *Ein Mann für Mama.* Hamburg 1987. Ab 10 Jahre.

Nöstlinger, Ch.: *Gretchen Sackmeier.* Oetinger, Hamburg 1981. Ab 14 Jahre.

Uebe, I.: *Die Zeit, als Papa kochen lernte.* Würzburg 1989. Ab ca. 10 Jahre.

3. Literaturempfehlungen für Eltern in Trennung und Scheidung

Goldstein, S. & Solnit, A.J.: *Wenn Eltern sich trennen. Was wird aus den Kindern?* Stuttgart 1989

Häsing, H. & Gutschmidt, G.: *Handbuch Alleinerziehen. Mit Rechtsratgeber.* Reinbek 1992

Ricci, I.: *Mutters Haus – Vaters Haus. Trotz Scheidung Eltern bleiben.* München 1992

Broschüren:

Sich als Paar trennen – Eltern bleiben, Hrsg.: Praxis- und Forschungsstelle für Psychotherapie und Beratung (PFPB), Hauptstr. 47-51, 6900 Heidelberg.

Eltern bleiben Eltern, Hrsg.: Deutsche Arbeitsgemeinschaft für Jugend- und Eheberatung e.V., Münchner Str. 20, 8043 Unterföhring

IV Adressen

Bundesarbeitsgemeinschaft für Familienmediation (BAFM)
Kontaktadresse (zur Zeit):
Südl. Auffahrtsallee 57
c/o RA Dr. Hans-Georg Mähler
8000 München 19

Regionale Arbeitsgruppen und Kontaktadressen

Arbeitsgemeinschaft Mediation
c/o Werner Schieferstein
Güntersburgallee 75
6000 Frankfurt 60
Tel.:069/469 23 50

Arbeitskreis Elterliche Sorge u. Kindeswohl
Georgenschwaigstr. 14
8000 München 40
Tel. 089/35 34 59

Arbeitskreis Mediation Bonn/Köln
c/o Heidrun Gerwens-Henke
Schloßstr. 47
5300 Bonn 1
Tel.: 0228/22 21 16

Arbeitskreis Partnerschaftskrise
Trennung und Scheidung e.V.
Schneckenhofstr. 27
6000 Frankfurt/M.
Tel. 069/62 06 04 oder 72 43 79

Deutsches Familienrechtsforum
Haußmannstr. 6
7000 Stuttgart 1
Tel.: 0711/233 33 99 oder 60 25 65

DIALOG e.V.
Herrenbergstr. 58
5100 Achen
Tel.: 0241/825 90

Familien-Notruf München
Pestalozzistr. 46
8000 München 5
Tel.: 089/26 91 94

IETS-Intakte Elternschaft trotz Scheidung
Germersheimer Str. 26
8000 München 90
Tel.: 089/49 64 11

Praxis- und Forschungsstelle für
Psychotherapie und Beratung (PFPB)
Psychologisches Institut der Univ. Heidelberg
Hauptstr. 47-51
6900 Heidelberg
Tel.: 06221/54 73 50

Psychosoziale Beratungsstelle in Familienkrisen
Günterstalstraße 41
7800 Freiburg/Brsg.
Tel.: 0761/787 61

Projekt »KUGEL«
Camillo Sitte Platz 3
4300 Essen 1
Tel.: 0201/26 51 65

TRIALOG e.V.
Von Vinkestraße 6
4400 Münster
Tel.: 0251/51 14 14

Zusammenwirken im Familienkonflikt
- Interdisziplinäre Arbeitsgemeinschaft e.V.
Wilhelmsaue 133
1000 Berlin 31
Tel.: 030/861 01 95

V Literaturverzeichnis

Ainsworth, H.D., Blehar, M.C., Waters, E. & Wall, S.: Patterns of attachment. Hillsdale 1978

Amato, P.R. & Keith, B.: Parental divorce and the well-beeing of children: A meta-analysis. Psychological Bulletin, 1991, 110, 26-46

Bandler, R. & Grinder, J.: Reframing. Neuro-linguistic programming and the transformation of meaning. Moab 1982

Bastine, R., Link, G. & Lörch, B.: Scheidungsmediation: Möglichkeiten und Grenzen. Familiendynamik, 1992, 4, 379-394

Beck-Gernsheim, E.: Das halbierte Leben. Männerwelt Beruf. Frauenwelt Familie. Frankfurt 1980

Bertram, H. (Hrsg.): Die Familie in Westdeutschland. Opladen 1991.

Bienenfeld, F.: Child custody mediation: techniques for counselors, attorneys and parents. Palo Alto 1983

Blasius, D.: Ehescheidung in Deutschland 1794-1945 – Scheidung und Scheidungsrecht in historischer Perspektive. Göttingen 1987

Bowlby, J.: Bindung. Eine Analyse der Mutter-Kind-Bindung. München 1975

Bowlby, J.: Trennung: Psychische Schäden als Folgen der Trennung von Mutter und Kind. München 1976

Bowlby, J.: A secure base. Clinical applications of attachment theory. London 1988

Bundeskonferenz für Erziehungsberatung (Hrsg.): Trennung und Scheidung. Materialien zur Beratung. Fürth 1992: Bundeskonferenz für Erziehungsberatung

Burkart, G. & Kohli, M.: Liebe, Ehe, Elternschaft. Die Zukunft der Familie. München 1992

Camara, K.A. & Resnick, G.: Styles of conflict resolution and cooperation between divorced parents: Effect on child behavior and adjustment. American Journal of Orthopsychiatry, 1989, 59, 560-575

Carnevale, P.J. & Pruitt, D.G.: Negotiation and mediation. Annual Review of Psychology, 1992, 43, 531-582

Coester, M.: Sorgerecht bei Elternscheidung und KJHG. Zeitschrift für das gesamte Familienrecht, 1992, 39, 617-625

Cohen, A.: Attitude change and social influence. New York 1984

Dörner, K.: Problemlösen als Informationsverarbeitung. Stuttgart 1976

Duffy, K.G. u.a.: Community mediation: A handbook for practitioners and researchers. New York 1991

Efran, J.S., Lukens, M.D. & Lukens, R.J.: Language structure and change: frameworks of meaning in psychotherapy. New York 1990

Emery, R.E.: Marriage, divorce and children's adjustment. Newbury Park 1988

Erickson, S. & McKnight, M.: Mediating spousal abuse divorces. Mediation Quaterly, 1990, Vol. 7, No. 4

Fisher, R. & Ury, W.: Getting to yes. New York 1981

Fisher, R. & Ury, W.: Das Harvard-Konzept: Sachgerecht verhandeln – erfolgreich verhandeln. Frankfurt 1984

Folberg, J. & Milne, A. (Eds.): Divorce mediation. Theory and practice. New York 1988

Fthenakis, W.E. (Hrsg.): Nichtsorgeberechtigte Väter und Mütter und die Beziehung zu ihren Kindern. München: (Mehr Zeit für Kinder e.V.) 1991

Gardner, H.: The mind's new science: a history of the cognitive revolution. New York 1985

Gardner, R.: The parental alienation syndrome and the differentiation between fabricated and genuine child sex abuse. Creskill 1987

Girdner, L.: Mediation triage: screening for spouse abuse in divorce mediation. Mediation Quarterly, 1990, Vol. 7, No. 4

Gulliver, P.H.: Disputes and negotiation: A cross-cultural perspective. New York 1979

Haynes, J.M.: Divorce mediation: A practical guide for therapists and councelors. New York 1981

Haynes, J.M. & Haynes, G.L.: Mediating divorce: Casebook of strategies for successful family negotiations. San Francisco 1989

Haynes, J.M.: Mediating negotiations: the function of intake. Mediation Quarterley, 1984, 6, 3-15

Haynes, J.M.: The use of mediation in grandparent visitaion disputes. In: Segal and Karp (Hg.): Grandparent visitation disputes: A legal ressource manual. American Bar Association, Washington D.C. 1989

Haynes, J.M. & NN: Arbeitsbuch Mediation für Fortgeschrittene (Arbeitstitel, in Vorbereitung). Erscheint 1994

Heister, J.: Sequential Mediation. Mediation Quarterly, 1985, 9, 57-61

Hertherington, E.M., Cox, M. & Cox, R.: Long-term effects of divorce and remarriage on the adjustment of children. In: Journal of the American Academy of Child Psychiatry, 1985, 24, 518-530

Hetherington, E.M., Cox, M. & Cox, R.: Effects of divorce on parents and children. In: Lamb, M. (Hrsg.). Nontraditional families. Hillsdale, N.J. 1982

Hofmann-Hausner, N. & Bastine, R.: Scheidungsfolgen für Kinder (im Manuskript).

Isaacs, M.B., Montalvo, B. & Abelsohn, D.: The difficult divorce- therapy for children and families. New York 1986

Kelly, J.B. & Gigy, L.: Divorce mediation: Characteristics of clients and outcomes. In: K. Kressel, D. G. Pruitt & Associates (Eds.) Mediation research. The process and effectiveness of third-party intervention (pp. 263-284). San Francisco, London 1989

Kessler, S.: Creative conflict resolution: Mediation. Atlanta, GA: National Institute for Professional Training 1978

Krabbe, H. (Hrsg.): Scheidung ohne Richter. Neue Lösungen für Trennungskonflikte. Reinbek 1991

Michigan Association of Court Mediators: Mediation reference guide. 1991

Milne, A.: Custody of children in a divorce process: A family self-determination model. Conciliation Courts Review, 1978, 16, 1-10

Moore, C.W.: The caucus. Mediation Quarterly, 1987, 16, 87-101

Münch, E.M. von: Die Scheidung nach neuem Recht. München 7. Aufl. 1990

Peuckert, R.: Familienformen im sozialen Wandel. Opladen 1991

Pruitt, D.G. & Carnevale, P.J.D.: The development of integrative agreements. In Derlega, V.J. & Grzelak, J. (Hg): Cooperation and helping behavior: theories and research. New York 1992

Reich, G. & Bauers, B.: Nachscheidungskonflikte – eine Herausforderung an Beratung und Therapie. Praxis der Kinderpsychologie und Kinderpsychiatrie 1988, 37, 346-355

Rice J.K. & Rice, D.G.: Living through divorce. A developmental approach to divorce therapy. New York 1986

Rutter, M.: Bindung und Trennung in der frühen Kindheit. München 1978

Sapossnek, D.T.: Mediating child custody disputes. San Francisco 1983

Selvini-Palazzoli, M. u.a.: Hypothesizing, circularity, neutrality: three guidelines for the conductor of the session. Family Process, 1980, 19, S. 3-12

Sheppard, B.H.: Third party conflict intervention: a procedural framework. In: B.M. Staw, L.L. Cummings (Eds.) Research in organizational behavior (pp. 141-190). Greenwich, CT 1984

Susskind, L. & Cruikshank, J.: Breaking the impasse. New York 1987

Tetlock, P.E. u.a.: Psychological perspectives on nuclear deterrence. Annual Review of Psychology, 1991, 42, 239-276

Vanderkooi, L. & Pearson, J.: Mediating divorce disputes: mediator behaviors, styles and roles. Familiy Relations, 1983, 32, 557-566

Wall, J. Jr.: Mediation – an analysis review and proposed research. Journal of Conflict Resolution, 1981, 25, 157-180

Wallerstein, J. & Kelly, J.: Surviving the breakup. How children and parents cope with divorce. New York 1980

Wallerstein, J.S.: Transference and contertransference in clinical intervention with divorcing families. American Journal of Orthopsychiatry, 1990, 60, 3, 337-345

Witte, E.H., Sibbert, J. & Kesten, S.: Trennungs- und Scheidungsberatung. Göttingen und Stuttgart 1992: Verlag für angewandte Psychologie

Yellott, A.W.: Mediation and domestic violence: a call for collaboration. Mediation Quaterly, 1990, Vol. 8, S. 39-50

Zuschlag, B. & Thielke, W.: Konfliktsituationen im Alltag. Göttingen 2. Aufl. 1992

Zeitschrift für Familienforschung, Themenheft »Interventionsansätze vor, während und nach einer Scheidung«. Heft 2, 1991